# Kinder im sozialpädagogischen Alltag versorgen

von

Monika Heinis

Handwerk und Technik – Hamburg

## Vorwort

Dieses Buch richtet sich an die Berufsfachschulen Kinderpflege und Sozialassistenz sowie an die Qualifizierung für die Kindertagespflege und konzentriert sich auf das Lernfeld der bedarfs- und bedürfnisorientierten Versorgung von Kindern. Ganz bewusst überschreitet es die Fächergrenze zur Sozialpädagogik und gibt zahlreiche Anregungen zur Ernährungserziehung in der Altersgruppe von null bis sechs Jahren. Berufsfachschülerinnen und -schüler sowie angehende Tageseltern lassen sich durch Aufgaben und Tipps zu methodischem und reflektiertem Handeln ermutigen. Auch erfahrene Erzieherinnen und Erzieher erhalten für ihre Arbeit im Bildungsbereich Körper, Gesundheit und Ernährung vielfältige Impulse. Angrenzenden Themen wie Infektionsschutz und Hygiene, Kindersicherheit und Erste Hilfe sowie der Versorgung des kranken Kindes widmen sich weitere Kapitel.

Der Umfang dieses Lehrbuches hat die inhaltliche Tiefe und Breite auf ein übersichtliches Maß begrenzt. Das beschriebene Grundwissen liefert jedoch eine hervorragende fachliche Basis, um eigene Recherchen kritisch und sorgfältig durchzuführen. Bestimmte Informationen, Abbildungen und Tabellen sind für die Praxis unverzichtbar und vor allem zum Nachschlagen gedacht (weniger zum Auswendiglernen). Lieder, Geschichten und Rezepte sind hingegen nur beispielhaft aufgenommen, damit sich der Blick auf das unerschöpfliche Angebot in Büchern und Medien und vor allem den Erfahrungsschatz in den Praktikumseinrichtungen nicht verengt.

Kinder beim gesunden Aufwachsen zu begleiten, ist ein verantwortungsvoller und erfüllender Beruf. Insbesondere kleinere Kinder profitieren von einem professionellen Versorgungs- und Pflegealltag in der Einrichtung. Der gesundheitliche Schwerpunkt der Berufsfachschulen bietet hier besondere Chancen.

Weibliche und männliche Personenbezeichnungen haben wir zur besseren Lesbarkeit im unregelmäßigen Wechsel verwendet. Selbstverständlich sind damit immer alle Geschlechter angesprochen.

Autorin und Verlag wünschen den Leserinnen und Lesern viel Freude und Erfolg bei der Gestaltung von Versorgungs- und Pflegehandlungen voller Lernchancen für die Kinder.

Autorin und Verlag

ISBN 978-3-582-04435-8 Best.-Nr. 4435



Verlag Handwerk und Technik GmbH
Lademannbogen 135, 22339 Hamburg; Postfach 63 05 00, 22331 Hamburg – 2019
E-Mail: info@handwerk-technik.de – Internet: www.handwerk-technik.de
Satz und Layout: PER MEDIEN & MARKETING GmbH, 38102 Braunschweig
Druck: aprinta druck GmbH, 86650 Wemding

# Inhaltsverzeichnis

# 1 Säuglinge und (Klein-) Kinder pflegen

Bei der Pflege und Betreuung von (Klein-)Kindern hat das Essen und Trinken große Bedeutung. Mit dem Eintritt in Krippe und Kita bringt es seinen individuellen Rhythmus von Schlafen und Ruhen sowie von Essen und Trinken mit. Die Kinder wollen alles lernen und tun dürfen, was die Erwachsenen auch tun, und damit selbstständig werden. Dabei misst sich das Selbstständig werden häufig an Meilensteinen des körperbezogenen Alltags:

- Den ersten Zahn bekommt das Baby mit ungefähr sechs Monaten.
- Wer mit drei in den Kindergarten kommt, verzichtet auf den Schnuller.
- Irgendwann zwischen zwei und fünf Jahren braucht das Kind keine Windel mehr. Es wird „trocken" und „sauber".
- Der erste Milchzahn wackelt zwischen vier und sieben.
- Essen und Trinken wird zu etwas Alltäglichem und immer Wiederkehrendem, ist mit sinnlichem Genuss sowie Wohlbefinden verbunden und fördert die Gesundheit und das Zusammenleben.

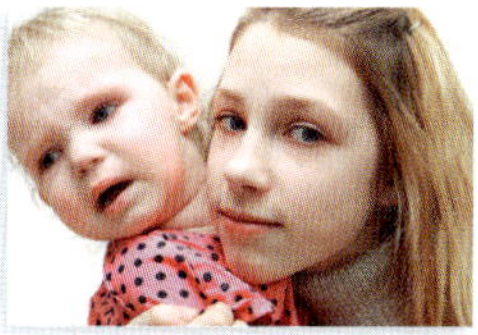

Julia besucht ihre Tante Klara, die ein vier Monate altes Baby hat: Benjamin. „Achtest du kurz auf Benny, während ich die Einkäufe wegräume?" Julia freut sich, das Baby kurz für sich zu haben, aber schon nach kurzer Zeit fängt es an zu weinen. Sie fragt sich warum.

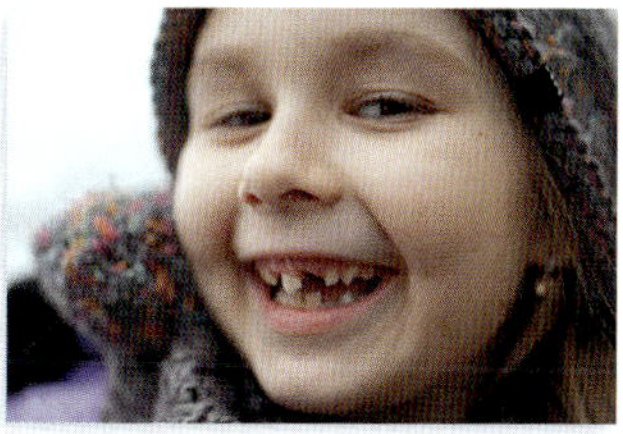

Betreuungspersonen begleiten diese Lernprozesse mit Zuwendung, Humor und Freundlichkeit und wissen gleichzeitig, worauf es aus gesundheitlicher Sicht bei der Kinderpflege ankommt.

## 1.1 Bedürfnisse wahrnehmen und verstehen

Der US-amerikanische Psychologe Abraham Maslow entwickelte seine bekannte Hierarchie von Bedürfnissen und Motiven bereits in den 1940-er Jahren. Dieses häufig als Pyramide dargestellte Modell geht davon aus, dass menschliche Bedürfnisse einer gewissen Rangfolge unterliegen. Die sogenannten Defizitbedürfnisse in den unteren Ebenen wie Hunger und Durst können befriedigt werden, treten aber nach einiger Zeit erneut auf. Erst wenn die eine Bedürfnisstufe befriedigt ist, kümmert sich der Mensch um höhere Ebenen wie die Wachstumsbedürfnisse nach Anerkennung und Selbstverwirklichung. Auch in der Entwicklung vom Säugling bis zum Erwachsenen stehen zunächst die körperlichen Bedürfnisse im Vordergrund, bevor soziale und individuelle hinzukommen.

**Hierarchie**
– Rangordnung

**Motiv**
= Beweggrund, Antrieb

## AUFGABEN

1. Finden Sie Beispiele für Bedürfnisse zu den verschiedenen Ebenen.
2. Diskutieren Sie,
   - wie sich diese Bedürfnisse mit dem Alter verändern und
   - woran man sie erkennen kann.
3. Kritisieren Sie die streng hierarchische Abfolge der Bedürfnisebenen.

Sender und Empfänger

### Beobachtung, Wahrnehmung und Kommunikation

Um die Bedürfnisse von Säuglingen, aber auch von älteren Kindern und sogar Erwachsenen richtig zu erkennen, muss man ihr Verhalten sorgfältig beobachten und deuten. Missverständnisse entstehen meist, wenn eigene Vorannahmen und Empfindungen beeinflussen, welche Botschaften man wahrnimmt. Denn Kommunikation ist selten eindeutig.

Wenn in der schriftlichen Nachricht unklar ist, ob etwas ironisch oder scherzhaft gemeint ist, liegt das meist am Fehlen nonverbaler Signale. Text enthält nur die digitalen Zeichen sprachlicher Inhalte. Smilies oder Emoticons versuchen diesen Mangel beispielsweise durch ☺ wettzumachen.

### Schreibotschaften von Säuglingen

Die Signale eines Babys sind zunächst komplett analog: Es kann nur durch Gestik, Mimik und Schreilaute mitteilen, wie es ihm geht und was es braucht. Gleichzeitig sind seine Sinne noch nicht vollständig ausgereift: Sehen, Hören, Riechen, Schmecken und Tasten (im Zusammenspiel mit Gleichgewicht und Bewegungssinn) und die damit aufgenommenen Informationen wollen schrittweise erlernt und verarbeitet werden. Babys schreien zwischen einer und zweieinhalb Stunden pro Tag, schließlich gehört dies zu ihren wichtigsten Kommunikationsmöglichkeiten. Jedes Schreien ist ein Hilferuf und erfordert Zuwendung durch Blickkontakt, sanftes Zureden oder Schaukeln. Folgende Bedeutungen können dahinter stecken:

- Kurzer Kontaktlaut, auf den ein Verlassenheitsschreien folgen kann: Aufwachen und sich alleine fühlen
- Quengeln, das langsam in deutlich lauteres Fordern übergeht. Gleichzeitig wird an Hand und Fingern gesaugt: Hunger oder Durst
- Parallel zum Schreien werden Augen und Ohren gerieben sowie Gähnen und Nörgeln: Müdigkeit
- Lautes hohes und schrilles Schreien, das Baby windet sich, schnappt nach Luft, das Gesicht ist rot vor Anspannung: Schmerzen (Blähungen, Verstopfung oder ein wunder Po sind häufig die Ursache.)
- Weinen, Fäuste ballen und dabei in die Streckung gehen: Stress. (Ein regelmäßiger Tagesablauf mit vielen Ruhepausen kann helfen.)

→ Auch ein Baby oder Kleinkind kann bereits Stress empfinden, s. a. S. 42 f.

- Mittellautes Quengeln beim strampelnden Baby, das sofort nachlässt, wenn die Betreuungsperson es aufnimmt und mit ihm spielt: Langeweile
- Ein Baby kann auch zeigen, dass es Hunger hat:

| „Ich habe Hunger!“ (oder Durst) | „Ich bin satt.“ |
|---|---|
| ▪ lautes Schreien und Weinen<br>▪ Hinwendung zu Kontaktperson und Essen<br>▪ geöffneter Mund<br>▪ Suchbewegungen mit dem Mund<br>▪ Kind steckt sich die Faust in den Mund<br>▪ Lippen lecken, schmatzen mit den Lippen, an den Fingern | ▪ Saugen unterbrechen und Flaschensauger mit den Lippen loslassen<br>▪ Kind wendet sich ab<br>▪ Muskelentspannung (Kind wird schwerer)<br>▪ zufriedenes Lächeln<br>▪ Mund ist locker geschlossen |

**AUFGABE**

Forscher in Japan haben ein Gerät entwickelt, das aus den Abständen zwischen Auge und Nase, der Gesichtstemperatur und den Frequenzen der Laute die passenden Bedürfnisse des Babys übersetzt. Würden Sie es kaufen oder empfehlen?

## 1.2 Rituale und Babytalk: Das Drumherum

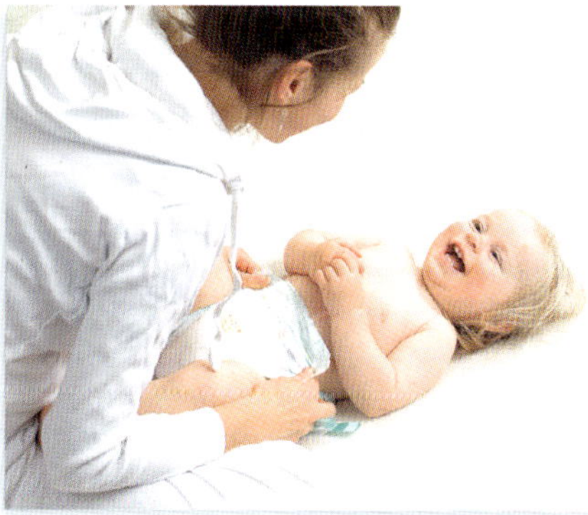

Kommunikation am Wickeltisch

In vielen Kindertagesstätten gibt es eine feste Bezugsperson für die kleinsten Kinder. Diese übernimmt dann beispielsweise das Füttern und das Wickeln. Kinder genießen ganz allgemein den verlässlichen Ablauf des Alltags, also einen festen Tagesablauf, aber auch kleinere **Rituale** wie beim Wickeln, Essen oder draußen Spielen. In diese Rituale und das „Drumherum“ kann ein sorgfältiges Beobachten der Babyhaut mit einbezogen werden. Sollten sich Veränderungen zeigen, so kann dies ggf. auf eine Unverträglichkeit hinweisen.

Kommunikation muss altersgerecht und empathisch sein. Die feinfühlige Betreuungsperson spürt an den Reaktionen des Kindes, ob es angemessen gefordert ist, und passt ihr Verhalten entsprechend an.

Oftmals fallen Erwachsene im Umgang mit Kleinkindern in eine abweichende Sprachmelodie. Diese **Babysprache** zeichnet sich durch eine hohe Tonlage, eine übertriebene Satzmelodie und Betonung, durch Wiederholungen, Pausen und selbstverständlich durch einfache Sätze und das Fehlen von komplizierten Phrasen und Wörtern aus. Teilweise imitieren die Erwachsene das Sprechverhalten des Kindes, zum Beispiel durch doppelte Silben wie Mama, Wauwau, Kaka. Es ist umstritten, inwieweit Babysprache das Sprechenlernen unterstützt oder behindert, indem Kindern die Sprache der Erwachsenen vorenthalten wird.

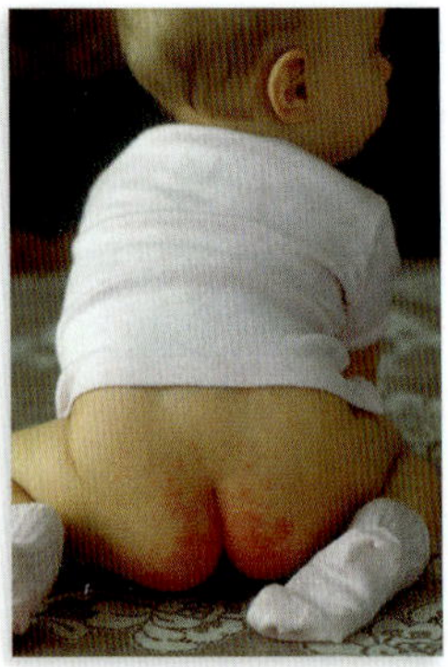

Windeldermatitis

Mit Baby und Kleinkind empfehlen sich folgende Sprechweisen:

- Gesprächsoffenheit signalisieren
- eigene Handlungen mit Sprechen begleiten, aber nicht ständig reden
- grammatisch richtige und kurze Sätze
- einfache, bildhafte Worte verwenden
- langsam, sinnbetont und deutlich sprechen
- Blickkontakt halten, aktiv zuhören, aussprechen lassen
- sprachliche Fehler des Kindes stehen lassen, selbst richtig formulieren
- sprechanregende Fragen stellen
- zum Sprechen ermuntern

Pflegehandlungen sind in jedem Fall eine Gelegenheit, in der ein Säugling seine Bezugsperson für sich allein hat. Sie sollte diese Zeit nutzen, um mit dem Baby in intensivem Kontakt zu sein. Für Betreuungspersonen ist es aber auch selbstverständlich, dass sie jeden Handlungsschritt ankündigen, auch wenn es offensichtlich ist und Patienten, Bewohner oder hier das Kind nicht alles verstehen. Babys und Kleinkinder freuen sich über (auch immer wieder dasselbe) Fingerspiel, das zum Beispiel Finger, Zehen oder Körperteile benennt.

Nicht „in den Mund nehmen“ sollte man unangenehme Dinge: Kinder sollen ihre Ausscheidungen nicht als ekelig oder schlecht kennen lernen. Es bringt auch nichts, sie zum früheren Sauberwerden zu drängen.

Machen Sie es zur Gewohnheit, dass alle Kinder vor den Mahlzeiten sowohl die Toilette besuchen als auch die Hände waschen. Neben der Hygiene haben Sie so auch für eine ungestörte Mahlzeit gesorgt.

von ponyhof
am 24.08.

essen-stuhlgang

mein kind muss immer direkt nach dem essen auf toilette und hat dann stuhlgang. irgendwas ist da nicht in ordnung. das geht doch nicht so schnell, dass es von oben nach unten wandert. ich kenne das von niemandem sonst. danke für antwort.

Antwort von
Dr. Ivonne Koch
am 25.08.2018

Re: essen-stuhlgang

Hallo!
Kein Grund zur Sorge, dies ist völlig normal. Hierbei handelt es sich um den sogenannten gastrokolischen Reflex. Die Reizung des Magens durch das Essen führt zu einer Aktivierung des Dickdarms und dies kann dann dazu führen, dass direkt nach dem Essen Stuhldrang besteht. Natürlich wird hierbei nicht sofort die Mahlzeit ausgeschieden, die gerade gegessen wurde.
Alles Gute,
Ivonne Koch

War die Antwort hilfreich? Ja Nein

**AUFGABEN**

1. Beobachten Sie die verschiedenen Bezugspersonen und ihren Umgang mit Kindern in Pflegesituationen.
2. Suchen Sie Fingerspiele, die zum Thema Essen und Trinken passen, heraus und wenden Sie eins davon ohne abzulesen an.
3. Diskutieren Sie über Babytalk.

## 1.3 Rund ums Essen

Auch die Nahrungsaufnahme in der Kita ist Teil der Pflegehandlungen und unterstützt das gesunde Hunger-Sättigungsempfinden. Die Nahrungsaufnahme geschieht dann, wenn Hunger vorliegt und nicht automatisch bei jedweder Reaktion oder Situation.

Für einen Säugling oder ein Kleinkind ist die Nahrungsaufnahme gleichzeitig Sättigung und Fürsorge.

Mit der Muttermilch ist ein Baby in den ersten Monaten bestens versorgt – ein Zufüttern ist nicht notwendig. Lediglich die Abstände zwischen den Stillmahlzeiten können bei Wachstumsschüben kürzer werden. Der Säugling hat genug, wenn er aufhört zu saugen und einen entspannten Eindruck macht. Ein eingeschlafenes Kind zeigt, dass es genug hat.

Auch die industriell hergestellte Säuglingsanfangsnahrung wird nach Bedarf gefüttert, d. h., es wird so oft und so viel gefüttert wie das Baby trinken möchte. Wenn der Säugling vor dem Trinken das Köpfchen wegdreht, hat es noch keinen Hunger. Nicht mehr trinken möchte es, wenn es sich von der Flasche beim Füttern abwendet und den Mund nicht mehr öffnet (s. a. S. 3). Dieses zu beachten hilft, späteres Übergewicht zu vermeiden.

Zuwendung und Nähe können nicht durch Essen kompensiert werden.

Säuglinge, Kleinkinder und Kinder lieben Rituale beim Essen: am selben Platz, mit demselben Löffel, dem gleichen Teller und dem immer wiederkehrenden Reim oder Rhythmus.

So gut es geht, sollte Stress bei den Mahlzeiten vermieden werden.

Viele Essstörungen entstehen, weil das natürliche Hunger- und Sättigungsgefühl schon frühzeitig abtrainiert wurde. Dies kann geschehen, wenn Essen als Erziehungsmittel eingesetzt wird. Kinder mit Essen zu belohnen oder zu trösten gehört nicht auf den Tagesplan. Die Versuchung, einem weinenden, schreienden Kind etwas zu essen anzubieten, ist groß und häufig zu beobachten. Es wird mit einer Knabberei ruhig gestellt. Schnell entwickelt sich daraus ein pausenloses Daueressen. Das Kind lernt, sich selbst mit Essen zu trösten. Zuwendung, Nähe und Zeit braucht das Kind.

Ein strukturierter Tagesablauf mit geregelten Essenszeiten erleichtert viele Situationen. Eine Mahlzeit erfüllt viele verschiedene menschliche Bedürfnisse (s. a. S. 1). Die Grund- und Existenzbedürfnisse wie das Stillen von Hunger und Durst, aber auch die Sozialbedürfnisse durch die Gemeinschaft. Auf der psychischen Ebene werden die Bedürfnisse nach Sicherheit, Liebe und Wachstum befriedigt. So bietet eine Mahlzeit die Möglichkeit, Regeln und Normen zu lernen und zu kommunizieren, aber auch die Herkunft der Lebensmittel und unterschiedliche Esskulturen kennenzulernen. Studien haben ergeben, dass gemeinsame Mahlzeiten auch gut für die Sprachentwicklung sind.

## 1.4 Zähne putzen

Alleine!“ sagt die zweijährige Sophie selbstbewusst und greift nach ihrer Kinderzahnbürste. Das bisschen Hin- und Herschrubben reicht zwar nicht, Kinderpflegerin Katja lässt sie aber trotzdem mithelfen und putzt später noch ein wenig nach.

Auch wenn die Milchzähne etwa mit sechs Jahren ausfallen, um den bleibenden Zähnen Platz zu machen, ist Zahnpflege und Vorbeugung von Anfang an wichtig. Denn gesunde Zähne ermöglichen nicht nur das Kauen und Essen, sondern auch das korrekte Sprechen und nicht zuletzt ein strahlendes Lächeln.

Zähne bestehen wie die Knochen aus Calcium und Phosphat. Zusätzlich härtet Fluor, meist Fluorid genannt, den Zahnschmelz zur härtesten Substanz des menschlichen Körpers. Das darunter liegende Zahnbein umschließt eine Zahnhöhle, die Blutgefäße und Nerven enthält. Diese versorgen den Zahn mit Nährstoffen und können zum Beispiel Schmerzreize weiterleiten.

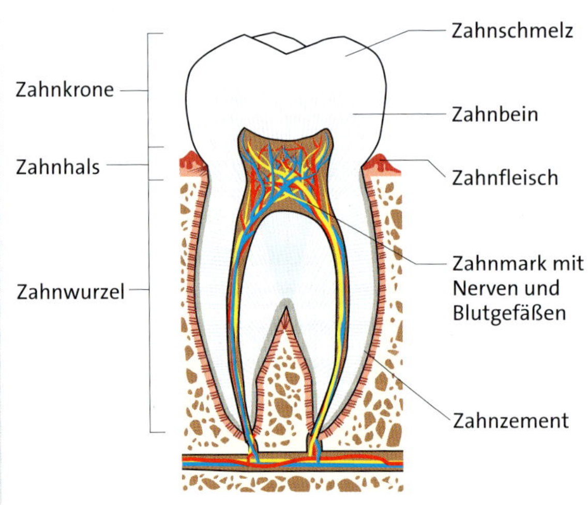


Die ersten Zähne brechen beim Säugling etwa im Alter von sechs Monaten durch. Das Milchgebiss besteht aus 20 Zähnen und ist mit ungefähr drei Jahren vollständig. Nach und nach ersetzen bleibende Zähne die Milchzähne. Zuletzt erscheinen im frühen Erwachsenenalter (zwischen 17 und 21 Jahren) die sogenannten Weisheitszähne und ergänzen das Dauergebiss auf insgesamt 32 Zähne.

**AUFGABE**

**Erklären Sie die Aufgabe der verschiedenen Zähne aus ihrer Form und vergleichen Sie falls möglich mit Tiergebissen.**

## Kariesentstehung

Während Menschen im höheren Lebensalter häufig an Parodontitis leiden, der Entzündung des Zahnhalteapparates, fürchten alle anderen Altersgruppen die Karies. Karies ist eine Entkalkung des Zahnes, die durch Kariesbakterien verursacht und durch zuckerreiche Ernährung begünstigt wird. Die Bakterien bauen Kohlenhydrate zu Säuren ab, die dem Zahnschmelz Calcium entziehen. Je länger Zahnbelag, die sogenannte Plaque, auf den Zahn einwirkt, desto größer ist die Gefahr. Frühe Stadien von Karies lassen sich noch heilen. Sobald jedoch ein Loch entsteht, muss der Zahnarzt eine Füllung legen.

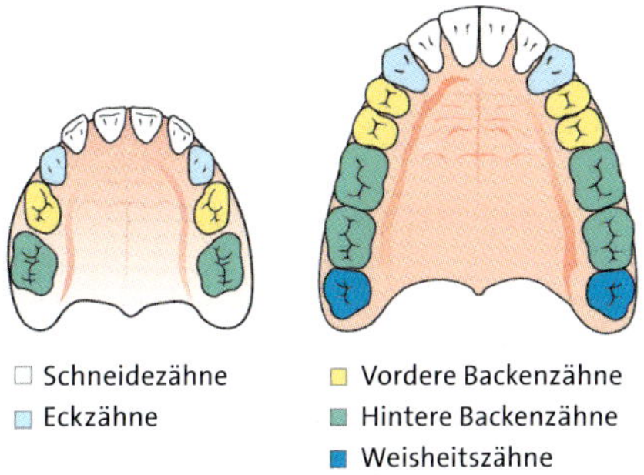


Karies lässt sich vermeiden, je konsequenter man den vier Faktoren der Kariesentstehung begegnet. Die „Ansteckung" mit Kariesbakterien durch die Eltern kann zum Beispiel durch das „Sauberlecken" eines herunter gefallenen Schnullers oder Löffels oder das Probieren an der Flasche bei Säuglingen erfolgen. Süßigkeiten und Snacks sind besonders kariogen (Karies bildend), wenn sie klebrig sind oder lange im Mund bleiben (z. B. Cornflakes oder Chips, Lutscher oder Bonbons). Säuren entstehen nicht nur aus Zucker, sondern sind u. a. auch Bestandteil von Fruchtsäften. Nach dem Genuss von Säften, sollte das Zähneputzen möglichst 30 Minuten warten, bis der Speichel die Säure neutralisiert hat. Die Dauer der Plaque-Einwirkung lässt sich durch regelmäßiges Zähneputzen verringern, vor allem nach dem Verzehr von Süßigkeiten.

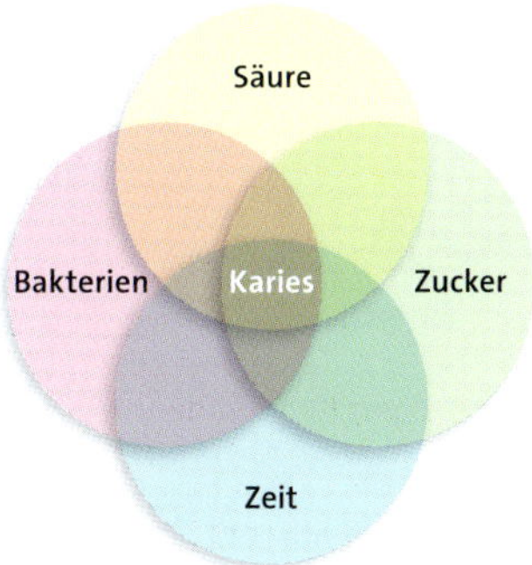

Faktoren der Kariesentstehung

## Zahngesundheit – vier Säulen

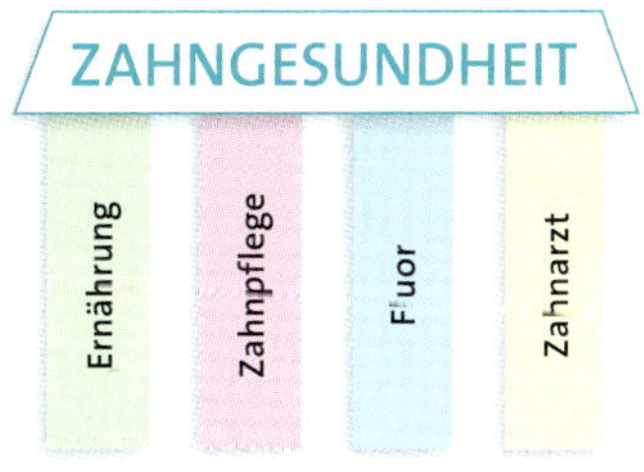


Neben der regelmäßigen Zahnpflege mindestens zweimal täglich, nach dem Frühstück und vor dem Schlafengehen, ruht die Zahngesundheit noch auf drei weiteren Säulen. Eine zahngesunde Ernährung beispielsweise meidet nicht nur (klebrige) Süßigkeiten. Sie bevorzugt außerdem feste Obst- und Gemüsemahlzeiten sowie Vollkornprodukte, die das Zahnfleisch massieren und die Zähne mechanisch reinigen. Neben Calcium ist auch Fluor ein wichtiger Nährstoff für die Zahngesundheit. Nach der Prophylaxe mit Fluor- und Vitamin-D-Tabletten im Säuglingsalter (s. a. S. 91) rät die DGE zu fluoridreichem Mineralwasser, fluoridiertem Speisesalz oder Fluoridtabletten, vor allem in Regionen mit fluoridarmem Leitungswasser.

Fluoridreiche Lebensmittel sind für Kinder Seefisch, Meeresfrüchte sowie Fleisch, später dann auch schwarzer Tee. Auch von außen kann der Zahn Fluor aufnehmen, zum Beispiel aus Zahnpasta oder speziellen Fluoridgels. Zahnpasta für Kinder enthält übrigens weniger Fluorid, weil diese den Schaum noch nicht zuverlässig ausspucken können. Im Übermaß aufgenommenes Fluor durch fluoridreiches Trinkwasser, Verwendung von Fluoridtabletten und fluoridiertem Speisesalz kann zu unschönen Flecken auf den Zähnen führen (Fluorose). Auch der Zahnarztbesuch gehört zur erfolgreichen Vorsorge.

## AUFGABE

**Diskutieren Sie das Für und Wider zuckerfreier Süßigkeiten. Sind Ihre Argumente abhängig vom Alter oder von der Art der Süßigkeiten?**

Zahnfreundliche Süßigkeiten und Getränke sind oftmals am Zahnmännchen zu erkennen. Mit dem „Zahnmännchen" werden vor allem zahnfreundliche Süßigkeiten und Getränke ausgezeichnet, die garantiert wissenschaftlich getestet sind und nachweislich weder Karies noch sonstige Säureschäden an der Zahnoberfläche (Erosionen) verursachen. Statt Zucker enthalten sie meist Süßstoffe, die für die Kariesbakterien nicht verwertbar sind (s. S. 109).

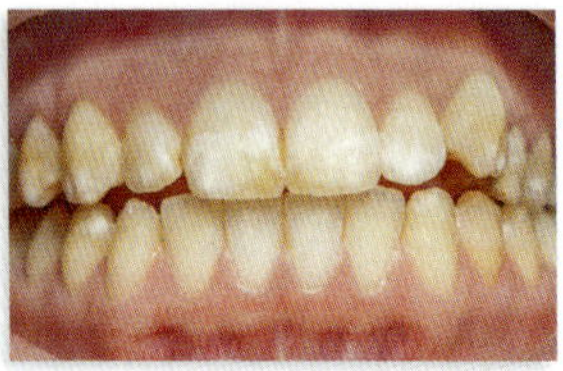

Fluorose bei einem Milchgebiss durch übermäßige Fluor-Zufuhr

### Zähneputzen mit System

Kinder erlernen das Zähneputzen am besten nach dem KAI-System. Den Jungennamen Kai können sie sich gut merken und putzen so systematisch alle Flächen der Zähne. Dabei wächst ihre Geschicklichkeit langsam mit. Das Hin- und Herbürsten auf den Kauflächen können Kinder schon im Alter von drei Jahren. Gerade die Kauflächen der Milchzähne sind häufig von Karies betroffen. Die kreisförmigen Bewegungen auf den Außenflächen und das Auswischen der Innenflächen gelingen erst später, wenn die Feinmotorik der Hände und Finger entsprechend gereift ist.

**Zähneputzen mit KAI**

- auf den Kauflächen hin und her bürsten
- die Außenflächen kreisförmig putzen
- die Innenflächen mit kleinen Kreisen oder Auswischbewegungen von „rot nach weiß" putzen

Bei unter Dreijährigen putzt die Betreuerin die Zähne vorsichtig mit Kinderzahnpasta, zum Beispiel auf dem Wickeltisch, auf dem Schoß oder einfach im Bett. Bis das Kind flüssig schreiben kann, muss ein Erwachsener die Zähne mindestens vor dem Schlafengehen nachputzen. Eine geeignete Kinderzahnbürste hat einen kurzen Kopf mit abgerundeten geraden Borsten an einem dicken rutschfesten Griff.

**Zähneputzen in der Kita**
Zahnbecher und Zahnbürsten können dem einzelnen Kind zugeordnet werden (z. B. mit dem Symbol des Kindes) und haben einen sauberen Platz im Regal oder in einem Lochbrett. Kinder brauchen einen Spiegel in kindgerechter Höhe, um sich beim Zähneputzen beobachten zu können. Nach Gebrauch werden die Zahnbürsten unter fließendem Wasser gereinigt und nach etwa vier Wochen ersetzt.

Erwachsene putzen die eigenen Zähne noch sorgfältiger und geschickter als Kinder mit systematischen Kreis-, Rüttel- und Auswischbewegungen. Für die Zahnzwischenräume empfehlen sich Zahnseide und/oder Interdentalbürsten.

## AUFGABE

**Fragen Sie nach, recherchieren und vergleichen Sie Lieder, Reime und Geschichten, die Kinder zum Zähneputzen anhalten wollen.**

## Zähne putzen nach KAI

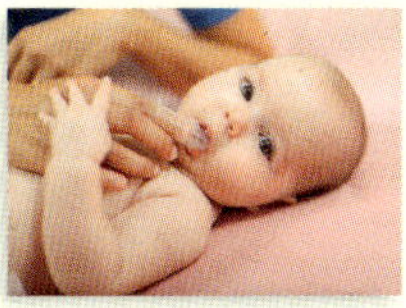

Massage

### Beginn Mundpflege

Mundpflege ist von Anfang an ein selbstverständlicher Teil der Körperpflege eines Kindes. Eltern schauen neugierig in den Kindermund und fühlen während der Massage des zahnlosen Kiefers, was sich im Mund alles verändert (Kieferkamm-Massage). Das Spiel mit der Zahnbürste ist der erste eigene Beitrag eines etwa vier Monate alten Kindes zur Mundpflege. Das Zahnputz-Zauberlied unterstützt von Anfang an die Freude des Kindes und der Eltern an der Mundpflege. Es ist ein sich immer wiederholendes positives Signal für die Pflegehandlungen im Kindermund.

### Stufe 1 **(Vorstufe KAIplus)**

Das Kind lernt, den Stift zu halten und das Papier zu treffen, es beginnt zu kritzeln. Bei der Mundpflege ist das Kind damit beschäftigt, die Zahnbürste zu halten, den Mund zu treffen und auf der Zahnbürste lange und genüsslich herumzukauen. Durch das Zahnputz-Zauberlied wird das Kind an die eigene Mundpflege und auch die Eltern dadurch musikalisch erinnert. Das Lied dient der emotionalen Kopplung der Mundpflege durch Abspeicherung im Langzeitgedächtnis.

*Zahnbürste tanz in einem Mund ... halt die Zähne mir gesund.*

### Stufe 2

Das Kind ist von der Schulter bis ins Handgelenk noch steif und malt aus dem ganzen Körper heraus; es kann nichts anderes als geradlinige Striche malen. Mit der Zahnbürste macht das Kind also auf allen Flächen großzügige Hin- und Her-Bewegungen, auch auf den Kauflächen.

*Zahnbürste tanz in meinem Mund ... halt die Zähne mir gesund.*

*Hin und her, hin und her ... Zähne putzen ist nicht schwer.*

### Stufe 3

Der noch steife Arm wird aus der lockeren Schulter bewegt. Das Kind malt große, unförmige Kreise. Durch den Kantenbiss entsteht eine Fläche der Schneidezähne, auf der das Kind mit der Zahnbürste malen kann.

### Stufe 4

Das Kind malt bei noch steifer Hand aus dem Ellenbogen heraus kleinere, rundere Kreise. Das „A" der KAIplus Systematik wird dadurch auf den Außenflächen immer routinierter ausgeführt.

*Zahnbürste tanz in meinem Mund ... halt die Zähne mir gesund.*

*Rundherum, rundherum ... Zähne putzen ist gesund!*

### Stufe 5

Die Bewegungen kommen aus dem fast lockeren Handgelenk und den Fingern. Diese Entwicklung macht den Weg frei für das Üben der Auswischbewegungen auf den Innenflächen.

*Zahnbürste tanz in meinem Mund ... halt die Zähne mir gesund: Wische aus, wische aus ... wisch den ganzen Schmutz heraus!*

### Eltern putzen Kinderzähne sauber

Auch wenn Kinder die KAIplus Systematik beherrschen, sollten Kindern abends alle Kinderzähne von allen Seiten sauber geputzt werden, und zwar solange, bis das Kind flüssig Schreibschrift schreiben kann und damit eine Erwachsenen-Zahnpflegesystematik erlernen kann.

*Jetzt ist meine Mama (bzw. noch mein Papa) dran ... fängt bei mir zu putzen an, hin und her, rund herum, wische aus ... jetzt ist aller Schmutz heraus.*

SOS Zahnbox

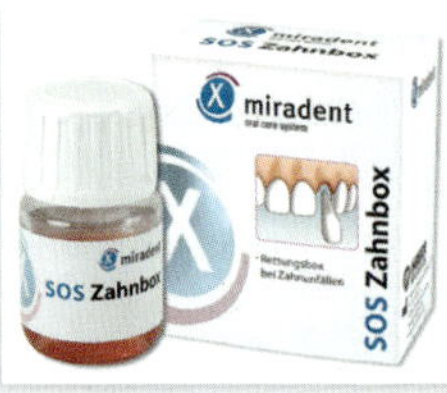


Hygienisch und sicher für den Transport zum Zahnarzt

**Zahnunfall – was nun?**
Bis zum Alter von 16 Jahren erleidet jedes vierte bis dritte Kind einen Zahnunfall und verletzt sich dabei meist die oberen Schneidezähne. Wenn es für Vorsicht und Aufklärung zu spät ist, hilft nur Schadensbegrenzung:

1. Bei Blutungen auf Verbandmull oder Stofftaschentuch beißen und von außen kühlen; Impfschutz gegen Tetanus überprüfen
2. Gelockerte Zähne nicht bewegen, nur vorsichtig zusammenbeißen
3. Abgebrochene oder ausgeschlagene Zähne nur an der Zahnkrone anfassen, niemals reinigen oder desinfizieren, so schnell wie möglich feucht lagern (Zahnrettungsbox, notfalls H-Milch oder Kochsalzlösung)
4. So schnell wie möglich zum Zahnarzt! Umso größer ist die Chance, dass der Zahn wieder anwächst. Auch bei Milchzähnen den Arzt aufsuchen.

Wichtige Hinweise auch unter www.zahnrettungskonzept.info

Schnullerbaum

Bei Kleinkindern dient das Lutschen am Daumen oder das Nuckeln an Daumen oder Schmusedecke der Beruhigung. Sich selbst zu trösten, ist eine frühe Kompetenz zur Bewältigung von Stress. Entsprechend kann Zuwendung und Aufmerksamkeit helfen, wenn ein Kind über das dritte Lebensjahr hinaus den Daumen oder Schnuller braucht. Denn im Übermaß können Fehlstellungen an Zähnen oder Kiefer die Folge sein. Ein offener Biss stört nicht nur beim Abbeißen und Kauen, sondern auch bei der Sprachentwicklung erheblich. Ein mundgerecht abgeflachter Beruhigungssauger schadet in den ersten Jahren viel weniger und lässt sich leichter weglegen als der immer verfügbare Daumen.

**Grundmelodie: Alle Vögel sind schon da ...**
Alle Zähne werden geputzt, alle Zähne, alle.
Schneide-, Eck- und Backenzahn,
jeder Zahn ist einmal dran.
Alle Zähne werden geputzt, alle Zähne, alle.
Alle Zähne werden geputzt, alle Zähne, alle.
Vorne, hinten, links und rechts,
ja, so geht's dem Karius schlecht.
Alle Zähne werden geputzt, alle Zähne, alle.

**Grundmelodie:**
**Alle meine Entchen ...**
Apfel, Brot, Karotten,
ess ich oft und viel,
ess ich oft und viel.
Weil ich nur gesunde
Zähne haben will.
Meine Zähne putz ich
dreimal jeden Tag,
dreimal jeden Tag.
Weil ich keine kranken
Zähne haben mag.

Zahnputzlieder für mehr Spaß am Zähneputzen

**Weitere Vorzüge eines Zahnputzliedes:**
Durch regelmäßiges, selbstständiges Wiederholen tritt schnell ein Lernerfolg ein.

- Melodie und Text stimmen im Rhythmus mit der KAI-Methode überein – das erleichtert das Einüben.
- Das Lied ist eingängig. Kinder wissen sofort: Es ist Zeit fürs Zähneputzen. Somit kann das Lied auch problemlos zu Hause gesungen werden.
- Betreuungspersonen und Eltern haben durch das Lied Einfluss auf das Putzverhalten der Kinder.
- Beim Einüben ist es möglich, dem Kind kleine Hilfestellungen zu geben oder es zu loben. **Achtung:** Für Kinder ist es wichtig, dass die anleitende Person weitersingt. Denn wenn sie aufhört, wird auch das Kind nicht mehr weiterputzen.
- Das Wichtigste: Zähneputzen soll Spaß machen. Mit einem Zahnputzlied kann man Kinder schnell motivieren.

Die ausgefallenen Milchzähne können als Meilenstein auf dem Weg zum Großwerden gefeiert werden. Magische Wesen wie die Zahnfee oder die Zahnmaus sollen sich der Legende nach den Zahn vom Nachttisch oder von unter dem Kopfkissen holen und statt dessen ein kleines Geschenk hinterlassen ...

# 2 Infektionen vermeiden und hygienisch arbeiten

Wer Säuglinge und Kinder in ihrer Ernährung begleitet, muss sich mit den Infektionsrisiken und Hygieneregeln vertraut machen.

Eine Infektionskrankheit ist ansteckend. Aufgrund dieser Gefahr sollten sich Kranke nicht in Gemeinschaftseinrichtungen und nicht in Betrieben aufhalten, die mit Lebensmitteln arbeiten. In der Kinderbetreuung gilt das nicht nur für die Mitarbeiterinnen und Mitarbeiter und die Kinder selbst, sondern auch für alle anderen Besucher. Kinder sind in zweierlei Hinsicht besonders gefährdet: Für manche Krankheiten sind sie besonders anfällig, andere können bei ihnen schwerer verlaufen als bei Erwachsenen. Daher ist es zum Schutz der Kinder unverzichtbar, Regeln und Maßnahmen einzuführen und anzuwenden. Die gesetzlichen Vorschriften zum Infektionsschutz in Gemeinschaftseinrichtungen sind kennenzulernen, aber auch die aktive Vermeidung von Infektionen zu beachten.

**Infektion**
die Aufnahme eines Krankheitserregers sowie seine nachfolgende Entwicklung und Vermehrung im menschlichen Organismus

**Krankheitserreger**
Viren, Bakterien, Pilze oder Parasiten, die bei Menschen eine Infektion oder übertragbare Krankheit verursachen können

## 2.1 Schutzvorschriften

Wo viele Menschen gemeinsam betreut oder verpflegt werden, passiert es leicht, dass ein einzelner Erkrankter zahlreiche andere ansteckt. Für Betreuerinnen von Kindern gehören Scharlachepidemien, Grippewellen oder ansteckender Brechdurchfall zum Alltag. Kinder trainieren mit den harmlosen Krankheiten ihr Immunsystem, für geschwächte oder anfällige Personen können diese aber gefährlich werden.

### Tätigkeits- und Besuchsverbot im Erkrankungsfall

Wer an einer der in der Tabelle (s. S. 13) genannten Krankheiten erkrankt ist, darf eine Gemeinschaftseinrichtung für Kinder nicht besuchen. Das gilt sowohl für die Betreuerinnen und Betreuer, als auch für die Kinder und deren Eltern oder sonstige Kontaktpersonen. Selbstverständlich gilt dieses Tätigkeits-, Besuchs- und Teilnahmeverbot auch für Veranstaltungen, die außerhalb der Kindertagesstätte stattfinden. Selbst wenn die Krankheit noch nicht ausgebrochen ist, sondern nur ein Verdacht besteht, müssen die entsprechenden Personen zu Hause bleiben. Die in der Tabelle aufgezählten Krankheiten können so schwerwiegende Folgen haben, dass das strenge Verbot die einzig wirksame Schutzmaßnahme darstellt.

**übertragbare Krankheit**
eine durch Krankheitserreger oder deren Folgeprodukte verursachte Krankheit

## Wiederzulassung mit ärztlichem Attest

Bei einigen Erkrankungen dürfen die Betroffenen erst wieder in die Einrichtung kommen, wenn sie ein ärztliches Attest mitbringen (s. Tabelle). In einem solchen Wiederzulassungsattest bescheinigt der Arzt, dass die Ansteckungsgefahr nicht mehr besteht. Je nach Infektionskrankheit kann es nämlich passieren, dass die Krankheit auch dann noch ansteckend ist, wenn es dem Patienten schon wieder besser geht.

Beim Kinderarzt

Weil Kinder unter sechs Jahren sich noch nicht zuverlässig genug die Hände waschen können, dürfen sie auch dann nicht in die Kindertagesstätte gehen, wenn sie eine infektiöse Gastroenteritis haben. Ein solcher Brechdurchfall kann durch verschiedene Krankheitserreger ausgelöst werden. Manche Krankheiten sind so ansteckend, dass Mitarbeiterinnen, Mitarbeiter oder Betreute ihre Einrichtung sogar dann nicht besuchen dürfen, wenn nicht sie selbst, sondern nur eine andere Person in der Familie oder Wohngemeinschaft erkrankt ist oder wenn Verdacht darauf besteht. Wer mit Lebensmitteln in Berührung kommt, muss hier besonders vorsichtig sein.

## Regelungen für Ausscheider

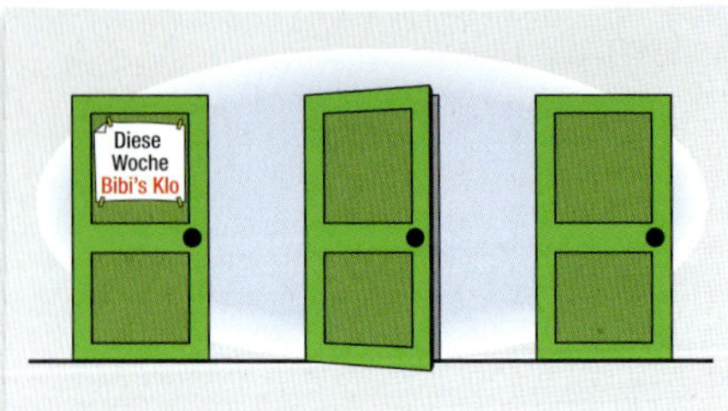


Solange Kinder Ausscheider nach einer Salmonelleninfektion sind (unter 5 Jahren kann dies 7 Wochen oder länger dauern), sollte ihnen eine eigene Toilette zur Verfügung gestellt werden. An der Speisenherstellung sollten sie in dieser Zeit nicht mitwirken.

Über den Stuhl (Kot) oder Tröpfchen aus dem Nasen-Rachen-Raum können sich manche Krankheitserreger noch wochen- und monatelang verbreiten, obwohl es dem Patienten schon längst wieder gut geht. Diese sogenannten Ausscheider müssen besondere Vorsichtsmaßnahmen anwenden, um die Einrichtung trotzdem besuchen zu dürfen, z. B. Desinfektion der Hände, Verwenden von Einmal-Handtüchern.

Bei Ausscheidern der folgenden Krankheitserreger ist dies jedoch auch mit Schutzmaßnahmen nur möglich, wenn das Gesundheitsamt zustimmt: bestimmte Choleravibrionen, Diphterie-Erreger, Salmonellen, Shigellen und enterohämorrhagische Escherichia coli (EHEC = Colibakterien, die beim Menschen gefährliche, blutige Durchfälle auslösen).

## Mitteilungspflichten

Immer wenn eine der beschriebenen Krankheiten oder ein Verdachtsfall auftritt, muss die Kindergartenleitung sofort informiert werden. Diese benachrichtigt falls nötig das zuständige Gesundheitsamt, es sei denn, der behandelnde Arzt hat dies schon erledigt. Dabei geht es darum, die Ausbreitung von schwer wiegenden Infektionskrankheiten zu erkennen und zu verhindern.

## AUFGABEN

1. Schlagen Sie in Partnerarbeit jeweils eine der in der Tabelle genannten Krankheiten nach (Fachbuch, Lexikon, Internet) und notieren Sie die fünf wichtigsten Informationen auf einer Karteikarte. Anschließend laufen Sie durch die Klasse und erklären mindestens fünf Mitschülerinnen oder Mitschülern, denen Sie zufällig begegnen, in eigenen Worten das ausgewählte Krankheitsbild.
2. Befragen Sie in einer ruhigen Minute Ihre Praxisanleiterin oder die Leitung der Praktikumseinrichtung, welche typischen Erkrankungen schon öfter vorgekommen sind und wie sie Eltern und Mitarbeiter über die Vorschriften des IfSG aufklärt.
3. Nach der gemeinsamen Übernachtung in der Kita beobachten Sie einige Kinder, die sich vermehrt die Kopfhaut kratzen. Wie gehen Sie vor?

**Ausschluss- und Wiederzulassungsvorschriften gemäß Infektionsschutzgesetz**

| Krankheit | Cholera | Diphterie | Enteritis durch Escherichia coli (EHEC) | Virusbedingtes Hämorrhagisches Fieber | Haemophilus influenzae (Typ-b-Meningitis) | Impetigo contagiosa (ansteckende Borkenflechte) | Keuchhusten | Ansteckungsfähige Lungentuberkulose | Masern | Meningokokken-Infektion | Mumps | Paratyphus | Pest | Poliomyelitis (Kinderlähmung) | Salmonellose | Scabies (Krätze) | Scharlach oder andere Streptococcus-pyogenes-Infektionen | Shigellose | Typhus abdominalis | Virushepatitis A oder E | Windpocken | Infektiöse Gastroenteritis bei U6-Kindern | Kopfläuse |
|---|---|---|---|---|---|---|---|---|---|---|---|---|---|---|---|---|---|---|---|---|---|---|---|
| Tätigkeits-, Besuchs- und Teilnahmeverbot der erkrankten Person | x | x | x | x | x | x | x | x | x | x | x | x | x | x | x | x | x | x | x | x | x | x | x |
| Wiederzulassung nur mit ärztlichem Attest | x | x | x | x | – | – | x | x | – | – | – | x | x | x | – | x | – | – | x | – | – | | (x) |
| Tätigkeits- und Besuchsverbot auch bei Erkrankungen in der Wohngemeinschaft | x | x | x | x | x | – | x | x | x | x | x | x | x | x | – | – | – | x | x | x | – | | – |

(x) = nach erfolgreicher Mehrfachanwendung von medizinischem Shampoo

### Belehrung von Mitarbeitern

Die Leitung der Kindertagesstätte bzw. der Arbeitgeber muss dafür sorgen, dass alle Beschäftigten der Einrichtung über die Bestimmungen des Infektionsschutzgesetzes informiert sind. Der Gesetzgeber schreibt vor, dass diese Belehrung durch den Arbeitgeber (im Lebensmittelbereich sogar durch das Gesundheitsamt) zum ersten Mal vor Beginn der Tätigkeit erfolgt und danach im Abstand von maximal zwei Jahren wiederholt wird. Alle Teilnehmer dieser Schulung unterschreiben in einem Protokoll, dass sie aufgeklärt wurden, dass bei ihnen kein Grund für ein Tätigkeitsverbot besteht und dass sie ihrer Mitteilungspflicht im Erkrankungsfall unverzüglich nachkommen werden. Ein Informationsblatt empfiehlt sich auch für Eltern und Erziehungsberechtigte.

**Täuschungsverbot**
Die irreführende Beschreibung von Produkteigenschaften durch den Hersteller ist verboten.

**HACCP**
Hazard Analysis and Critical Control Points = Gefahrenanalyse und kritische Kontrollpunkte

## 2.2 Hygiene im Lebensmittelrecht

Das deutsche Lebensmittelrecht wird maßgeblich von europäischen Verordnungen bestimmt. Auf der Basis des Lebensmittel-, Bedarfsgegenstände- und Futtermittelgesetzbuches (LFGB) schützen Gesetze und Verordnungen den Verbraucher vor gesundheitlichen Beeinträchtigungen und vor Täuschung. Für einen sicheren Schutz der Gesundheit ist es zum Beispiel notwendig, dass alle Lebensmittelhersteller ihre Produktionsprozesse systematisch nach möglichen Gefahren für die hygienische Lebensmittelqualität untersuchen.

Die europäische Lebensmittelhygieneverordnung aus dem Jahr 2007 schreibt für alle Lebensmittel verarbeitenden Betriebe ein sogenanntes HACCP-Konzept vor. Eine Großküche etwa muss mit so einem Kontrollkonzept nachweisen können, dass sie auf dem gesamten Weg von der Warenanlieferung bis zum servierten Gericht alles getan hat, um Gefahren auszuschließen. Dafür müssen zum Beispiel Lager- und Zubereitungstemperaturen überprüft und dokumentiert werden.

Jeder, der mit Lebensmitteln arbeitet, ist für die gesundheitliche Unbedenklichkeit des Produkts verantwortlich. Für Küchenmitarbeiter sind daher regelmäßige Hygieneschulungen vorgeschrieben. Die Schulungsteilnehmer unterschreiben, dass sie die grundlegenden Kenntnisse erworben haben. Damit haften sie unter Umständen für alle Fehler, die sie zu verantworten haben. Diese sogenannte Produkthaftung gilt neben der allgemeinen Sorgfaltspflicht auch für Mitarbeiterinnen in der Kinderbetreuung. Wird zum Beispiel ein Kind durch unsauberes Verhalten einer Betreuungsperson krank, können die Eltern Schadensersatz verlangen.

Gründliches Händewaschen dauert 20 bis 30 Sekunden.

## 2.3 Hygiene: Krankheiten vermeiden

In Küchen der Kitas dürfen Kinder bei der eigentlichen Speisenzubereitung aus rechtlichen und hygienischen Gründen nicht mitwirken. Wenn das Essen jedoch nur für den gruppeninternen Verzehr bestimmt ist, kann das Einbeziehen der Kinder eine sinnvolle Maßnahme sein.

Händewaschen führt zwar nicht zur Erregerelimination, wohl aber zur drastischen Reduzierung der Keimzahl an den Händen.

Eine Ernährungsbildungsaktion entsteht im Umgang mit Lebensmitteln und den entsprechenden Utensilien durch Beobachten und Nachmachen. Sämtliche Regeln einer guten Hygienepraxis sind zu beachten. Diese gilt ebenfalls, wenn Speisen für eine kleine Feier zubereitet oder sogar mitgebracht werden. Für eine Feier oder eine Aktion innerhalb der Gruppe ist es zulässig und belebt ein Fest durch die Vielfalt. Die Eltern sind umfangreich zu informieren, allerdings ist das Mitbringen von bestimmten hygienisch kritischen Speisen untersagt.

Mikroorganismen wie Bakterien und Viren leben überall, auch auf und im Körper. Die meisten sind harmlos, manche können aber auch Krankheiten auslösen. Diese Krankheitserreger am Eindringen in den Körper zu hindern, ist deshalb sehr wichtig. Wer ein paar Hygieneregeln einhält, schützt sich selbst und andere. Regelmäßiges und gründliches Händewaschen schützt, denn bis zu 80 Prozent der Krankheiten wie Grippe und Erkältungskrankheiten, aber auch Magen-Darm-Infektionen gelangen über die Hände in Mund oder Nase.

**Hygiene** bedeutet
- mit sauberem Körper und sauberer Kleidung zu arbeiten,
- Räume und Gegenstände sauber zu halten,
- Lebensmittel richtig zu lagern und verarbeiten

| Hände waschen | | |
|---|---|---|
| **immer nach** | **immer vor** | **vor und nach** |
| ▪ dem nach Hause Kommen<br>▪ dem Toilettenbesuch (auch als Begleitung von Kindern und dem Windeln Wechseln)<br>▪ dem Naseputzen, Husten, Niesen<br>▪ dem Kontakt mit Abfällen<br>▪ dem Umgang mit Tieren | ▪ den Mahlzeiten<br>▪ dem Hantieren mit Medikamenten und Kosmetika | ▪ der Lebensmittelverarbeitung insbesondere bei rohem Fleisch<br>▪ dem Kontakt mit Kranken<br>▪ der Behandlung von Wunden |

### AUFGABEN

1. Fragen Sie in der Praktikumseinrichtung nach oder recherchieren Sie im Internet, wie man Kinder spielerisch zum Händewaschen anhält. Sammeln und vergleichen Sie Lieder, Reime, Regeln ...
2. Sammeln Sie Tipps, um das Immunsystem zu stärken, begründen und diskutieren Sie.
3. Diskutieren Sie mit Ihrer Lehrkraft, inwiefern hauswirtschaftliche Tätigkeiten zu den Aufgaben einer Kinderpflegerin gehören und wie Kinder an diese Aufgaben herangeführt werden.

**Niesen, Husten, Nase putzen**

Richtig Husten oder Schnupfen bei grippalen Infekten oder „Erkältungen" will gelernt sein. Manche Kinder kommen mit dem Taschentuch noch nicht zurecht, dann ist Hochziehen auch okay. Der Schleim landet letztlich im Magen, wo die Magensäure die Keime abtötet. Nur Säuglinge brauchen die Nasenatmung, um beim Trinken auch Luft zu bekommen. Wenn die Nase läuft, kann die Betreuungsperson den Schleim vorsichtig abwischen. Einwegtaschentücher sind aus hygienischen Gründen Standard. Hygienisch sind sie aber nur dann, wenn sie nach einmaligem Gebrauch in einen verschließbaren und häufig geleerten Restmülleimer entsorgt werden.

Das Schnäuzen üben Kinder besser, solange die Nase noch frei ist:

- Nasenfußball: einen Wattebausch durch Pusten durch ein Nasenloch in ein Tor befördern.
- Feuer spucken: Durch den Mund ein und wie ein Dino durch die Nase schnauben.
- Einen Taschenspiegel mit der Nase beschlagen lassen.

Die Profiliga hat der Erkältungspatient erreicht, wenn er sich beim Niesen und Husten mindestens die Hand, besser die Ellenbeuge vor das Gesicht hält und anschließend die Hände wäscht.

## MIT KINDERN HYGIENISCH ARBEITEN

Für die Ernährungsbildung der Kinder ist es wichtig, sie in alltägliche Vor- und Zubereitungstätigkeiten einzubeziehen. Dazu gehört nicht nur das Schnippeln eines Obstsalates, sondern auch das hygienische Verhalten vor und während der Arbeit und das Aufräumen und Saubermachen hinterher.

Das Minimalprogramm für Kinder in der Küche umfasst:

- das gründliche Händewaschen mit Seife vor Arbeitsbeginn (sowie nach dem Toilettengang und dem Naseputzen oder Niesen und Husten, s. S. 15),
- den Ausschluss von kranken Kindern oder Kinder mit größeren Wunden oder Verletzungen, die sich nicht mit einem wasserdichten Pflaster abdecken lassen,
- eine saubere Schürze für jedes Kind, hochgekrempelte Ärmel und zusammengebundene lange Haare,
- das gründliche Putzen und Waschen von Obst und Gemüse und das korrekte Kühlen oder Warmhalten von Zutaten und fertigen Speisen,
- alle zubereiteten Speisen abzudecken und bis zum Verzehr kühl zu halten, besser sofort verzehren,
- erhitzte und rohe Lebensmittel getrennt lagern,
- auf den Boden gefallene Lebensmittel in die Tonne für Speiseabfälle entsorgen,
- Probieren nur mit extra Löffel (Probierlöffel), niemals mit benutztem Besteck in einer Speise rühren,
- keine Speisen mit rohen Eiern oder rohem Hackfleisch probieren lassen,
- Niesen und Husten immer in die Armbeuge, nie in die Hand,
- Arbeitsplatz und Arbeitsgeschirr sauber halten, Reinigungstücher regelmäßig wechseln.

Probierlöffel

Kinder spülen Geschirr

## 2.4 Mikroorganismen

Wer in Gemeinschaftseinrichtungen, z. B. der Kinderbetreuung arbeitet oder wer Speisen und Getränke für andere zubereitet, trägt in hohem Maße Verantwortung für die Gesundheit anderer. Immer wieder kommt es daher vor, dass kleine Nachlässigkeiten in Kindertagesstätten Krankheits- oder sogar Todesfälle zur Folge haben.

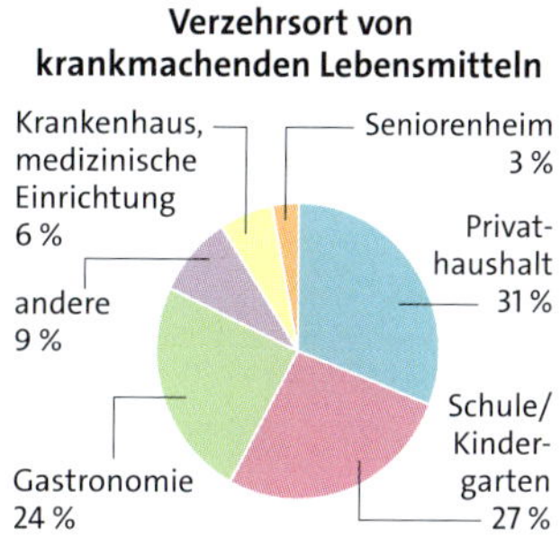


**Mikroorganismen** sind so klein, dass man sie mit bloßem Auge nicht erkennen kann. Die kleinsten von ihnen sind die Viren, wesentlich größer erscheinen die Bakterien und die Hefepilze. Nur Schimmelpilze können sich zu einer mit dem Auge erkennbaren Größe ausdehnen.

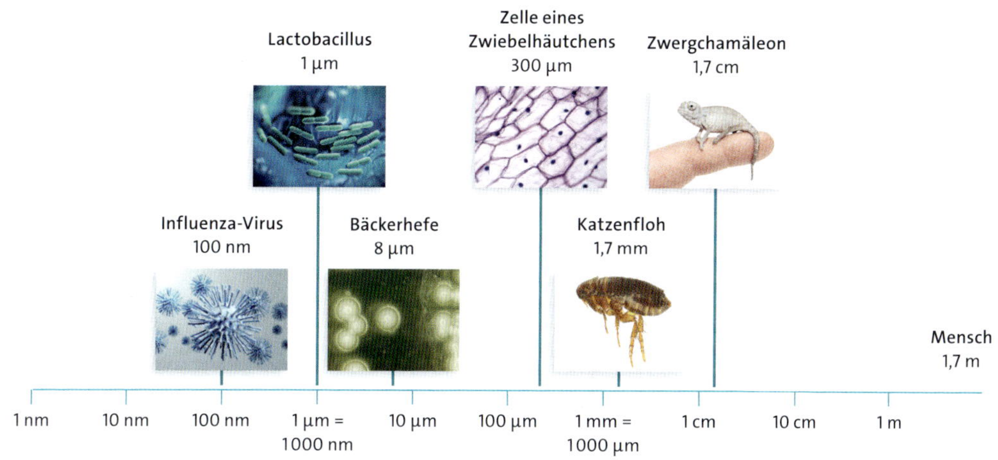


Einige von ihnen führen zum Verderb von Lebensmitteln, z. B. zum Faulen, Gären oder Verschimmeln. Diese Veränderungen sind mit den Sinnen wahrnehmbar. Das heißt, sie zeigen sich durch einen veränderten Geruch oder Geschmack, ein ungewöhnliches Aussehen oder eine untypische Beschaffenheit. Daher werden verdorbene Lebensmittel nicht verzehrt.

Bestimmte krankheitserregende Bakterien können sich jedoch in der Umwelt oder in Lebensmitteln vermehren, ohne dass man es bemerkt. Gelangen z. B. Erdkeime auf Fleisch, können nach dem Verzehr lebensgefährliche Vergiftungen auftreten.

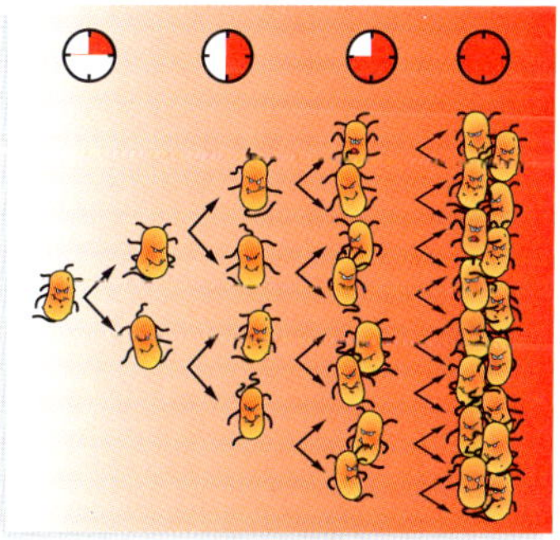

Mikroorganismen vermehren sich explosionsartig.

Mikroorganismen kommen überall vor: auf der Haut, auf den Schleimhäuten von Mund und Nase, auf der Kleidung, auf Gegenständen und Arbeitsflächen, in Lebensmitteln und ihrer Verpackung. Ursprünglich stammen sie aus dem Erdboden oder von Tieren und ihren Ausscheidungen. Allen Mikroorganismen ist gemeinsam, dass sie sich sehr schnell vermehren, sobald sie geeignete Wachstumsbedingungen vorfinden. Aus einem Keim, der sich jede Viertelstunde einmal teilt, sind nach nur fünf Stunden bereits über eine Million Keime entstanden.

## Erwünschte und unerwünschte Mikroorganismen

Es gibt ungefährliche Bakterien, Hefen und Schimmelpilze, deren Eigenschaften man sich in der Lebensmittelherstellung zu Nutze macht. Unter anderem schützen sie die so entstandenen Produkte vor dem Verderb durch unerwünschte Mikroorganismen. So vergären zum Beispiel Milchsäurebakterien den Milchzucker der Milch und erzeugen Jogurt. Bei der Weinherstellung produzieren Hefen aus dem Zucker der Weintrauben Alkohol. Und der Edelschimmel auf bestimmten Käsesorten sorgt für das besondere Aroma.

Unerwünschte Mikroorganismen können Lebensmittelverderb oder Krankheiten hervorrufen. Am häufigsten treten bakterielle oder virale Erkrankungen durch Norovirus, Campylobacter, Salmonellen, Staphylokokken, Clostridien und EHEC-Bakterien auf. Sie können Lebensmittel vergiften oder Infektionen hervorrufen. Diese äußern sich meist nach einigen Stunden oder Tagen in Übelkeit, Durchfall, Bauchschmerzen und Erbrechen. Für Kleinkinder können Magen-Darm-Erkrankungen lebensbedrohlich sein. Das Gift des Clostridium botulinum, dem Botulismuserreger, gehört zu den giftigsten Substanzen überhaupt. Zusätzliche Krankheitszeichen sind hierbei auch Doppeltsehen, Schluckbeschwerden, Verstopfung und Atemlähmung, die im schlimmsten Fall zum Tode führen kann.

**Tipp:** Kinder können beim Wachstum von Mikroorganismen zuschauen, wenn sie Joghurt, Dickmilch oder Hefeteig selbst herstellen.

## Lebensbedingungen von Mikroorganismen

Um zu überleben und zu wachsen, brauchen Mikroorganismen bestimmte Voraussetzungen. Nur wenn diese Bedingungen günstig sind, können sie sich vermehren und dem Menschen gefährlich werden. Alle Mikroorganismen sind angewiesen auf Wärme, Wasser, Nährstoffe, einen bestimmten pH-Wert und Luft (manche Arten vertragen jedoch keinen Sauerstoff).

Bei Lebensmitteln zielen alle Verfahren der **Haltbarmachung** wie Kühlen, Einfrieren oder Erhitzen darauf ab, den Mikroorganismen ihre Lebensbedingungen zu entziehen. Lebensmittel halten sich so länger.

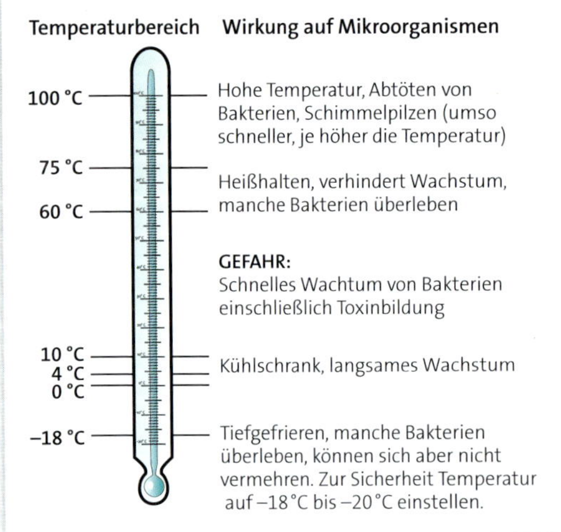


Die **Temperatur** bestimmt, wie stark sich Mikroorganismen vermehren können. Bei weniger als zehn Grad verlangsamt sich das Wachstum der Keime. Daher bietet sich der Kühlschrank zur kurzfristigen Aufbewahrung von frischen Lebensmitteln an. Wesentlich länger halten sich tiefgefrorene Speisen und Lebensmittel, da die Mikroorganismen hier ihr Wachstum einstellen. Sie sterben jedoch nicht ab und können sich nach dem Auftauen wieder vermehren.

Sicherheit bietet nur das **Erhitzen**. Bei Temperaturen zwischen 70 und 80 °C sterben die meisten Keime ab. Manche können sich verkapseln und Sporen bilden, die erst ab 100 °C unschädlich werden.

Wasserreiche Lebensmittel verderben besonders schnell. Mikroorganismen bestehen selbst zu etwa 70 Prozent aus **Wasser** und benötigen dies auch in ihrer Umgebung. Entscheidend ist dabei jedoch nicht der Gesamtwassergehalt, sondern der Anteil an sogenanntem „freien“ Wasser, das nicht an Salz oder Zucker gebunden ist. Daher halten sich Lebensmittel mit hohem Zucker- oder Salzgehalt wie Konfitüre oder Salzheringe sehr lange.

**pH-Wert**
= Maß für den Säuregehalt
- pH 0–7 sauer
- pH 7 neutral
- pH 7–14 basisch/alkalisch

Mikroorganismen brauchen wie alle Lebewesen **Nährstoffe**. Die meisten von ihnen sind spezialisiert auf die Verwertung eines Hauptnährstoffs. So ernähren sich Hefen fast nur von Kohlenhydraten. Fäulniserreger und Salmonellen bevorzugen eiweißreiche Substrate, bei Lebensmitteln etwa Fleisch, Wurst oder Eierspeisen. Schimmelpilze können Fette und kohlenhydrathaltige Nahrung spalten, z. B. Käse, Brot oder Marmelade.

Die meisten Mikroorganismen bevorzugen eine neutrale Umgebung (pH-Wert 7), also weder sauer noch basisch. In Essig eingelegtes hält sich daher relativ lange.

Manche Mikroorganismen benötigen **Sauerstoff** zum Leben, andere vertragen ihn überhaupt nicht. Schimmelpilze und bestimmte Fäulniserreger brauchen daher Luft, während andere lieber im sauerstofffreien Inneren z. B. von Lebensmitteln leben.

Der Verderb von Lebensmitteln lässt sich mit Kindern gut beobachten. Es fördert die sprachliche Entwicklung, wenn sie ihre Beobachtungen beschreiben. Gemeinsam zu untersuchen, wie es zu der Veränderung gekommen ist, ist naturwissenschaftliches Arbeiten im Kindesalter.

**Umgang mit verdorbenen Lebensmitteln**

- Obst und Gemüse vor der Verarbeitung auf Schadstellen prüfen, ggf. wegschneiden oder entsorgen. Angeschimmeltes weiches Obst wie Nektarinen, Pfirsiche als Ganzes entsorgen.
- Enthalten Lebensmittel viel Wasser, kann sich der Schimmelpilz schnell ausbreiten, deshalb landen weiches Obst, Kompott, Säfte und Gemüse ebenso komplett in der Tonne, sobald sich Schimmel zeigt.
- Gleiches gilt für Weichkäse und Milchprodukte, da sich der Schimmel im Innern ausbreitet.
- Nur Hartkäse wie Parmesan hat eine Chance, wenn er großzügig beschnitten wird. Dies gilt nicht für geriebenen Parmesankäse.
- Sind auf geschnittenem Brot und Toastscheiben Schimmelpunkte oder ein Schimmelrasen erkennbar, so ist davon auszugehen, dass bereits das gesamte Brot vom Schimmelpilz beziehungsweise den nicht sichtbaren Pilzfäden befallen ist. Es gehört in den Abfall.
- Zeigen sich an Schale oder Kern einer Nuss Schadstellen, sind diese als Ganzes zu entsorgen, da dieser Schimmel giftige Aflatoxine in sich trägt.
- Im Zweifelsfall gilt: Lieber wegwerfen als entfernen.

Vorsicht: Nektarinen schimmeln häufig zuerst im Innern

Schimmel auf Brot: leider nur noch zum Wegwerfen

## AUFGABE

Lassen Sie Kinder Obst und Gemüse bewerten: Wobei handelt es sich lediglich um harmlose Druckstellen und was bedeutet „Faul“?

Gegarte Speisen dürfen nicht mit der Hand angefasst werden!

In Kindertagesstätten geben Hygienepläne unter anderem Auskunft über die vorgeschriebene Häufigkeit von Reinigungsarbeiten.

## Das Einmaleins der Hygiene

### Persönliche Hygiene

- Auf saubere Arbeitskleidung achten!
- Vor Arbeitsbeginn den Handschmuck (Ringe, Uhren) ablegen!
- Vor Arbeitsbeginn und nach jedem Toilettenbesuch die Hände gründlich waschen und mit Papierhandtüchern abtrocknen!
- Verletzungen an Händen und Armen sachgerecht versorgen und mit wasserundurchlässigem Material abdecken!
- Beim Niesen oder Husten vom Lebensmittel abwenden und in die Armbeuge niesen!
- Bei Auftreten einer der folgenden Erkrankungen:
- Gelbsucht
- Halsentzündungen
- Durchfall
- Hautausschlag
- Erbrechen
- andere Hauterkrankungen (Geschwüre, Schnitte, auch kleine)
- Fieber
- Eiterige Entzündungen der Ohren, Augen oder Nase
- vor Arbeitsbeginn dem Vorgesetzten Bescheid geben!

### Umgang mit Lebensmitteln

- Leicht verderbliche Lebensmittel trotz Kühlung nicht zu lange lagern!
- Tiefgefrorenes Fleisch und Geflügel vor dem Zubereiten (Erhitzen) sachgemäß auftauen!
- Das von Fleisch und Geflügel gebildete Tauwasser wegschütten und alle damit in Berührung gekommenen Gegenstände sorgfältig reinigen!
- Speisen ausreichend erhitzen!
- Speisen nach dem Kochen bei einer Temperatur über 60 °C heiß halten!
- Aufzuwärmende Speisen nach dem Kühlen auf mindestens 70 °C bringen!
- Beim Lagern erhitzte Speisen von rohen Lebensmitteln getrennt halten!
- Bei der Zubereitung von zusammengesetzten Speisen wie Kartoffel- oder Nudelsalaten die gekochten Komponenten herunter kühlen, bevor die anderen Bestandteile hinzugefügt werden!
- Alle Küchenarbeiten mit leicht verderblichen Lebensmitteln zügig durchführen!

### Küchenräume und -gegenstände

- Küchen und dazu gehörige Wirtschaftsräume sauber halten!
- Den gesamten Küchenbereich in ordentlichem und aufgeräumtem Zustand halten!
- Häufiges Zwischenreinigen verbessert die Küchenhygiene!
- Alle Tücher, die für die Reinigung der Kücheneinrichtung und Gerätschaften benutzt werden, täglich erneuern!
- Küchen- und Lagerräume vor Insektenbefall sowie anderem Ungeziefer schützen!
- Reinigungs- und Desinfektionsmittel außerhalb der Küche in einem beschrifteten und verschlossenen Schrank aufbewahren!
- Eine Überlastung der Kühlgeräte vermeiden!
- Bei gewerblichen Spülmaschinen dürfen die vom Hersteller vorgegebenen technischen Bedingungen wie Temperatur und Zeit nicht verändert werden!

## 2.5 Sauberkeit: Gegenstände reinigen

Für gesunde Menschen ist eine keimfreie Umgebung weder möglich noch notwendig. Im privaten Haushalt genügt es, Böden, Becken, Gegenstände und Textilien gründlich zu reinigen: mit handelsüblichen Reinigungsmitteln ohne antibakterielle Zusatzfunktion. In Kindertagesstätten sollten Toiletten, Waschbecken und Wickeltische nach Kontakt mit Kot (Stuhl), Blut oder Erbrochenem mit einem speziellen Mittel desinfiziert werden.

**Reinigen**
= Schmutz und darin enthaltene Keime von Oberflächen und Gegenständen entfernen

- Für das Säubern von Bad und Toilettenräume spezielle Reinigungstücher verwenden. Toiletten mit einem roten Reinigungstuch oder -schwamm zuletzt reinigen.
- Reinigungstücher (Lappen) und Wischmopp gut trocknen lassen.
- Reinigungstextilien häufig wechseln und bei 60 °C waschen.

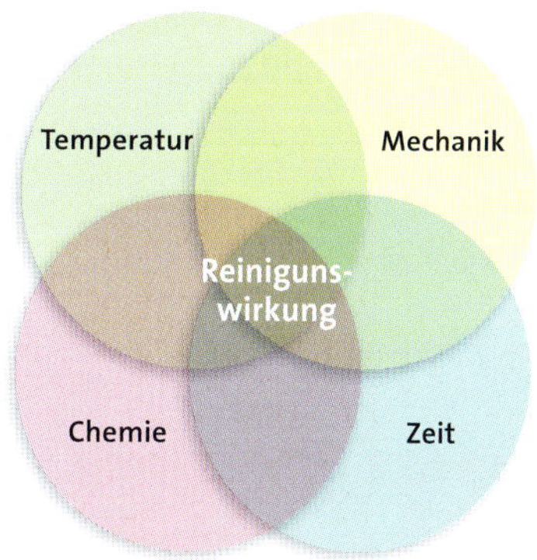


Die **Reinigungswirkung** setzt sich beim Säubern von Oberflächen, genauso wie beim Spülen oder Wäschewaschen aus vier Faktoren zusammen: Der Temperatur, dem Einsatz von chemischen Reinigungsmitteln, dem mechanischen Krafteinsatz und dem Zeitfaktor. Die Faktoren können einander zum Teil ersetzen. Beispielsweise lösen sich Verschmutzungen in heißem Wasser besser, sodass weniger aggressive Reinigungsmittel benötigt werden.

**Desinfizieren**
= Gegenstände und Oberflächen so behandeln, dass sie nicht mehr infizieren können.

Schneidbretter und weitere Küchenutensilien sind mit heißer Spülmittellösung einfach zu reinigen. Auch das schützt vor möglichen Infektionen. Besonderes Augenmerk gilt dem Geschirr, das mit Geflügelfleisch in Berührung gekommen ist. Dieses ist unmittelbar nach dem Gebrauch zu säubern.

Das Angebot an **Reinigungsmitteln** für Räume und Oberflächen ist unübersichtlich. Einige ihrer Inhaltsstoffe können die Haut und Atemwege reizen oder Allergien auslösen und die Umwelt belasten! Dabei genügen vier bewährte Mittel und geeignete Werkzeuge, die den Chemieeinsatz reduzieren:

- Neutraler Allzweckreiniger für Fußböden, Fenster und die meisten Oberflächen
- Scheuerpulver für verkrustete und hartnäckige Verschmutzungen
- Essig- oder Zitronenreiniger für Kalkablagerungen und Urinstein
- Handspülmittel für Geschirr
- Mikrofasertücher, Bürsten oder Stahlschwämme je nach gewünschter Scheuerwirkung

Wenn Kinder das Abwaschen erledigen: Vorsicht, Messer!

Greif- und Beißspielzeuge lassen sich täglich in heißem Spülwasser reinigen und dann klar nachspülen. Alle anderen Spielzeuge, Gegenstände und Möbel werden regelmäßig mit einem feuchten Tuch (Haushaltsreiniger) abgewischt.

# 3 Gefahren abwenden

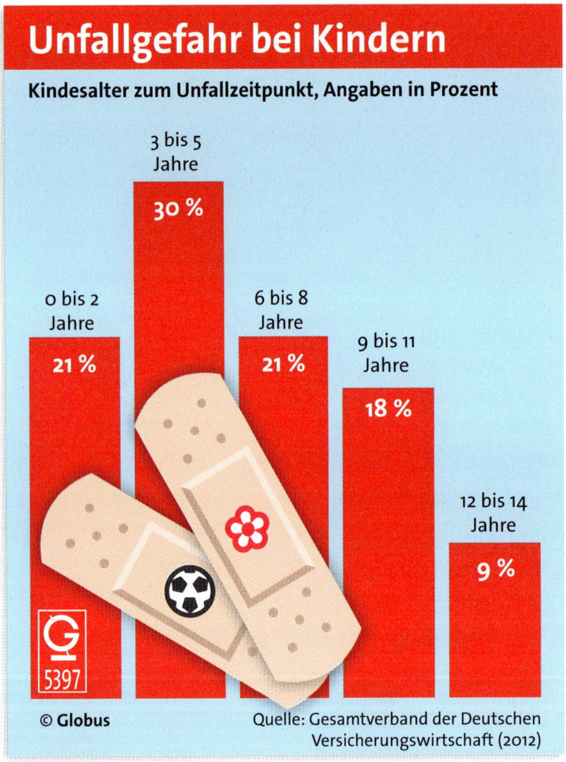


Verletzungen sind alltäglich, aber oft vermeidbar. 200 000 Kinder unter 15 Jahren müssen im Jahr wegen einer schweren Verletzung ins Krankenhaus. Die häufigsten Ursachen für Unfälle sind Kopfverletzungen, vor allem bei den kleinen Kindern, Verbrennungen und Verätzungen, aber auch Ersticken und Ertrinken, Stromunfälle, Vergiftungen und Schnittverletzungen meist im häuslichen Umfeld. Kinder entwickeln erst ab etwa vier Jahren überhaupt ein Bewusstsein für Gefahren. Ein Fünfjähriger zum Beispiel klettert auf eine Leiter und merkt erst oben, dass er auch herunterfallen kann. Erst ab etwa neun Jahren können Kinder zunehmend Gefahren im Voraus erkennen und vermeiden. Auch die Entwicklung der Sinne, der Beweglichkeit und des Denkens begünstigen Unfälle. Erst mit zehn bis zwölf Jahren sehen Kinder so gut wie Erwachsene, hören mit fünf bis sechs Jahren. Reaktionszeit, Aufmerksamkeit und Konzentration, aber auch logisches Denken entwickeln sich langsam.

→ Umgang mit Schnittverletzungen s. S. 30

In der Küche gehören Schnittverletzungen zu den häufigsten Unfallarten. Folgende Regeln helfen, diese möglichst gering zu halten:

- Fällt ein Messer oder ein Glas herunter, dies nicht versuchen, aufzufangen. Glassplitter nicht mit der bloßen Hand einsammeln.
- Messer nicht im Spülwasser liegenlassen. Beim Hineingreifen kann es zur Verletzung kommen.
- Wird einem Kind ein Messer übergeben, wird der Griff dem Kind zugewandt. Vorsicht mit der Messerklinge!
- Niemals mit einem Messer in der Hand umherlaufen.

## 3.1 Unfallverhütung im häuslichen Umfeld

Die meisten Unfälle passieren im Haushalt. Lebt ein Kleinkind im Haushalt und gewinnt zunehmend an Mobilität, werden Dinge zur Gefahr, die Erwachsene nicht als gefährlich wahrnehmen. Das liegt auch an der natürlichen Neugier von Kindern. Die Betreuungsperson ist für die Sicherheit der Kinder verantwortlich, muss sich jederzeit möglicher Gefahren bewusst sein und vorausschauend handeln.

Sicherheit hat eine technische Dimension, beispielsweise beim Strom. Generell gilt es zu verhindern, dass elektrischer Strom den menschlichen Körper durchfließt. Metalle leiten den Strom, aber auch Körperflüssigkeiten und Wasser. Bekannt sind Unfälle mit Haartrocknern in der Badewanne. Es ist wichtig, dass Strom führende Leiter immer gut isoliert sind. Defekte Kabel müssen deshalb immer sofort ausgetauscht werden. Elektrische Geräte sollten ohnehin nicht am Netz bleiben, wenn sie nicht mehr benötigt werden. Bekannt sind auch die Steckdosensicherungen, die ein neugieriges Kleinkind daran hindern, mit leitenden Gegenständen in den Öffnungen herumzustochern.

Kindersichere Steckdose

Möbel sollten kippsicher an den Wänden befestigt sein. Für Schubladen und Türen gibt es Sperrvorrichtungen, die das Einklemmen von Fingern verhindern, aber auch das komplette Öffnen. So ergeben sich keine ungünstigen Hebelwirkungen und keine Einladung zum Klettern. Der Sinn von Treppengittern für Kleinkinder erklärt sich selbst.

### AUFGABE

Notieren Sie die in der Abbildung nummerierten Gefahren sowie jeweils eine Regel zur Vermeidung.

Flaschen von Medikamenten und Haushaltsreinigern sind meist mit einer Kindersicherung versehen, die man nur durch gleichzeitiges Drücken und Drehen oder ähnliche Mechanismen umgehen kann. Dennoch sollten diese gefährlichen Substanzen immer außer Reichweite von Kindern aufbewahrt werden, genauso wie Zigaretten, Alkohol und Batterien. Es ist bereits zu unnötigen Vergiftungen gekommen, wenn chemische Substanzen aus Haushalt und Garten sorglos in leere Getränkeflaschen umgefüllt wurden. Giftige Pflanzen haben in Kindertagesstätten nichts verloren (s. S. 25).

Verbrennungen durch heiße Gegenstände wie Töpfe, Backofen oder Grillzubehör, heiße Speisen und Getränke oder heißes Wasser lassen sich vermeiden: die Warmwassertemperatur im Kinderwaschraum begrenzen. Stielgriffe von Pfannen und Töpfen immer nach hinten drehen. Ein Herdschutzgitter verhindert, dass Kinder auf den Herd langen und Gargeschirre herunterziehen können. Herunter hängende Tischdecken sind in Kindertageseinrichtungen nicht zu empfehlen, selbst nicht aus abwaschbaren Materialien. Dass offenes Feuer durch Gaskochstellen sowie Feuerzeuge und Streichhölzer nicht nur dem einzelnen Kind gefährlich werden können, erklärt, warum Kinder damit niemals allein hantieren dürfen. Hier hilft ein deutliches Verbot.

So lassen sich Unfälle vermeiden: Ist der Fußboden frisch gewischt, darf er nicht betreten werden bis er trocken ist. Auch ausgelaufene Flüssigkeiten auf dem Fußboden sind sofort trocken zu wischen.

Plastiktüten bergen eine ernst zu nehmende Erstickungsgefahr. Diese sind erst gar nicht zu benutzen oder unmittelbar nach dem Einkauf aus- und wegzuräumen. Kleine Gegenstände können neben Magen und Atemwegen auch in anderen Körperöffnungen verschwinden, das gilt auch für kleine harte Lebensmittel wie Bonbons, Erbsen, Kirschkerne oder Nüsse.

Auch spitze und scharfe Gegenstände wie Nadeln, Messer und Scheren sollten kleine Kinder nur unter Aufsicht kennenlernen.

Für **Spielzeuge und Kindermöbel** gibt es Sicherheitskennzeichen, auf die beim Kauf zu achten ist. Dazu gehört das GS-Prüfzeichen für „Geprüfte Sicherheit“, das Proof-Zeichen oder das TÜV-Zeichen (Technischer Überwachungsverein). Spielzeuge, die dieses Zeichen tragen, sind schadstoffgeprüft, halten den üblichen Beanspruchungen beim Spielen stand, und es gibt keine Risiken durch Kabel, Seile, scharfe Kanten, Strom oder Kleinteile.

Die Verhaltensdimension in der kindersicheren Einrichtung bezieht sich auf die richtige Einschätzung der Gefahr durch Kinder und Erwachsene, aber auch auf die richtige Einstellung. Geduld, Aufmerksamkeit und Verantwortungsgefühl sind dabei gute Partner.

## 3.2 Vergiftungen vermeiden und erkennen

Sonja arbeitet als Kinderpflegerin in einer Familie, deren Mutter einige Tage im Krankenhaus verbringt und deren Vater zurzeit in Spätschicht berufstätig ist. Sonja betreut und versorgt die Kinder Jonas (3) und Marie (5). An einem schönen Sommerabend ist Sonja gerade dabei, das Abendessen vorzubereiten. Da der Garten gut geschützt ist, haben die Kinder dort noch eine Weile allein gespielt. Als Sonja die Kinder zum Essen hereinholt, steht die 5-Jährige nur schwerfällig auf. Sie klagt über ein Brennen im Mund und kann nicht richtig schlucken.

Säuglinge und Kleinkinder erfahren ihre Umwelt durch den Mund, sind sich keinerlei Gefahr bewusst und können noch nicht lesen. Vergiftungen sind in dieser Altersgruppe deshalb besonders häufig, lassen sich aber durch vorausschauendes Verhalten der Erwachsenen vermeiden. Ursache von Vergiftungen bei Kindern sind Medikamente, Zigaretten, giftige Pflanze oder Chemikalien wie Reinigungsmittel sowie in ganz wenigen Fällen verschimmelte Lebensmittel.

Auch an sich ungiftige Lebensmittel wie Gewürze können unangenehme Folgen haben, wenn sie mit den Schleimhäuten in Berührung kommen. Das Hantieren z. B. mit Pfeffer muss vorsichtig erprobt und auf die Gefahr hingewiesen werden. Es ergeben sich Regeln wie: Niemals nach dem Kontakt mit Pfeffer die Augen reiben.

Es kommt dann zu ungewöhnlichen Krankheitszeichen und seltsamem Verhalten. Störungen im Bewegungsablauf wie unsicherer Gang, Erregung oder Angst, Müdigkeit, Übelkeit, Erbrechen oder Speichelfluss. Die Betreuungsperson sollte in diesem Fall rasch und besonnen handeln:

- ruhig bleiben und das Kind beruhigen
- im Mund des Kindes nach Resten der verschluckten Substanz suchen und diese entfernen
- herausfinden, was das Kind verschluckt hat und wie viel, Arzneimittelpackung oder Pflanzenteil mitnehmen zum Arzt
- mit Symptomen sofort zum Kinderarzt oder ins Krankenhaus fahren oder Notruf 112 anrufen
- ohne Symptome Giftnotrufnummer anrufen (regionale 24-Stunden-Notruf-Nummer in Telefonnähe notieren!)
- bei Erbrechen Atemwege freihalten
- keine eigenen Maßnahmen ergreifen wie Milch zu trinken geben oder Erbrechen auslösen

Nein

Zum Schutz vor Vergiftungen muss die ganze Wohnung oder Einrichtung auf Gefahren durchforstet werden:

- Medikamente immer verschlossen und unerreichbar für Kinder aufbewahren,
- Chemikalien wie Haushaltsreiniger, Farben, Brennstoffe wie Lampenöl oder Duftöl, Toilettenduftsteine, Kosmetika für Kinder unerreichbar aufbewahren, diese niemals in Getränkeflaschen umfüllen,
- Zigaretten und Tabak an für Kinder unerreichbaren Orten lagern, da sie sehr giftig sind,

- giftige Zierpflanzen aus der Einrichtung, aus dem Haus und dem Garten, beispielsweise Weihnachtssterne und Efeu, aber auch Pflanzenschutz- und Düngemittel für Kinder unerreichbar lagern,
- alle Lebensmittel regelmäßig auf ihre Haltbarkeit überprüfen und Verdorbenes sofort unerreichbar entsorgen.

## 3.3 Kinder stark machen

Je nach Alter lernt das Kind Gefahren einschätzen und damit umgehen. Vom Treppensteigen, dem Umgang mit Kerzen und Feuerzeugen, mit Messern und gefährlichen Gegenständen bis zur Teilnahme am Straßenverkehr im Schulkindalter wachsen die Anforderungen. Strukturen, Regeln und Routinen bieten Kindern Verlässlichkeit und Sicherheit: immer rutschfestes Schuhwerk tragen, nicht unbeaufsichtigt in der Küche spielen, ...

Mit übertriebener Vorsicht ist dem Kind nicht immer gedient. Es braucht reichlich Bewegungserfahrungen wie Krabbeln, Spielen, Klettern und Turnen. So trainiert es Balance und Geschick, die künftig vor Unfällen schützen. Der Erwachsene steht als Aufsichtsperson bereit, falls es doch einmal gefährlich wird. Sich selbst vorbildlich und konsequent an Sicherheitsregeln zu halten, sollte selbstverständlich sein.

Wer kennt es nicht? Das beliebte Umschütten von Sand und andere Schüttspiele. Besonders beim Abwaschen von Hand kommt das Gießen von Flüssigkeiten hinzu und erweitert das Spiel. Aber auch das Umschütten von Nudeln, Erbsen usw. trainiert. Mit kleinen Kannen und eigenen Bechern, die sich gut halten lassen, kann auch ein Dreijähriger sich selbst ein Getränk eingießen oder Lebensmittel in ein Gefäß füllen.

### Im Alltag kompetent – Kindersicherheit in der Küche

Warum eine Puppenküche mit Geräten, die nicht funktionieren? Ist es vielleicht sogar gefährlich, das Schneiden mit stumpfen Messern zu üben? Backhandschuhe aus Polyester für die Puppenküche sind ohne jede Schutzwirkung!

**Ergonomie**
= Wissenschaft von der Anpassung des Menschen und seinen Arbeitsbedingungen

Kinder wollen ohnehin viel lieber im echten Geschehen mitwirken. Was sie dabei lernen, übersteigt den Bereich der Lebensmittel und ihrer Zubereitung bei Weitem (s. S. 169 f.). Kaum ein Ort ist für kleine Kinder so spannend wie die Küche mit ihren Gerüchen, Geräuschen und dem Geschmack. Generell ist die Küche aber kein Spielort, sondern wird von Kindern unter Aufsicht von Erwachsenen benutzt und zum Lernort. Sinnvoll kann es sein, für die richtige Arbeitshöhe zu sorgen: Trittsichere Hocker am Spülbecken und erhöhte Kinderstühle an der Arbeitsfläche sind wichtige Voraussetzungen dafür, dass Kinder in Ruhe etwas helfen können und nicht mit schmierigen Händen und tropfenden Gefäßen über den rutschigen Küchenboden toben.

Ordnung an einem gut strukturierten Arbeitsplatz ist nicht nur sinnvoll, damit spart man Wege und vergisst nichts. Wenn sich nur die aktuell ausgeführte Arbeit im inneren Greifraum befindet und benötigte Hilfsmittel dennoch in greifbarer Nähe sind, verhindert dies, dass Gefäße umgestoßen werden, Flüssigkeiten auslaufen (s. S. 171).

Die Schärfe von Messern und die Qualität der Arbeitsmittel sollte vernünftig gewählt werden: Stumpf ist jedenfalls genauso gefährlich wie scharf! Hochwertige Schneidbretter und Schüsseln haben rutschfeste Gummifüße. Rutschsicherheit lässt sich auch durch ein feuchtes Tuch unter dem Brett oder dem Gefäß erreichen. Kinderküchenmesser mit abgerundeter Spitze, aber guter Schärfe und mit rutschfesten Griffen oder sogar einem zusätzlichen Ring zwischen Klinge und Griff helfen, das Schnippeln in der Küche zu erlernen. Zum Üben des Krallengriffs (s. S. 170) gibt es einen Kunststoff-Fingerschutz. Dieser ist wie ein Schild geformt, Zeige- und Mittelfinger schlüpfen in die rückwärtigen Schlaufen und schützen so die kleinen Finger. Die haltende Hand wird damit automatisch zur „Kralle" und übt diese Handbewegung.

Opinel-Messer

**Umsichtiges Verhalten und ein Bewusstsein für Gefahren sind wichtige Meilensteine der Persönlichkeitsentwicklung.**

Am Beispiel eines Handrührgerätes lässt sich viel über den Einsatz von Technik allgemein lernen: Der Stecker ist nur dann in der Steckdose, wenn das Gerät im Einsatz ist, nicht beim Zusammenbauen und nicht beim Reinigen! Nach Gebrauch verschwindet das Gerät sauber und mit aufgerolltem Kabel am dafür vorgesehenen Ort.

Wer backen will, muss mit dem Backofen, heißen Blechen und heißem Gebäck umgehen lernen. Ob die Devise „zuschauen, wie ein Erwachsener es macht" lautet oder „mit Schutzhandschuhen und geeigneten Arbeitsgeräten selbst mitmachen" hängt vom Alter und der Geschicklichkeit des einzelnen Kindes ab.

Weitere Informationen und sogar Fortbildungsangebote gibt es bei der Bundesarbeitsgemeinschaft Mehr Sicherheit für Kinder e. V.

## 3.4 Erste Hilfe im Alltag leisten

Ben hat seine ersten Praktikumstage in der Kita Abenteuerland erfolgreich hinter sich gebracht.

Eines Morgens räumt er in der Kita-Küche die Spülmaschine ein, da kommt ein laut weinendes Kind angelaufen. Der Finger der 2-jährigen Zoe blutet stark. Bens Herz schlägt bis zum Hals ...

Schweißgebadet wacht Ben auf. Puh! Noch unter der Dusche beschließt er, sich über Erste Hilfe zu informieren.

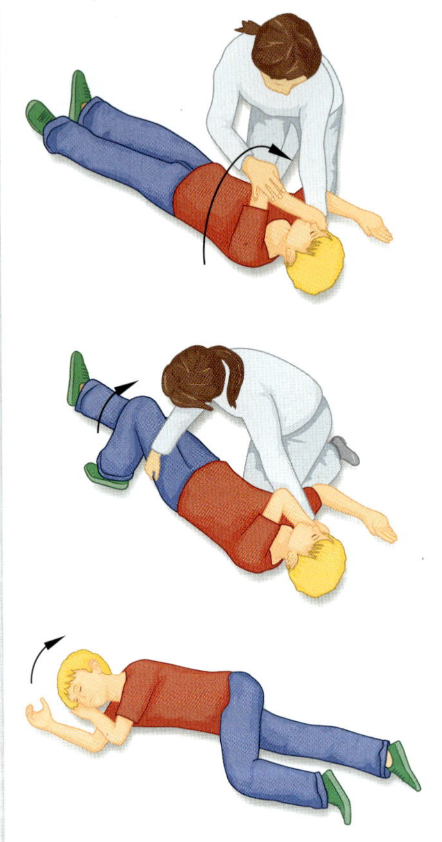

### Richtig handeln im Notfall

Noch immer haben viele Menschen Angst davor, im Unglücksfall etwas falsch zu machen. Wenn Kinder sich verletzen, sind die Eltern oder Betreuungspersonen jedoch verpflichtet und meist auch bereit, erste Hilfe zu leisten. Große Unfälle gehören selbstverständlich in die Hände von medizinischen Profis. Aber auch kleinere Verletzungen schnell zu versorgen, kann wichtig sein.

Jeder Unfall verursacht Aufregung. Aber Panik und Schreien erschüttern eine Kinderseele noch zusätzlich. Im Notfall lautet Paragraf Eins deshalb immer:

- Ruhe bewahren,
- sich einen Überblick über die Gefahrensituation verschaffen,
- das Kind aus der Gefahr retten (von dem aus dem Kochtopf ausgeschütteten heißen Wasser weg ...),
- die Gefahrenstelle absichern,
- das Kind beruhigen und zügig auf Verletzungen untersuchen,
- die Atmung kontrollieren, Atemwege falls notwendig freimachen,
- Herzschlag oder Puls kontrollieren,
- das Kind ggf. in die stabile Seitenlage legen,
- bei Herz- und Atemstillstand sofort mit Mund-zu-Nase-Beatmung und Herzmassage beginnen und den Notarzt verständigen.

## Kontaktaufnahme mit einem Verletzten

Die Ersthelferin begibt sich von vorn mit Blickkontakt auf die Höhe des Verletzten. Sie stellt behutsam Körperkontakt an Hand oder Schulter her. Sie sagt ihm immer, was sie tut, und bittet um Mithilfe. Gerade für Kinder ist Zuwendung und eine beruhigende Ansprache sehr wichtig.

Der Notruf 112 – Die fünf W's strukturieren den Anruf
**Wo** geschah es?
**Was** geschah?
**Wie** viele Verletzte?
**Welche** Art von Verletzung?
**Warten** auf Rückfragen!

## Verbrennungen und Verbrühungen

Verbrannte Haut muss sofort möglichst unter kaltem fließenden Wasser gekühlt werden, bis der Schmerz nachlässt (10 bis 15 Minuten). Anschließend wird die Stelle mit einem sterilen Verband abgedeckt. Brandblasen niemals öffnen! Bei allen Verbrennungen ist eine ärztliche Behandlung wichtig.

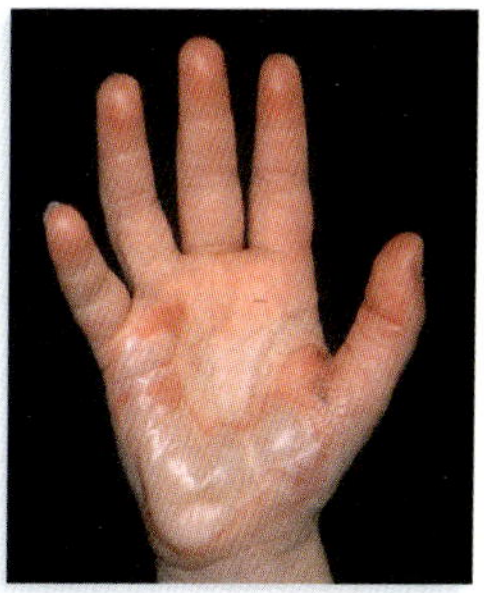
Verbrennung durch die heiße Herdplatte

### AUFGABEN

**Umgang mit einem weinenden Kind**

„Dann, liebe Mutter, werde hart! Fange nur ja nicht an, das Kind aus dem Bett herauszunehmen, es zu tragen, zu wiegen, zu fahren oder es auf dem Schoß zu halten, es gar zu stillen.“ Erziehungsratgeber in der Nazi-Zeit

Die schwarze Pädagogik ist Vergangenheit. Wie genau würden Sie ein Kind trösten? Wie viel Nähe lässt ein professionelles Arbeiten mit Kindern zu? Diskutieren Sie.

Informieren Sie sich darüber, was genau mit schwarzer Pädagogik gemeint ist.

Probieren Sie die Wirkung von folgenden Tipps im Rollenspiel:
- die Gefühle des Kindes wahrnehmen und spiegeln
- zeigen, dass man für das Kind da ist
- mit ruhiger Stimme sprechen, das Kind beruhigen
- sich Zeit nehmen und das Kind ablenken (keine Geschenke oder Naschereien!)

**Zum Arzt bei:**
erheblichen Schmerzen,
- bei großen Wunden (ab 3 cm) und größerem Hautverlust,
- bei tiefgehenden Wunden, wenn noch Fremdkörper in der Wunde stecken,
- die Blutung nicht stoppt oder
- wenn am nächsten Tag noch kein Heilungsprozess sichtbar ist!

## Schnitte, Schürf-, Stich- und Platzwunden

Ist die Haut verletzt, kommt Sauberkeit an erster Stelle. Da Krankheitserreger überall vorkommen, sollte die Wunde keinesfalls berührt und möglichst schnell hygienisch abgedeckt werden. Im professionellen Alltag sind Einmalhandschuhe angezeigt.

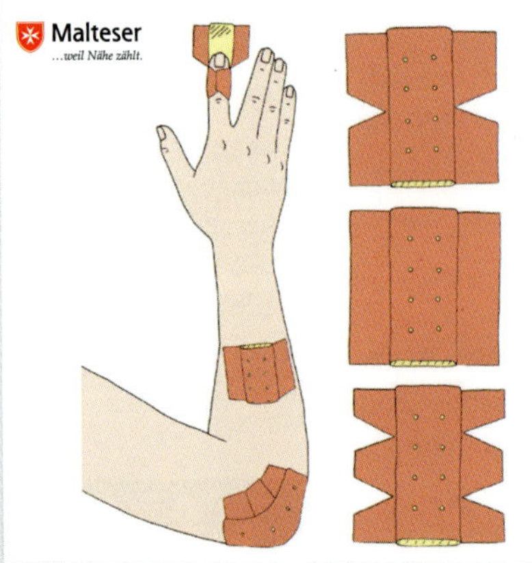


Wundschnellverband an Finger, Arm und Ellenbeuge

**Die wichtigsten Schritte sind dann:**

1. Das Kind beruhigen ...
2. Die Wunde reinigen und desinfizieren: Befindet sich Schmutz auf der verletzten Haut, wird die Wunde unter fließendem Leitungswasser gespült.
3. Kleine Steinchen oder Splitter an der Oberfläche vorsichtig mit einer (sterilen z. B. abgekochten) Pinzette entfernen.
4. Die Wunde desinfizieren. Um die Wunde herum können Alkohol und Jodtinktur angewendet werden. Im verletzten Gewebe selbst richten sie möglicherweise Schaden an. Wunddesinfektionssprays oder -gele können auch dort angewendet werden – kurz einwirken lassen. Handdesinfektionsmittel sind nicht geeignet!
5. Wunde abdecken: Kleine Schrammen heilen am besten an der Luft. Größere müssen geschützt werden, bis sie sich vollständig geschlossen haben. Eine sterile, weiche Kompresse, die die verletzte Stelle ganz bedeckt, wird mit Heftpflaster oder einer Mullbinde befestigt, aber nicht zu stramm: Wenn es drückt, ist es zu fest. Die einfachste Art dieser Wundabdeckungen sind „Pflaster", in der Fachsprache Wundschnellverband genannt.
6. Überprüfen, ob noch Impfschutz gegen Tetanus (Wundstarrkrampf) besteht.
7. Pflaster und Verbände täglich wechseln, Wunde beobachten: Schwellungen, Rötungen oder Wärme der verletzten Stelle deuten auf eine Infektion hin und sollten ärztlich untersucht werden.

### Das ABC der Wunden

Schürfwunden sind sehr schmerzhaft, heilen aber meist recht schnell und meist ohne Narbe ab. Beim Sturz ist meist viel Schmutz in die Wunde gelangt, der sorgfältig entfernt werden muss.

**Gut zu wissen:**
Alle stärkeren Blutungen verursachen bei Kindern zunächst einmal einen kleinen Schock.

Schnittwunden reinigen sich meist selbst, wenn man sie kurz bluten lässt. Die glatten Wundränder heilen oft gut, wenn sie mit einem Pflaster aneinander gehalten werden.

Platzwunden haben unregelmäßige, auseinander klaffende Ränder und infizieren sich leicht. Besser vom Arzt versorgen lassen.

Stichwunden beispielsweise durch Messer, Glas oder Nägel können tief sein mit entsprechender Infektionsgefahr. Im Zweifel besser dem Arzt vorstellen.

### Kinderpflaster und Trostpflaster

Rein medizinisch gesehen sind Kinderpflaster überflüssig. Genauso wie andere wasser- und luftdichte Pflaster können sie das Bakterienwachstum fördern und den Heilungsprozess verlängern. Im Test schneiden sie etwas schlechter ab als herkömmliche Pflaster trotz eines etwas höheren Preises. Aber: Kinder lieben das Trostpflaster mit dem extra bunten Motiv! Die Zuwendung und Wertschätzung durch das besondere Zeichen der Tapferkeit führt nicht selten dazu, dass Kindertränen schneller trocknen.

## Verbandskasten und Hausapotheke

Kindertagesstätten, Schulen und Betriebe müssen jeweils einen sogenannten „kleinen **Verbandskasten**" vorhalten. Dieser sollte maximal 100 Meter und ein Stockwerk vom normalen Aufenthaltsort entfernt sein. Er sollte frei zugänglich und für jeden gut erkennbar angebracht werden. Sein Symbol ist das Rettungszeichen weißes Kreuz auf grünem Grund. Alle Materialien im Verbandskasten sind regelmäßig auf Vollständigkeit und Haltbarkeit zu überprüfen und entsprechend zu ergänzen:

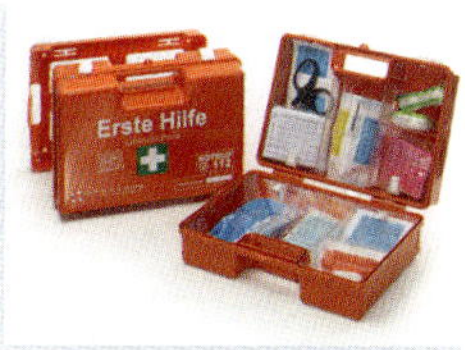


- 1 Anleitung zur Ersten Hilfe
- 2 Augenkompresse
- 2 Dreiecktuch
- 4 Einmalhandschuhe
- 1 Erste-Hilfe-Kleiderschere
- 4 Fixierbinden
- 2 Folienbeutel
- 6 sterile Kompressen
- 20 verschiedene Pflaster
- 1 Rollenpflaster
- 1 Rettungsdecke
- 5 verschiedene Verbandpäckchen
- 1 Verbandtuch
- 5 Vliestuch
- 8 Wundschnellverband
- Zusätzlich sollten sich Kältekompressen im Gefrierfach des Kühlschranks befinden (s. S. 33).

Im Privathaushalt gibt es über Verbandsmaterial hinaus oft noch eine **Hausapotheke** mit nicht verschreibungspflichtigen Medikamenten für kleinere Wehwehchen, die nicht sofort einen Arztbesuch erfordern.

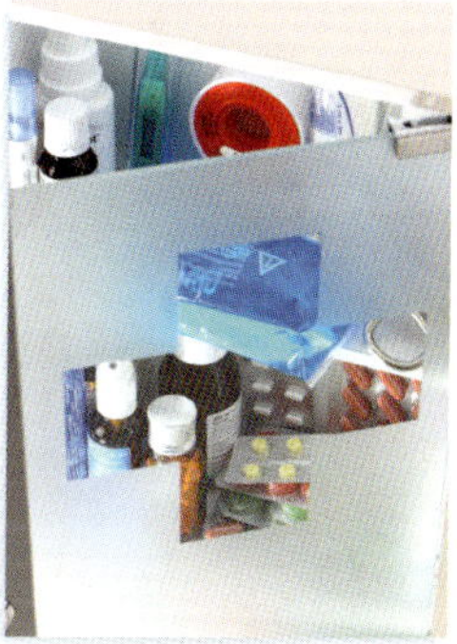

Die Hausapotheke muss kindersicher und für die optimale Haltbarkeit der Medikamente trocken, dunkel und kühl untergebracht werden. Deshalb ist der optimale Ort nicht das Bad, sondern der Flur oder ein Nebenraum. Dass eine übersichtliche Anordnung sinnvoll ist, erklärt sich von selbst. Auch die Hausapotheke sollte einmal im Jahr durchgesehen werden. Präparate, deren Haltbarkeitsdatum abgelaufen oder die mehr als ein halbes Jahr geöffnet sind, gehören in den Hausmüll. Besonders Flüssigkeiten, Salben, Cremes und Gele sind empfindlich gegen Luftsauerstoff. Schnell siedeln sich Bakterien an und können die Familie bei erneutem Gebrauch infizieren. Vor allem Nasensprays und Augentropfen deshalb lieber gleich nach der Behandlung entsorgen!

Als Ausstattung empfehlen Apotheker:

- Schmerz- und Erkältungsmittel
- Mittel gegen Verdauungsbeschwerden, Sodbrennen, Blähungen, Verstopfung und Durchfall
- Wunddesinfektionsmittel und Heilsalbe
- Notfall-Rufnummern und Erste-Hilfe-Anleitung
- ein Mittel gegen Mückenstiche, Sonnenbrand und Juckreiz (Antihistaminikum)
- eine Salbe oder ein Gel für Prellungen, Zerrungen und Verstauchungen
- ein Fieberthermometer
- eine Pinzette und eine Zeckenzange oder -karte

Es ist wichtig, die Medikamente in der Originalverpackung und mit Beipackzettel aufzuheben. So lassen sich Verwechslungen vermeiden und alle wichtigen Informationen zur Anwendung schnell finden.

## Kühlen und Wärmen

Mehrfach-Kalt-Warm-Kompressen, umgangssprachlich Kühlpack genannt, sind zur äußeren Anwendung von Kälte und Wärme zum Standard geworden.

Kühlen lindert Schmerzen und hemmt Entzündungsvorgänge, wirkt abschwellend und verengt die Blutgefäße. Daher wird es angewandt bei stumpfen Verletzungen, aber auch bei Kopf- und Zahnschmerzen, Nasenbluten, Verbrennungen und Sonnenbrand oder Rheuma. Es ist ratsam immer eine Kompresse im Gefrierfach vorrätig zu haben. Diese sollte niemals direkt auf der Haut liegen, weil es zu Erfrierungen kommen kann. Ein Küchentuch oder eine textile Hülle mildern die Wirkung ab.

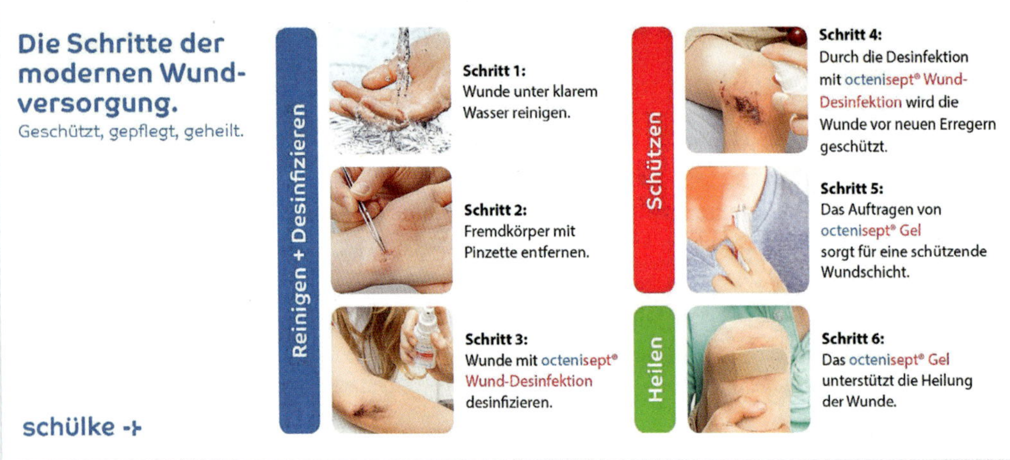


Wärme lindert ebenfalls Schmerzen, erweitert die Blutgefäße, fördert damit die lokale Durchblutung und entspannt. Sie wird bei nicht entzündlichen Prozessen angewendet: Muskelkater, Spannungskopfschmerzen und Beschwerden im Magen-Darm-Bereich. Die Kompresse wird vor der Erwärmung in ein Tuch eingeschlagen, damit sie nicht durch die heißen Teile des Topfes beschädigt wird. Nachdem sie fünf bis zehn Minuten in höchstens 80 Grad heißem Wasser gelegen hat, ist sie anwendungsfertig (Topf von der Herdplatte nehmen!). Es ist möglich, die Kompressen in der Mikrowelle zu erwärmen. Für eine gleichmäßige Erwärmung ist eine etwas längere Erhitzungszeit bei geringerer Leistung besser und damit sicherer, sonst können sich besonders heiße Bereiche in kühleren bilden. Den Erwärmungsprozess in der Mikrowelle aufmerksam beobachten und immer die Temperatur vor der Anwendung überprüfen! Auch warme Kompressen gehören niemals direkt auf die Haut.

# 4 Die Gesundheit fördern

Gesundheit ist nach einer Definition der Weltgesundheitsorganisation von 1946 der Zustand des vollständigen körperlichen, geistig-seelischen und sozialen Wohlbefindens. Mit dieser positiven Sichtweise grenzte sich die WHO (World Health Organization) von der bis dahin üblichen pathogenetischen Sicht ab, in der es um die Entstehung und Vermeidung von Krankheiten, deren Ursachen und Risikofaktoren ging.

Nach einer kurzen Einführung in die Salutogenese legt dieses Kapitel Grundlagen für die großen Segmente der Gesundheitsförderung: Bewegung und Entspannung. Dem dritten Segment, der Ernährung, widmen sich die folgenden Hauptkapitel.

**Pathos** = Krankheit, Leiden, Leidenschaft

**Genese** = Entstehung

**Salus** = römische Göttin des Wohlbefindens und der Gesundheit

## AUFGABE

1. Niemand will krank sein, das ist klar. Und gesund? Im alltäglichen Sprachgebrauch erscheint vieles attraktiver, wie der Wegweiser oben andeutet. Beschreiben, interpretieren und hinterfragen Sie diesen Wegweiser.
2. Diskutieren Sie die Gesundheitsdefinition der WHO (auch vor dem geschichtlichen Hintergrund ihrer Entstehung). Inwiefern hat die WHO das Ziel weltweiter Gesundheit erreicht?

**Prävention** bedeutet Vorbeugung und will das Auftreten, die Verschlimmerung oder die Folgen von Krankheiten vermeiden oder begrenzen. Man unterscheidet:

- Primordialprävention: Vermeidung von Risikofaktoren
- Primärprävention: Verhinderung der Krankheit
- Sekundärprävention: Verschlimmerungen abwenden
- Tertiärprävention: Krankheitsfolgen vermeiden

Die Maßnahmen greifen auf verschiedenen Ebenen. Individuum z. B. Impfungen, Verhaltensprävention z. B. Kampagnen für gesunde Ernährung, und Verhältnisprävention z. B. Förderung einer gesundheitsförderlichen Umgebung.

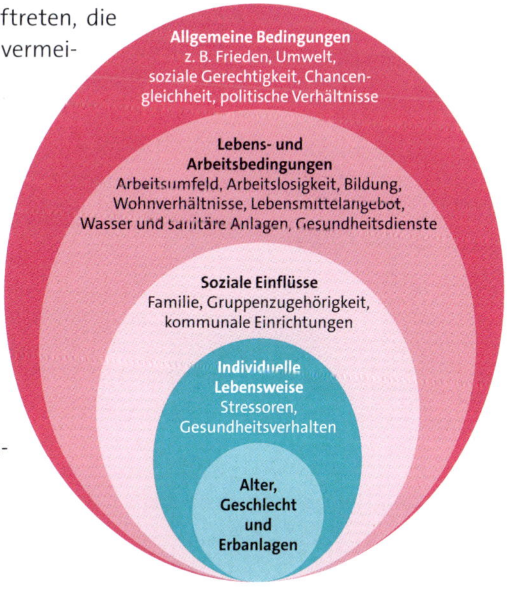

## 4.1 Salutogenese

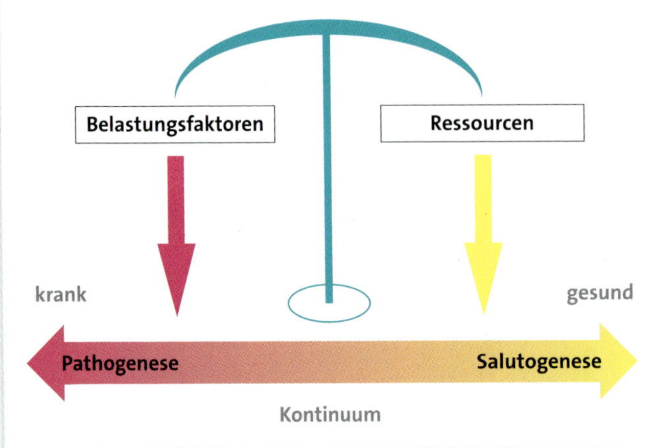


Gesundheitswissenschaftler beschäftigen sich mit der Frage, wie im Zusammenspiel verschiedener Fachdisziplinen Menschen gesund erhalten werden können. Der Begriff Gesundheitsförderung umfasst alle Aktivitäten, die Gesundheit individuell, aber auch deren gesellschaftliche, wirtschaftliche und ökologische Bedingungen verbessern. Da Gesundheit und Krankheit nie in Reinform vorkommen, betrachtet man sie als entgegengesetzte Pole eines Kontinuums. Subjektives und objektives Befinden einer Person bestimmen, wo auf dieser Skala sie einzuordnen ist. Das Befinden bewegt sich durch Belastungsfaktoren oder **Stressoren** in Richtung Krankheit. Je mehr **Ressourcen** jemand hat, desto eher wird er gesund bleiben. Gesundheit ist also kein stabiler Zustand, sondern muss immer wieder hergestellt und ausgebaut werden.

Der „Vater" der Salutogenese ist der Soziologe Aaron **Antonovsky**. Er arbeitete mit Überlebenden der Konzentrationslager im Dritten Reich und fragte, wie sie trotz dieser körperlich und seelisch belastenden Situation gesund geblieben waren. Ein wesentliches Ergebnis beschreibt er als **Kohärenzsinn**, nämlich das Gefühl

- der Verstehbarkeit: die Fähigkeit, Reize zu verarbeiten und in die Zusammenhänge des Lebens einzuordnen,
- der Handhabbarkeit (die Bewältigung), die Überzeugung und Zuversicht, Probleme lösen und das Leben gestalten zu können,
- der Bedeutsamkeit: der Glaube, dass das Leben einen Sinn hat.

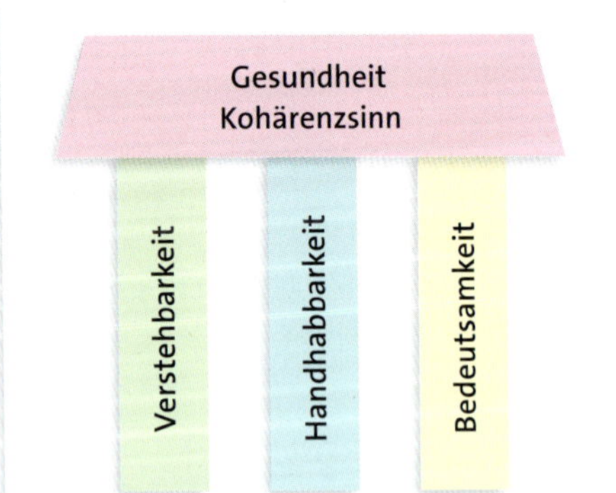

Kohärenzsinn basiert auf drei Säulen

Das Salutogenese-Modell hat die pathogenetische Sichtweise nicht abgelöst, sondern ergänzt. In der Kindertageseinrichtung lässt sich viel für die Gesundheitsförderung tun, nicht nur für die körperliche Fitness, sondern auch für die geistig-emotionalen Ressourcen und für die soziale Anerkennung und Integration. Die Umwelt auf Dauer gesundheitsförderlich zu erhalten, ist ein gesellschaftliches Ziel, für das der einzelne ebenfalls viel tun kann.

Menschen/Kinder mit einem hohen Kohärenzsinn sind besonders stressresistent (durch die positive Grundhaltung gegenüber sich selbst, der Welt und auch dem eigenen Leben).

## 4.2 Motorische Entwicklung, Bewegung und Haltung

Zahlreiche typisch menschliche Fähigkeiten und Fertigkeiten hängen sehr eng mit seinen körperlichen Besonderheiten zusammen. So konnte der Urmensch erst beginnen, Werkzeuge zu benutzen, als er aufrecht gehen und folglich die Hände frei bewegen konnte. Auch in der Entwicklung des einzelnen Kindes bauen die Entwicklungsschritte aufeinander auf. Es geht also nicht darum, möglichst schnell das Ziel eines aufrecht gehenden und geschickt agierenden Menschen zu erreichen, sondern das Kind altersgerecht in seiner Entwicklung zu unterstützen.

**AUFGABE**

**Formulieren Sie eine Antwort auf Katjas Frage im Internetforum Schnuller-family (s. S. 37).**

**Motorik**
Gesamtheit aller Bewegungsabläufe

**Grobmotorik**
Bewegungen der Arme und Beine, z. B. Krabbeln, Laufen

**Feinmotorik**
Bewegungen von Fingern und Gesicht, z. B. Greifen, Lächeln

### Körperbau und Größenwachstum

Ob ein Kind gemessen an seinem Alter körperlich gut entwickelt ist, lässt sich am einfachsten durch Größe und Gewicht bestimmen. Das Verhältnis von Größe und Gewicht unterscheidet sich bei Säuglingen und Kleinkindern gegenüber Jugendlichen und Erwachsenen stark, weil ihre **Körperproportionen** sich verändern.

Das Größenwachstum von Kindern verläuft sehr unterschiedlich und ist daher schwer zu beurteilen. Viele Eltern machen sich Sorgen, ob ihr Kind schnell genug wächst und sich entsprechend gesund entwickelt. Der Kinderarzt beurteilt das anhand von **Perzentilenkurven** (s. S. 36). Getrennt für Mädchen und Jungen zeigen diese Linien, wie die Längen- und Gewichtszunahme im Einzelfall zu beurteilen sind.

Die 50-er Perzentile, also die mittlere Linie in jedem Diagramm (0) gibt die durchschnittliche Größe bzw. das durchschnittliche Gewicht an. Das heißt die Hälfte aller Gleichaltrigen ist größer, und die andere Hälfte kleiner.

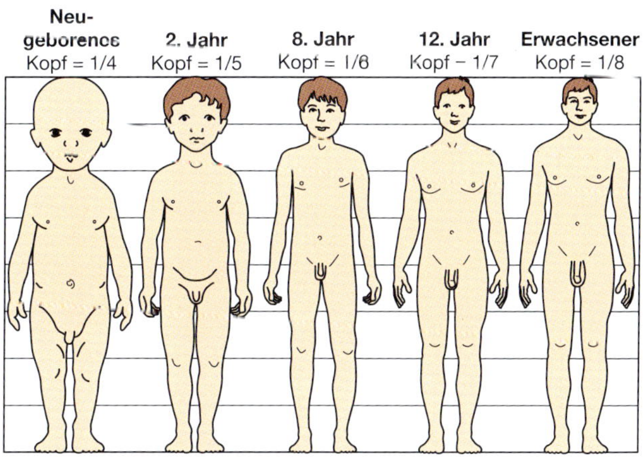


Körperbau und Größenverhältnisse im Vergleich

## Gewicht Mädchen

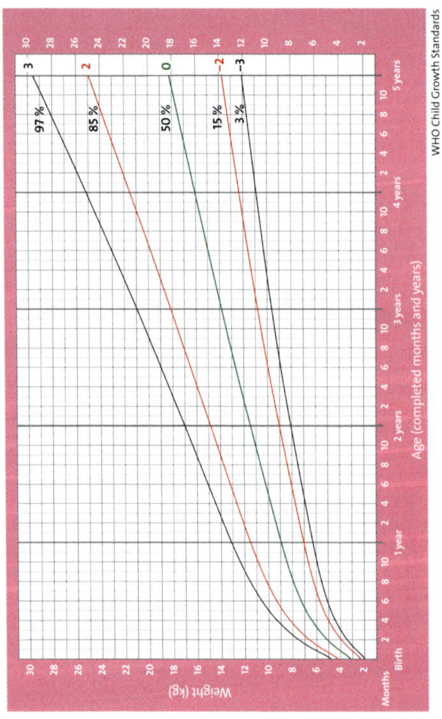


## Gewicht Jungen

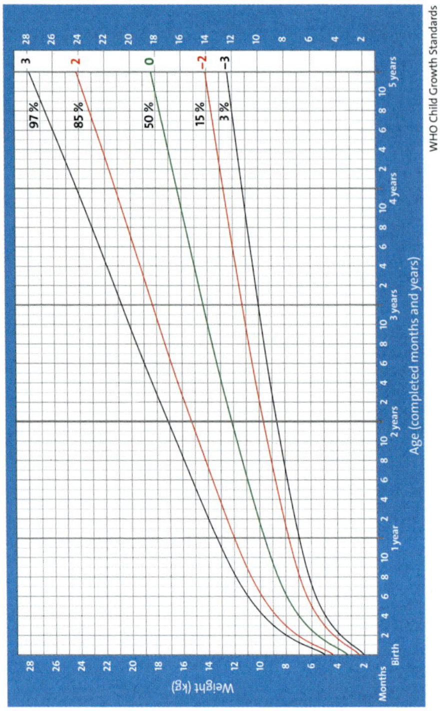


## Körpergröße Mädchen

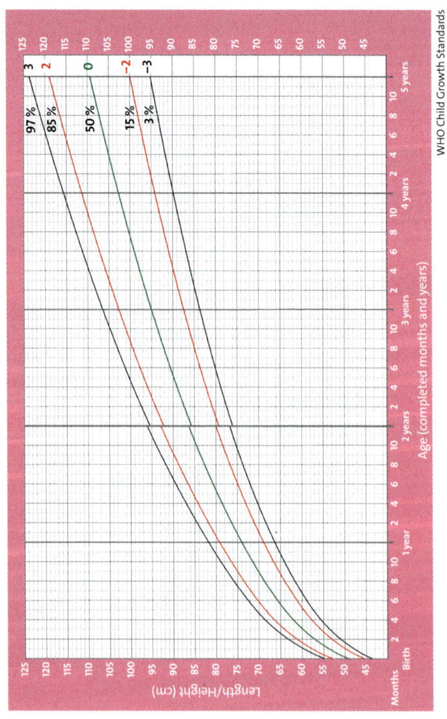


## Körpergröße Jungen

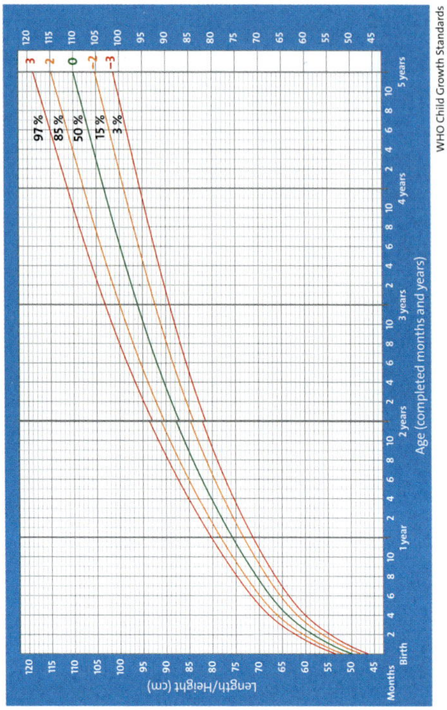

Da sich jedes Kind anders entwickelt, sind jedoch Abweichungen von diesem Mittelwert normal. Der Normalbereich reicht von der 10. bis zur 90. Perzentile. Kritisch wird es erst, wenn das Kind auf Dauer unter der 3. oder über der 97. Perzentile liegt. Es ist also sinnvoll, die Messwerte immer in dasselbe Diagramm einzutragen. Sowohl übermäßiges als auch zu langsames Wachstum kann auf ernst zu nehmende Erkrankungen hindeuten. In einem solchen Fall ist es wichtig, rechtzeitig mit einer medikamentösen Therapie zu beginnen.

Wie groß und schwer ein Mensch wird und wie er sich entwickelt, hängt vor allem von den Erbanlagen und körperlichen Bedingungen wie dem Nährstoffangebot in der Ernährung ab. Einen großen Einfluss haben aber auch Umweltfaktoren sowie Zuwendung und Anregung durch Bezugspersonen.

Katl

Gewichtslinien im U-Heft

Inwiefern sind die Gewichtslinien im U-Heft wirklich wichtig? Laut der Ideallinie müsste Jasmin jetzt in ihrem Alter und bei ihrer Größe 8,5 kg haben, sie wiegt aber nur 7,6. Bei der U5 lag sie noch genau auf der Ideallinie, mit anderen Worten: Sie nimmt zu wenig zu. Ich finde jetzt nicht, dass sie dünn ist, halt schlank mit dicken Beinchen . Ein schlechter Esser ist sie auch, aber das kann ich ja nicht wirklich ändern zurzeit.

Und bei der U2 wurde ich unverschämterweise gefragt, ob ich in der Schwangerschaft geraucht oder Drogen genommen hätte. Da hab' ich erstmal nach Luft geschnappt ...

Katja mit Jasmin (1.2 Jahre)

## Vorsorgeuntersuchungen

Bei der Geburt oder später beim Kinderarzt bekommt jedes Kind ein **gelbes Heft**, in dem die Ergebnisse der neun Vorsorgeuntersuchungen festgehalten werden. Diese ärztlichen Tests dienen dazu, mögliche Krankheiten und Entwicklungsstörungen rechtzeitig zu erkennen. Je früher der Arzt die Erkrankung erkennt, desto Erfolg versprechender ist ihre Behandlung.

Außerdem erhält das Kind einen **Impfpass**, der Informationen und Nachweise zu den Schutzimpfungen liefert. Die ersten Impfungen finden meist im Rahmen der U-Untersuchungen statt. U-Heft und Impfpass sind wichtige Dokumente und dürfen nicht verloren gehen.

Bei allen U-Untersuchungen überprüft der Arzt, ob das Kind sich altersgerecht entwickelt. Neben der Untersuchung des Körpers und der Beweglichkeit prüft er auch die Sinnesorgane und das Verhalten des Kindes und berät die Eltern zu Ernährung, Impfungen und Erziehung.

| Vorsorgeuntersuchungen für Kinder und Jugendliche | | | |
|---|---|---|---|
| U1 | gleich nach der Geburt | U7a | 34. – 36. Monat |
| U2 | 3. – 10. Lebenstag | U8 | 43. – 48. Monat |
| U3 | 4. – 6. Woche | U9 | 60. – 64. Monat |
| U4 | 3. – 4. Monat | U10* | 7 – 8 Jahre |
| U5 | 6. – 7. Monat | U11* | 9 – 10 Jahre |
| U6 | 10. – 12. Monat | J1 | 13 – 14 Jahre |
| U7 | 21. – 24. Monat | J2* | 16 – 17 Jahre |
| * | werden nicht von allen Krankenkassen erstattet | | |

**Beispiel Hautfarbe APGAR-Punkte:**
0 Punkte: blass
1 Punkt: rosig, blaue Extremitäten
2 Punkte: rosig

Virginia Apgar entwickelte 1952 dieses Punktsystem.

Bereits kurz nach der Geburt kommt die Gesundheit eines Kindes das erste Mal auf den Prüfstand (U1). Ein wichtiger Bestandteil ist der sogenannte **APGAR-Test**. Eine und fünf Minuten nach der Geburt vergibt der Geburtshelfer null bis zwei Punkte für folgende fünf Merkmale des Allgemeinzustandes: Atmung, Puls, Grundtonus (Muskelspannung), Aussehen, Reflexe. Zum ersten Mal werden Größe und Gewicht bestimmt. Das Baby bekommt Vitamin K, einen wichtigen Faktor für die Blutgerinnung, um innere Blutungen zu verhindern. Außerdem gibt es fachkundige Beratung zum Stillen oder anderen Ernährungsweisen für den Säugling.

Gemeinsamer Bundesausschuss

Name
Vorname
Geburtstag

Kinderuntersuchungsheft

Bitte bringen Sie Ihr Kind zur Untersuchung:

| | | | |
|---|---|---|---|
| U2 | 3.-10. Lebenstag | vom: | bis: |
| U3 | 4.-5. Lebenswoche | vom: | bis: |
| U4 | 3.-4. Lebensmonat | vom: | bis: |
| U5 | 6.-7. Lebensmonat | vom: | bis: |
| U6 | 10.-12. Lebensmonat | vom: | bis: |
| U7 | 21.-24. Lebensmonat | vom: | bis: |
| U7a | 34.-36. Lebensmonat | vom: | bis: |
| U8 | 46.-48. Lebensmonat | vom: | bis: |
| U9 | 60.-64. Lebensmonat | vom: | bis: |

Diese Untersuchungstermine sollten Sie im Interesse Ihres Kindes bitte genau einhalten.

In der U2 dient das sogenannte **Neugeborenen-Screening** dazu, bestimmte Stoffwechsel- und Hormonerkrankungen wie Mukoviszidose oder Phenylketonurie auszuschließen. Dazu entnimmt der Arzt in der Regel aus der Ferse des Neugeborenen einen Tropfen Blut. Wenn zum Beispiel die Phenylketonurie unerkannt bliebe, könnten bestimmte Eiweißbausteine schwerwiegende Störungen der Gehirnentwicklung verursachen. Auch die Mukoviszidose erfordert von Anfang an eine besondere Ernährung.

**Mukoviszidose** oder Cystische Fibrose ist eine angeborene Stoffwechselerkrankung, die auf einem Gendefekt beruht. Der Transport von Salz und Wasser durch die Zellmembranen ist gestört. Dadurch kommt es zu zähem Schleim, der Lunge, Leber und die Bauchspeicheldrüse schädigt. Neugeborene zeigen unspezifische Symptome wie Verstopfung und Atemwegsinfekte. Nach einer frühen Diagnose kann die Krankheit zwar nicht geheilt werden, aber das Baby gedeiht besser, wenn der kleine Patient möglichst früh mit einer meist kalorienreichen Diät, mit der Einnahme von Bauchspeichelenzymen und einer Physiotherapie der Lunge beginnt.

**Phenylketonurie** (PKU) ist eine angeborene Störung des Aminosäurestoffwechsels. Die Aminosäure Phenylalanin reichert sich im Blut an, weil das Enzym zu ihrem Abbau nicht richtig arbeitet. Zu hohe Phenylalanin-Spiegel schädigen das Gehirn und führen unbehandelt zu schwerer geistiger Behinderung. Mit einer streng phenylalaninarmen Diät lassen sich diese Folgen vermeiden.

In der U8 prüft der Kinderarzt neben der Sprache auch Beweglichkeit und Geschicklichkeit des Kindes sowie den Zustand der Zähne (s. S. 7).

Die J2 findet im Alter zwischen 16 und 17 Jahren statt und bietet Jugendlichen die Chance, sich mit dem (Kinder-)Arzt vertrauensvoll ohne die Anwesenheit der Eltern über wichtige Themen zu beraten. Neben Pubertät und Sexualität sind Stoffwechselkrankheiten der Schilddrüse oder ein möglicher Diabetes mellitus Thema. Es kann um Einschränkungen bei der Berufswahl beispielsweise durch Allergien gehen. Und bei der Überprüfung von Größen- und Gewichtsentwicklung bietet sich auch die sensible Frage nach Essstörungen an.

## Beweglichkeit fördern und erhalten

Kinder bewegen sich in Deutschland nur durchschnittlich 53 Minuten am Tag. Damit Kinder sich körperlich und seelisch gesund entwickeln, brauchen sie jedoch mehr Bewegung. Von Natur aus wollen sie hüpfen, rennen und toben und halten sich damit automatisch fit. Sie bleiben schlank und beugen Fehlhaltungen vor. Fast jedes zweite Schulkind zeigt jedoch Haltungsschwächen, die es unter Umständen ein Leben lang begleiten werden. Gerade der Kindergarten kann hier wichtige Vorbeugung leisten.

Die **Bewegungspyramide** für Kinder fordert täglich 120 Minuten körperliche Aktivität und betont ausdrücklich alltägliches Tun wie Schulwege zu Fuß oder mit dem Rad oder Tätigkeiten im Haushalt: Sechs Portionen à fünf Minuten. Den Schwerpunkt bildet aktives Spielen in der Freizeit mit viermal einer Viertelstunde möglichst draußen. Sport als eher leistungs- und zielorientierte Bewegung ist mit durchschnittlich zwei Viertelstunden zu verbuchen. Die drei Ebenen steigern sich in der Anstrengung. Wichtig ist, Bewegungsblocker wie Fernsehen, Computer und Spielkonsole einzuschränken für Kinder unter zwölf Jahren auf bis zu eine Stunde, darüber bis zwei Stunden täglich.

Bewegungspyramide

### Medien

Medien machen Spaß, sie dienen der Information und zum kreativen Austausch mit Freunden und Familienmitgliedern. Medien im Übermaß sind ein wichtiger Risikofaktor für Übergewicht. Für Kinder ist es wichtig, die bewegungsarme (und durch entsprechende Snacks kalorienreiche) Medienzeit zu begrenzen.

bis 2 Jahre → keine Bildschirmmedien
3 bis 5 Jahre → bis 30 Minuten pro Tag
6 bis 11 Jahre → bis 60 Minuten pro Tag
12 bis 18 Jahre → bis 120 Minuten pro Tag

Es ist sinnvoll, gemeinsam mit den Kindern über folgende Regeln zu sprechen, damit nicht jedes Computerspiel und jede Sendung zu einem Konflikt führt:

- keine Bildschirmmedien im Kinderzimmer
- der Fernseher/Computer läuft nicht nebenbei
- morgens, beim Essen und vor dem Schlafen bleiben die Flimmerkisten aus
- bei Familienaktivitäten bleibt das Handy aus

## Haltung der Wirbelsäule

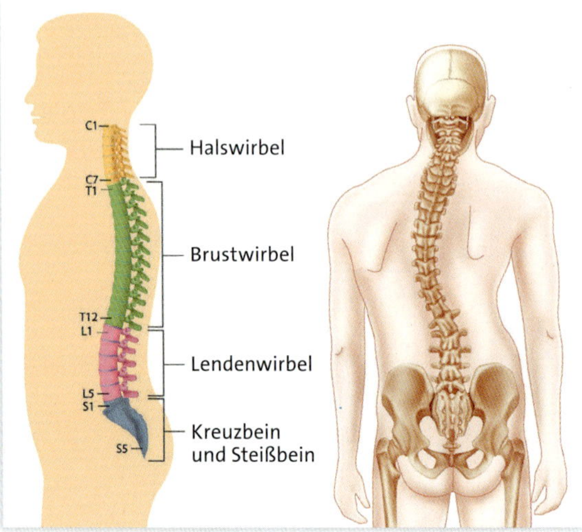


Doppel-S-Form (links) verformte Wirbelsäule (rechts)

Die Körperhaltung entsteht durch die Wirkung zahlreicher Muskeln auf die Wirbelsäule. Über komplizierte Steuerungsmechanismen schafft es der Körper, das Gleichgewicht zu halten. Als Gegenspieler wirken dabei die langen Rückenmuskeln einerseits und die Bauchmuskulatur andererseits. Den unteren Teil des Rumpfes halten Gesäß- und Oberschenkelmuskeln in ihrer typischen Krümmung.

Die gesunde Wirbelsäule weist eine sogenannte **Doppel-S-Form** auf. Das hat den Vorteil, dass sie Stöße elastisch ausgleichen kann. Diese Wirbelsäulenkrümmung gibt es beim Neugeborenen noch nicht. Sie entsteht erst, wenn das Kind aufrecht gehen kann und das Körpergewicht auf den Rücken einwirkt. Im Wachstumsschub zwischen dem vierten und sechsten Lebensjahr können bereits erste Haltungsschäden erkennbar werden, wenn die Kinder sich zu wenig bewegen.

**Haltungsschwächen** bilden sich immer dann heraus, wenn bestimmte Muskeln zu schwach sind. Diese Muskeln ermüden dann schnell, die Körperspannung lässt nach und der Rücken sinkt ein. Verspannungen verursachen Schmerzen, außerdem kann zum Beispiel die Atmung behindert sein. Langfristig verkürzen sich Muskeln und Bänder, sodass die gesunde Haltung nicht mehr möglich ist.

Kind am Schreibtisch

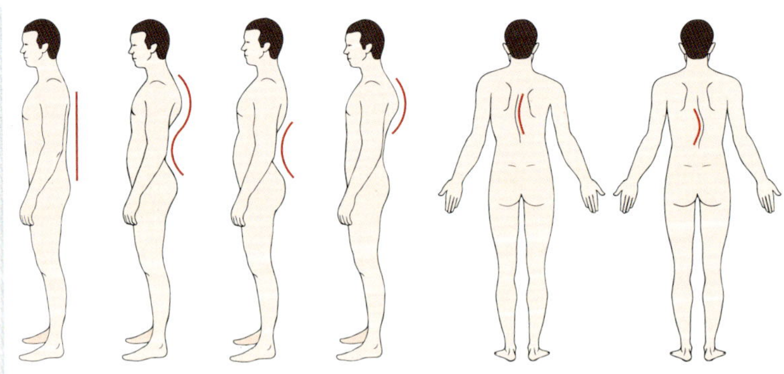

Neben ausreichend Spiel- und Sportmöglichkeiten ist vor allem das richtige Sitzen wichtig für eine gesunde Haltung: Beide Fußsohlen berühren den Boden, weder Tisch noch Sitzfläche drücken die Oberschenkel ein, der Ellenbogen befindet sich etwa in Höhe der Tischplatte, die Stuhllehne stützt den Rücken unter den Schulterblättern und am Beckenrand.

### Fußgewölbe

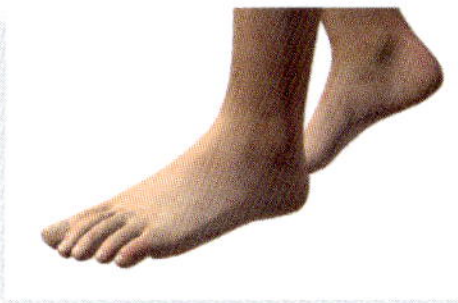

Ein menschlicher Fuß setzt sich aus zahlreichen Knochen, Bändern und Muskeln zusammen. Sobald ein Kind laufen lernt, entsteht aus einem gut gepolsterten Babyfüßchen das sogenannte Fußgewölbe. Das Längsgewölbe verläuft von der Ferse bis zum Ballen, das Quergewölbe entsprechend senkrecht dazu.

Wie beim Rücken ist auch der aufrechte Fuß eine aktive Leistung der Muskulatur. Bei Ermüdung oder Schwäche dieser Muskeln sinkt das Fußgewölbe ein, was auf Dauer zu einem Knicksenkfuß führen kann. Während dies bei Kindern noch keine Schmerzen verursacht, sind bei Erwachsenen die Auswirkungen einer Fußfehlstellung oft in Hüfte oder Rücken zu spüren.

Um die Fußmuskulatur des Kindes zu stärken, muss sie Raum und Gelegenheit zur Bewegung bekommen. Das Kind sollte nicht zu viel in engen und festen Schuhen laufen, sondern möglichst oft barfuß oder in rutschfesten Socken. Beim Schuhkauf für Kinder sollten Eltern auf ausreichende Länge und Weite achten, genauso wie auf hochwertiges Material.

## 4.3 Stress und Entspannung

Stress gehört zum Leben: von Anfang an. Für den Säugling ist es zum Beispiel Stress, wenn die Mutter nicht in der Nähe ist. Erwachsene leiden meist unter zu hohen Anforderungen für zu wenig Zeit. Stress wird jedoch erst dann zur gesundheitlichen Belastung, wenn der Ausgleich fehlt. Das moderne Leben trägt zum Ungleichgewicht zwischen Belastung und Ausgleich bei. Erkrankungen, die durch Stress entstehen, sind auf dem Vormarsch. Es gilt daher, Kinder frühzeitig für den Umgang mit Stress fit zu machen.

**stress**
englisch: Druck, Anspannung

### Stress und seine Ursachen

Stress mit den Eltern, Prüfungsangst, Lampenfieber, Zeitdruck: In der einen oder anderen Form haben die meisten Menschen hin und wieder Stress. Unterschiedlich ist, welche Situationen Stress verursachen und welche Auswirkungen der Einzelne verspürt. Ist etwa Bungee-Springen für den Einen ein willkommener Nervenkitzel, ist es für die Andere ein Ding der Unmöglichkeit. Ein gesundes Maß an Stress kann jedoch Höchstleistungen ermöglichen.

gestresstes Schulkind

**Stress ist**

1. eine durch äußere Reize (Stressoren) hervorgerufene körperliche und geistig-seelische Reaktion, die zur Bewältigung besonderer Anforderungen befähigt, und
2. die dadurch entstehende Belastung.

**Stressoren** sind alle Einflüsse, die dem Menschen Stress verursachen. Sie lassen sich in körperliche, geistig-seelische oder soziale Stressoren einteilen. Physischen Stress verursachen zum Beispiel körperliche Erschöpfung, zu hohe oder niedrige Temperatur, Lärm oder schlechte Luft. Geistig belastet den Menschen nicht nur Überforderung, zum Beispiel mit zu viel oder zu schwerem Lernstoff, auch Unterforderung kann Stress bedeuten. Seelische Stressoren entstehen beispielsweise durch Konflikte mit anderen oder durch Gefühle wie Angst, Wut oder Trauer.

Je nachdem wie der Einzelne diese Stressfaktoren bewertet, ist zu unterscheiden zwischen **Disstress** oder Eustress. Disstress ist der negativ bewertete und damit schädliche Stress. Im Übermaß und ohne Ausgleich macht er krank und sollte daher möglichst vermieden werden. Es gibt jedoch auch positiven Stress, der Spaß macht und beflügelt: **Eustress**. Dazu gehören sportliche Herausforderungen, anspruchsvolle Hobbys oder größere Projekte wie die Organisation eines Festes oder einer Klassenfahrt. Ein körperlich und seelisch gesunder Mensch lässt sich durch Stressoren nicht aus dem Gleichgewicht bringen. Er mobilisiert seine Kraftreserven und kann so mit dem Problem fertig werden. Wie beim Training im Sport, kann er damit seine Fähigkeiten erweitern und sein Selbstbewusstsein stärken.

## Stressreaktion

**Sympathikus und Parasympathikus**
Bestandteile des vegetativen Nervensystems in Gehirn und Rückenmark, die entgegengesetzt wirken

Typische Reaktionen des Menschen auf Stress laufen unbewusst ab und basieren auf der körperlichen Stressreaktion. In der Entwicklungsgeschichte des Menschen hat es sich als Vorteil erwiesen, in Gefahrensituationen schnell sehr leistungsfähig zu sein. Wurde der Urmensch etwa von einem wilden Tier angegriffen, musste er entweder kämpfen oder flüchten. Diese Fight-or-flight-Theorie erklärt den Vorteil der körperlichen Veränderungen unter Stress.

Sobald die Sinne dem Gehirn eine Gefahr melden, aktiviert es den **Sympathikus**, das Gaspedal der menschlichen Leistungsbereitschaft. Er erweitert die Pupillen und die Bronchien, beschleunigt den Puls und erhöht den Blutzuckerspiegel.

| Reaktionen auf Stress | | | |
|---|---|---|---|
| **Organfunktion** | **Muskulatur** | **Wahrnehmung/Denken** | **Emotionen** |
| ▪ Pulsbeschleunigung<br>▪ Blutdruckanstieg<br>▪ Schwächung des Immunsystems<br>▪ beschleunigte Atmung<br>▪ Blutzuckeranstieg<br>▪ verstärkte Blutgerinnung<br>▪ Temperaturanstieg<br>▪ reduzierte Verdauungs- und Nierenfunktion | ▪ Anspannung der Skelettmuskulatur<br>▪ Veränderung der Körperhaltung<br>▪ starre Mimik<br>▪ nervöse Gestik<br>▪ Zittern<br>▪ nervöses Zappeln<br>▪ Zähneknirschen | ▪ verengte Wahrnehmung<br>▪ Verwirrung<br>▪ Konzentration<br>▪ Denkblockaden<br>▪ verminderte Kreativität | ▪ Angst<br>▪ Pessimismus, Depression<br>▪ Aggressivität, Wut |

Der Sympathikus veranlasst die Ausschüttung der **Stresshormone**, die die Reaktion verstärken und ergänzen: Adrenalin und Noradrenalin aus dem Nebennierenmark verbessern die Durchblutung der Skelettmuskulatur und verringern die der Verdauungsorgane. Etwas langsamer wirkt das Hormon Kortisol: Es hemmt das Immunsystem und unterdrückt Entzündungen. Weiterhin ist unter Stress die Schmerzempfindung herabgesetzt und die Körpertemperatur erhöht.

**Psychosomatik** (Psyche = gr. Seele, Soma = gr. Körper) untersucht Zusammenhänge zwischen geistig-seelischen Vorgängen und körperlichen Erscheinungen

Die meisten Belastungen lassen sich durch Sport oder bewusste Entspannung ausgleichen. Die nicht abgebauten Stresshormone und der Überschuss an Energie richten jedoch auf Dauer Schaden an. Langfristig begünstigt Stress folgende Erkrankungen: Herz-Kreislauf-Erkrankungen (Herzinfarkt, Schlaganfall etc.), Muskelverspannungen, Kopfschmerzen, Hörsturz und Tinnitus, Magengeschwüre und Reizdarm, Schlafstörungen, psychische Erkrankungen.

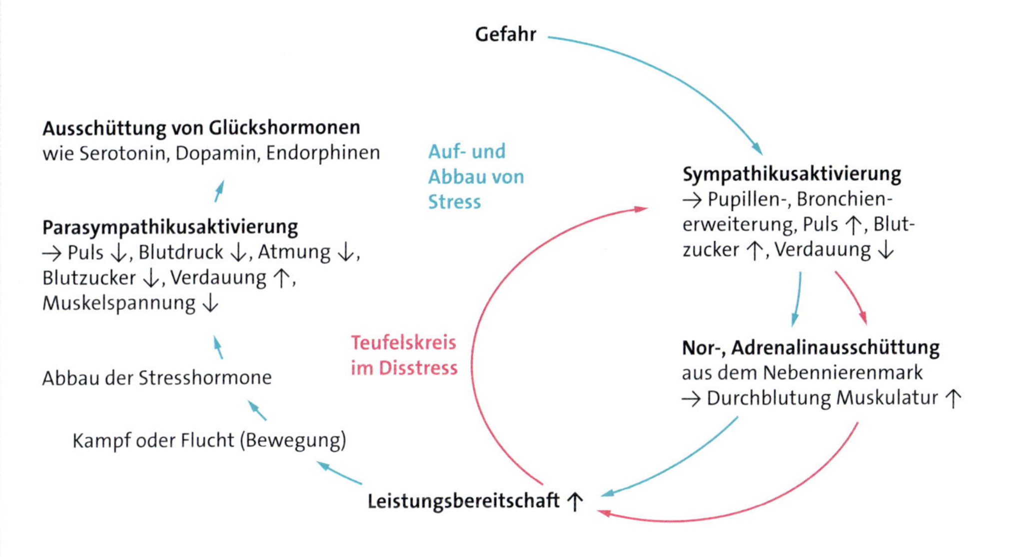


## Kinder und Stress

Obwohl der Lebensstandard in den westlichen Ländern hoch ist, wachsen Kinder auch hier nicht unbeschwert auf. Viele Stressfaktoren der Erwachsenen belasten Kinder ebenso. Zudem fehlt der Rückhalt einer Großfamilie, wie es sie vor wenigen Generationen noch gab. Viele Kinder haben keine Geschwister, leben in Einelternfamilien oder sind von Arbeitslosigkeit und Armut betroffen.

Ältere Kinder spüren sehr schnell den Leistungsdruck in der Schule und die Erwartungen der Eltern. Sport, Musikschule und Ballett fordern zusätzlich Zeit und Energie zulasten des freien Spiels mit Gleichaltrigen. Dieses konkurriert außerdem mit dem Medienangebot: Fernsehen, Computerspiele, Internet. Die Reizüberflutung lenkt die kindliche Aufmerksamkeit ab, sodass die eigenen Bedürfnisse und Gefühle nicht mehr wahrgenommen werden.

Mai

| | Name | Lucas | Lea | | |
|---|---|---|---|---|---|
| 1 | Montag | Maifeiertag | | | |
| 2 | Dienstag | Fußball | Klavier | | |
| 3 | Mittwoch | | | | |
| 4 | Donnerstag | | Frühförderung | | |
| 5 | Freitag | | Tanz | | |
| 6 | Samstag | Fußball | | | |
| 7 | Sonntag | | | | |
| 8 | Montag | Englisch f. Kinder | | | |
| 9 | Dienstag | Fußball | Klavier | | |
| 10 | Mittwoch | | | | |
| 11 | Donnerstag | | Frühförderung | | |
| 12 | Freitag | | Tanz | | |
| 13 | Samstag | Fußball | | | |
| 14 | Sonntag | | | | |
| 15 | Montag | Englisch f. Kinder | | | |
| 16 | Dienstag | Fußball | Klavier | | |
| 17 | Mittwoch | Zahnarzt | Zahnarzt | | |
| 18 | Donnerstag | | Frühförderung | | |
| 19 | Freitag | | Tanz | | |
| 20 | Samstag | Fußball/Spiel | | | |
| 21 | Sonntag | | | | |
| 22 | Montag | Englisch f. Kinder | | | |
| 23 | Dienstag | Fußball | Klavier | | |
| 24 | Mittwoch | | | | |
| 25 | Donnerstag | Christi Himmelfahrt | | | Familienfest |
| 26 | Freitag | | Tanz | | |
| 27 | Samstag | Fußball/Spiel | | | |
| 28 | Sonntag | | Tanzvorführung | | |
| 29 | Montag | Englisch f. Kinder | | | |
| 30 | Dienstag | Fußball | Klavier | | |
| 31 | Mittwoch | | | | |

ausgefüllter Familienkalender

Durch die Ganztagsbetreuung von klein auf bleibt wenig bis kein Zeitraum, in dem freies Spiel zu Hause möglich ist. Kinder können erst lernen, zur Ruhe zu kommen, wenn sie nicht ständig mit Beschäftigungen oder Unterhaltungen von außen konfrontiert werden.

Symptome wie Daumenlutschen, Bettnässen, Angst im Dunkeln, Klammern, permanente Nahrungsaufnahme, Verstopfung oder Stottern, bei älteren Kindern auch Schulangst, Aggressivität oder Nägel kauen können Reaktionen auf Stress sein.

## Stress abbauen und vermeiden

Krankheiten, die durch Stress bedingt sind, gehören selbstverständlich in die Behandlung eines Arztes oder Psychotherapeuten. Solange noch keine schwer wiegenden Symptome auftreten, reicht jedoch auch Bewegung und Entspannung. Körperliche Bewegung hilft, die Stresshormone abzubauen und auf andere Gedanken zu kommen. Ohne entsprechende Erholungspausen kann der Sport jedoch zu einer weiteren Belastung werden.

Entspannung findet der Mensch normalerweise durch ruhige und angenehme Tätigkeiten, durch Nichtstun und vor allem im Schlaf. Während des Schlafens verarbeitet das Gehirn die Erlebnisse des Tages und schöpft neue Kraft für den nächsten Tag. Gestresste Menschen sind jedoch häufig so angespannt, dass sie keine Ruhe finden. Sie profitieren von Entspannungstechniken, die bei Krankenkassen, Volkshochschulen usw. erlernbar sind. Einige Methoden können auch Kindergartenkinder schon selbst anwenden.

Durch die Reizüberflutung in der modernen Welt haben Kinder und Erwachsene nur noch wenig Zugang zu ihren Empfindungen und Bedürfnissen. Sie wissen nicht mehr, wann sie satt sind, warum sie schlechte Laune bekommen, ob sie sich wütend oder traurig fühlen. Eine solche Selbstwahrnehmung braucht jedoch etwas Übung, aber vor allem Zeit und Ruhe.

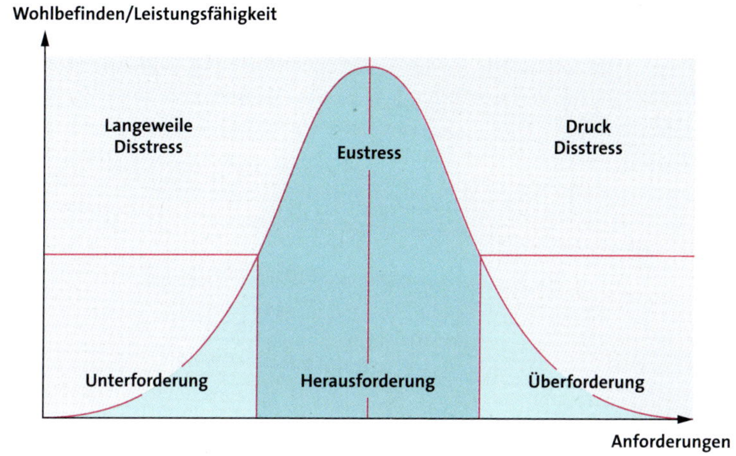


Disstress durch Unter- oder Überforderung

Die drei Bereiche des Wohlbefindens des Menschen:

- körperlich
- geistig-seelisch
- sozial

Auf jedem der drei Gebiete wirkt ein Zuwenig oder Zuviel als Stressor und ein gesundes Mittelmaß als Schutzfaktor gegen Stress. Unter- und Überforderung sind möglichst zu vermeiden, während Herausforderungen den Einzelnen für künftige Stresssituationen fit machen.

Körperliche Widerstandskraft gegen Stress verleiht alles, was den Körper gesund erhält und mit Energie versorgt: ausreichend Schlaf, vollwertige Ernährung, Verzicht auf Zigaretten, Alkohol und unnötige Medikamente, tägliche Bewegung möglichst an der frischen Luft. Soziale Stressvorbeugung ist es, wenn der Mensch ein Netzwerk von Freunden, Verwandten und Bekannten pflegt. Ein positiver Kontakt zu Menschen bringt nicht nur Lebensfreude, das soziale Netz fängt den einzelnen auch auf und hilft, wenn es mal nicht so gut läuft. Auf der geistig-seelischen Ebene gilt es ebenso, erfreuliche Gedanken und Gefühle zu suchen und bewusst zu genießen und negative angemessen zu verarbeiten.

Ziel ist es also nicht, jede Belastung zu vermeiden, sondern ein gesundes Maß zu finden. Der Mensch ist zu Höchstleistungen in der Lage, aber er benötigt ausreichend Ruhe und Entspannung zum Ausgleich. Es ist deshalb in jedem Alter wichtig, Pausen und Ruhephasen einzuplanen.

**slow five** für entspannte Kinder

1. Kinderalltag nicht überplanen
2. spielen, rennen, toben ohne Druck
3. Pausen mit wenig Reizen
4. aufmerksam zuhören, was dem Kind wichtig ist
5. professionelle Hilfe zu holen zeigt Verantwortung

## Schlafen

Marie ist fünf Jahre alt, in der Ganztagsbetreuung und bringt ihre Eltern abends zur Verzweiflung. Das zu Bett Gehen ist eine ewige Nerverei. Erst quengelt und diskutiert sie, im Bett liegend fordert sie eine Geschichte, ein Lied, hat plötzlich noch Durst, will auf die Toilette. Das Licht soll erst an bleiben, dann doch nur die Tür geöffnet.

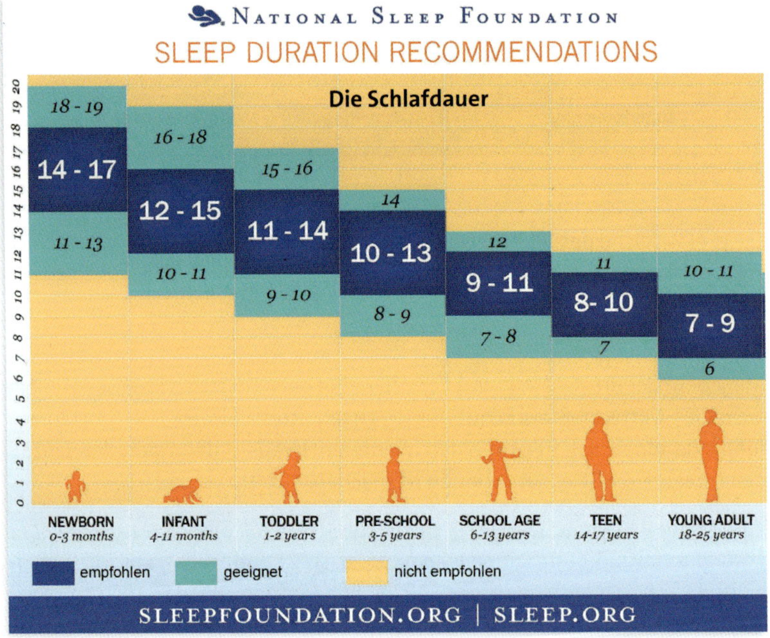


Ein neugeborenes Kind schläft pro Tag bis zu 17 Stunden, mit Eintritt in das Schulalter liegt der Schlafbedarf zwischen 9 und 11 Stunden.

**Schlaf** ist ein äußerlicher Ruhezustand bei Menschen und Tieren. Dabei unterscheidet man zwischen NREM- und REM-Phasen. Die Phasen mit Rapid Eye-Movements (schnelle Augenbewegungen bei geschlossenen Lidern) sind durch eine höhere Gehirnaktivität gekennzeichnet, an Geträumtes erinnern Schläfer sich hier deutlicher. Im nicht REM-Schlaf sinken Herzschlag, Atemfrequenz und Blutdruck ab. Schlafen ist für die Verarbeitung von Erlebnissen und Gelerntem sehr wichtig. Schlafentzug gilt als Foltermethode.

Normalerweise reguliert die sogenannte **innere Uhr** den Schlaf-Wach-Rhythmus. Tageslicht und hormonelle Veränderungen bestimmen, wann Körperorgane und Gehirn aktiv und leistungsbereit sind und wann sie Pausen brauchen. Die empfohlene Schlafdauer sinkt vom Säugling mit 14 bis 17 Stunden bis zum älteren Menschen, der nur noch sieben Stunden schläft. Die Tagesleistungskurve (s. S. 64) ist in ihrer Form immer ähnlich, kann sich jedoch anpassen.

Für ausreichenden Schlaf sorgen! Studien zeigen, dass Schlafmangel Hunger, Appetit und damit letztlich auch die Nahrungsaufnahme steigern kann.

Schlafmangel kann das hormonelle Gleichgewicht stören und durch eine Insulinresistenz zu einer Erhöhung des Gewichts, der Cholesterinwerte und des Blutdrucks führen. Das Ungleichgewicht der Hunger regulierenden Hormone hat einen vermehrten Appetit zur Folge.

### Schlafhygiene

Wenige Regeln helfen, beim Ein- und Durchschlafen:

- Anregende Aktivitäten und viel Bewegung machen angenehm müde.
- Der Körper gewöhnt sich an einen regelmäßigen Tagesablauf.
- Frische Luft im Schlafraum und nicht zu stark geheizt: Schlafende sollen weder schwitzen noch frieren.
- Schlafrituale können helfen: fester Schlafplatz, Vorlesen und Gute-Nacht-Kuss als positiver Tagesabschluss.
- Sicherheit und Geborgenheit vermitteln.

Kinder, die in der Kita Mittagsschlaf halten

**AUFGABEN**

1. Erinnern Sie sich an Ihre eigenen Einschlafrituale als Kind, tauschen Sie sich aus. Welche Strategien haben gegen „Monster" geholfen?
2. Das Buch „Jedes Kind kann schlafen lernen" leitet Eltern dazu an, Kinder, die weinen und nicht einschlafen, konsequent zum Schlafen zu erziehen. Anstatt ein Kind zu verwöhnen, sollen Eltern es jeweils nur kurz beruhigen, das Zimmer verlassen und die Phasen des Alleinlassens immer weiter verlängern. Diskutieren Sie!

### Life Skills und Selbstwert

Im Vorschulalter entwickeln Kinder in der Interaktion mit ihrer Familie und in Gleichaltrigengruppen ein Bewusstsein von sich selbst. Ihr Selbstverständnis zeichnet sich aus durch ein positives **Selbstwertgefühl**, hohes Vertrauen in die eigene Leistungsfähigkeit und hohe Lernbereitschaft. Das Selbstwertgefühl als die Wertschätzung, die ein Mensch sich selbst entgegenbringt, stellt einen entscheidenden Faktor der Gesunderhaltung dar.

Seit den 90-er Jahren fordert die Weltgesundheitsorganisation WHO die „Life-Skills-Education" (Erziehung zu Lebenskompetenz), dem gezielten Stärken von psychosozialen Kompetenzen.

Ein Kind in seiner Entwicklung eigenständig voran schreiten zu lassen, heißt für die Begleitperson, den Kleinen vieles zuzutrauen und sie, soweit sie es können, selbst ausprobieren zu lassen. Ein Kind kann am besten üben, den Löffel allein zum Mund zu führen, wenn es dabei nicht gestört wird.

**Life Skills** sind Fähigkeiten, die einen angemessenen Umgang miteinander und mit Problemen und Stresssituationen des alltäglichen Lebens ermöglichen:

- Selbstwahrnehmung und Mitgefühl (empathische Fähigkeiten)
- Kommunikation und Interaktion (soziale Fähigkeiten)
- Umgang mit Emotionen und Stressoren
- kritisches und kreatives Denken
- Entscheidungs- und Problemlösungsfähigkeit

Je sicherer sich ein Mensch mit den Anforderungen des Alltags fühlt, desto besser gestaltet sich sein Wohlbefinden (Kohärenzsinn s. S. 34). Wenn es ihm gut geht und er ein positives Selbstwertgefühl entwickelt, verhält er sich meist automatisch gesundheitsbewusst in Bezug auf Ernährung, Bewegung und Entspannung.

## Entspannungstechniken für Kinder

Von Natur aus sind Kinder wahre Entspannungstalente. Ein kleines Kind kann zum Beispiel in unendlicher Ruhe im Sandkasten sitzen und beobachten, wie der Sand durch seine Finger rinnt. Sobald Kinder einen geschützten Raum und einige Anregungen bekommen, können sie sehr leicht Entspannung lernen. Dabei kommt es vor allem darauf an, dass die Betreuungsperson ihnen das Thema mit kindgerechten Übungen und Geschichten spielerisch nahebringt.

Alle Entspannungstechniken wollen dem Körper helfen, vom Alarmzustand in den Erholungszustand zu wechseln, das heißt von der Aktivität des Sympathikus auf den **Parasympathikus** umzuschalten. Zwar kann der Mensch seinen Blutzuckerspiegel und die Blutgefäße nicht willentlich beeinflussen. Es gibt jedoch Organfunktionen, die sowohl unbewusst als auch bewusst gesteuert sind:

- die Atmung,
- die Skelettmuskulatur,
- Gedanken und Gefühle.

Wenn der Mensch bewusst ruhig und tief atmet, seine Muskeln entspannt oder positive und motivierende Gedankenbilder entstehen lässt, wirkt das zurück auf das vegetative Nervensystem: Der Parasympathikus startet das Entspannungsprogramm (s. S. 42).

Was Entspannungstechniken nicht können, ist (hyper-)aktive Kinder „auf Knopfdruck" zu beruhigen. Kinder durchschauen es sehr schnell, wenn Entspannung als Disziplinierung missbraucht wird. Kinder können allerdings begreifen, dass Entspannung Spaß machen kann und wie sie selbst dazu beitragen.

Bei den Entspannungstechniken lässt sich unterscheiden zwischen aktiven Verfahren wie Progressiver Muskelentspannung und Yoga sowie passiven Methoden wie Autogenem Training, Meditation und Fantasiereisen.

## Progressive Muskelentspannung

**progressiv**
= fortschreitend

Edmund Jacobson entwickelte die Progressive Muskelentspannung (PME) Anfang der 1920-er Jahre in den Vereinigten Staaten von Amerika. Er erkannte, dass jedes Erleben von Anspannung und Stress zu einer Erhöhung der Muskelspannung führt. Dieser Muskeltonus sinkt durch systematische Entspannungsübungen ab und löst dadurch das Erholungsprogramm im vegetativen Nervensystem aus.
Nach einer kurzen Einstimmung besteht die Übungseinheit der PME in einem Wechsel von Muskelanspannung und -entspannung. Meist beginnt man mit den Händen und Armen, baut langsam Spannung auf, hält einige Sekunden und lässt danach wieder locker. Die PME endet mit einer Aktivierung, indem die Teilnehmenden sich räkeln und dehnen.

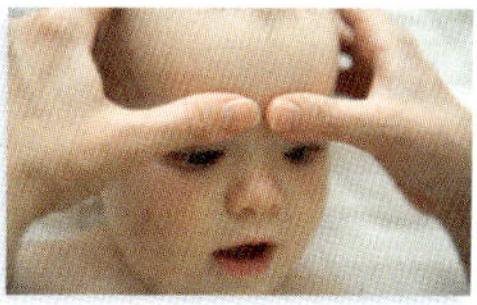

Die PME lässt sich besonders gut in kindgerechter Form umsetzen, da die meisten Kinder das aktive Entspannungsverfahren leichter erlernen als vollkommen ruhige Methoden.

## Autogenes Training

**autogen**
= selbst hervorgerufen

Das von dem Arzt Johannes Heinrich Schultz ebenfalls in den 1920-er Jahren entwickelte Entspannungsverfahren beruht auf der Selbstsuggestion. Heute gehört es zu den am weitesten verbreiteten Methoden. Nachdem der Übende eine entspannte Körperhaltung eingenommen hat (im Liegen oder Sitzen), sagt er sich mehrmals hintereinander Vorstellungen über seinen Körperzustand vor, etwa „Meine Atmung geht ruhig und gleichmäßig.“ oder „Mein rechter Arm ist ganz schwer.“ Schwere und Wärme sind typische Empfindungen im Ruhezustand: Neben der muskulären und psychischen Entspannung verbessert sich auch die Durchblutung. Meist findet das Autogene Training in Gruppensitzungen statt. Je intensiver sich der Übende die Bilder vor das innere Auge bringen kann, desto besser reagiert der Körper.
Die muskuläre Entspannung bewirkt auch eine bessere Durchblutung.

**Suggerieren**
= Vorstellungen und Verhaltensweisen eines anderen beeinflussen, ohne dass es ihm bewusst wird

## Methodischer Aufbau von Traumstunden für Kinder

Selbst wenn Kinder neugierig auf Entspannungstechniken und Traumreisen sind, können sie nicht von einem Moment auf den anderen ruhig werden und entspannen. Die geschickte Betreuungsperson holt sie daher mit einleitenden Übungen aus der Aktivität ab. Außerdem ist es sinnvoll, für solche Ruhephasen einen einheitlichen Ablauf zu entwickeln und bestimmte Regeln einzuführen.

Zur Einstimmung ist es wichtig, jedes einzelne Kind willkommen zu heißen. Die erste Übung fördert anschließend die Gemeinschaft innerhalb der Kindergruppe. In dieser Phase kann die Anleiterin die Stimmung aufnehmen und die Gruppe motivieren. Ein Überblick über die geplante Stunde gibt den Kindern Sicherheit und baut Unruhe ab.

Stressfaktoren minimieren!
Ein entspannter Organismus hat es einfacher, sich ausgewogen und gesundheitsbewusst zu ernähren.

Sei achtsam mit dir.

Einige Kinder sind auch dann noch voller Energie und wollen ihren Bewegungsdrang durch ein kurzes Spiel ausleben. Hier eignen sich gemeinsame Spiele, die inhaltlich an das Thema Entspannung oder Wohlbefinden anknüpfen. Schon jetzt kann der „Körperdetektiv" in den beteiligten Muskeln ein Kribbeln oder Wärme feststellen. Weitere Übungen zur Sinneswahrnehmung können sich anschließen und fördern die Konzentration für den eigentlichen Entspannungsteil der Stunde.

Yoga

Ruhe und Entspannung lassen sich für Kinder am besten in Geschichten verpacken. Dazu können die Kinder eine Partnermassage auf dem Rücken des anderen durchführen, Elemente des Autogenen Trainings oder der Progressiven Muskelentspannung üben oder einfach ihre inneren Traumbilder zur Fantasiereise genießen.

Am Ende der Entspannungsphasen ist es wichtig, wieder aktiv ins Hier und Jetzt zurückzukehren. Der Kreislauf lässt sich gut durch Räkeln und Gähnen aktivieren. Außerdem erzählen die Kinder gern, wie sie die Traumstunde erlebt haben und verabschieden sich voneinander.

## AUFGABEN

1. Sammeln und diskutieren Sie Ihre eigenen Erfahrungen mit Stress: Welche Situationen empfinden Sie als Dis- welche als Eustress? Woran erkennen Sie persönlich, dass Sie Stress haben? Wirkt sich dieser auf den Drang zur Nahrungsaufnahme aus? Tauschen Sie sich aus.
2. Schauen Sie sich die einzelnen Reaktionen auf Stress in der Tabelle an und erklären Sie, inwiefern sie für den Steinzeitmenschen ein Vorteil waren und warum sie heutzutage schädlich wirken.
3. Notieren Sie körperliche, geistig-seelische und soziale Stressoren, die für Kindergartenkinder eine Rolle spielen könnten.
4. Finden Sie möglichst verschiedene Beispiele für die Wirkung von Unter-, Heraus- und Überforderung.
5. Gehen Sie den vergangenen Tag innerlich noch einmal durch. Welche Ereignisse haben Sie als Stressoren, welche als Entspannungsfaktoren erlebt? Vergleichen und notieren Sie mögliche Entspannungsfaktoren in den Bereichen Körper, Psyche und Soziales.
6. Wer sich auf seine momentanen (Selbst-) Wahrnehmungen konzentriert, wird automatisch ruhig und entspannt sich. Sinnesübungen und Partnermassagen können dazu beitragen. Finden Sie Anleitungen für Wahrnehmungsübungen und Massagen, formulieren sie ggf. kindgerecht um und erproben sie zunächst in der Klasse.
7. Besorgen Sie sich Material für Progressive Muskelentspannung, Autogenes Training oder Kinderyoga und probieren es in Gruppen aus. Geben Sie sich gegenseitig Rückmeldung zur Lesegeschwindigkeit, Stimmführung und Atmosphäre.
8. Wie würden Sie eine Entspannungsecke für Kinder gestalten? Welche Musik eignet sich als Hintergrund? Wie können Sie außerdem für eine ruhige und angenehme Umgebung sorgen?

## ADHS Aufmerksamkeitsdefizit-/Hyperaktivitäts-Störung

Eltern und selbst ernannte Experten diagnostizieren diese Erkrankung gern selbst und nicht immer richtig: die Aufmerksamkeitsdefizit-/Hyperaktivitäts-Störung (ADHS). Nicht alle schwierigen Kinder sind krank und damit therapiebedürftig! Ihr Verhalten kann eine normale Reaktion auf eine unnormale Umwelt sein. Das Kind muss sich an neue Situationen anpassen, oder mit familiären Problemen zurechtkommen. Kinder lernen erst Stück für Stück, sich planvoll und angemessen mit ihrer Umwelt auseinanderzusetzen.

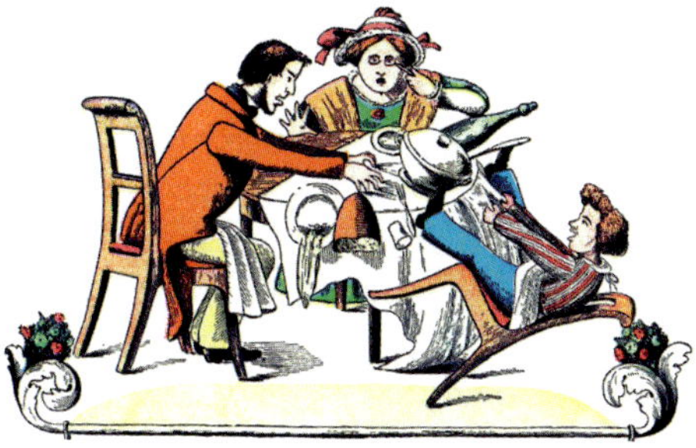

Der Arzt und Kinderbuchautor Heinrich Hoffmann beschreibt mit dem „Zappelphilipp" ein Kind, bei dem wir heute ein Aufmerksamkeitsdefizit und Hyperaktivitätssyndrom (ADHS) diagnostizieren würden.

ADHS beschreibt eine unzureichende Fähigkeit der Selbststeuerung und umfasst auffälliges Verhalten in den Bereichen:

- Aufmerksamkeit und Konzentration
- körperliche Unruhe und Bewegungsdrang (Hyperaktivität)
- impulsives und unüberlegtes Handeln

Es ist wichtig, dass ADHS frühzeitig und richtig diagnostiziert wird, damit das Kind, die Eltern und Erziehenden Unterstützung bekommen. Kinder mit ADHS sind darauf angewiesen, dass sie klare Regeln und Strukturen haben sowie wenig Außenreize. Je besser Kind und Umgebung sich liebevoll aufeinander einstellen, desto weniger wird die Beziehung zu den Erwachsenen, Schulkameraden und Geschwistern beeinträchtigt.

ADS, also ein Aufmerksamkeitsdefizit und Impulsivität ohne Hyperaktivität kommt häufiger bei Mädchen vor, wird jedoch seltener diagnostiziert, da „das Träumerle" die Umgebung weniger stört.

Mehrere Teilaspekte der Störung müssen für eine saubere Diagnose deutlich in mehreren Lebensbereichen über einen längeren Zeitraum auftreten, im Vorschulalter begonnen haben und von der erwarteten Entwicklung abweichen.

Zwillingsstudien beweisen, dass ADHS auch vererbt wird. Trifft eine solche Veranlagung auf ungünstige Umweltfaktoren, entwickelt sich ADHS. Nahrungsmittel wie Zucker, Phosphate oder Lebensmittelallergene konnten in Studien nicht als Auslöser bestätigt werden. Fünf bis zehn Prozent der Kinder profitieren jedoch von einer Auslassdiät, die sorgfältig mit Symptomtagebüchern zusammengestellt wird. Außerdem sollte eine ausreichende Versorgung insbesondere mit Omega 3-Fettsäuren, Eisen, Magnesium, Zink, den Vitaminen B und D sichergestellt sein. Dabei kann eine sorgfältige Ernährungsberatung ungünstige Ernährungsgewohnheiten feststellen und auf eine ausgewogene Ernährung mit wenig verarbeiteten und vielen frischen Lebensmitteln möglichst ohne Zusatzstoffe hinwirken.

### Ernährung bei ADHS

- geringer Verarbeitungsgrad
- Verzicht auf Zusatzstoffe, vor allem Azofarbstoffe
- viel frisches Obst und Gemüse
- wenig zuckerreiche Lebensmittel und Getränke
- ausreichende Versorgung mit Omega-3-Fettsäuren
- Eisen, Magnesium, Zink, Vitamin D
- über eine Diagnose mittels oligoantigener Diät nachdenken (s. S. 52)

Nachdem Psychologen oder Ärzte
- die ADHS mit standardisierten Methoden diagnostiziert,
- Eltern und Kind über Selbsthilfegruppen und andere Informationsquellen beraten,
- Eltern/Erziehungsberechtigte über realistische Erwartungen, klare Regeln, positive Verstärkung und Lob für erwünschtes Verhalten, Konsequenzen bei Überreaktionen und aggressivem Verhalten informiert,
- eine Zusammenarbeit mit der Schule und gegebenenfalls des schulpsychologischen Dienstes hergestellt haben,
- und kein Behandlungserfolg eintritt,

kann das Kind unter enger ärztlicher oder ernährungsberaterischer Begleitung eine oligoantigene Diät als Auslassdiät für mögliche unverträgliche Lebensmittel für mindestens drei Wochen ausprobieren. Anschließend verzehrt es schrittweise wieder einzelne Lebensmittel, um herauszufinden, ob es einen sogenannten Trigger (Auslöser für einen Impuls, für einen Affekt oder für eine Empfindung) gibt. In der Dauerkost des Kindes fehlt letztendlich nur das oder die Lebensmittel, auf die das Kind tatsächlich mit unruhigem und aggressivem Verhalten reagiert. Bei manchen Kindern sind beachtliche Behandlungserfolge aufgetreten. Oftmals konnte auf eine medikamentöse Behandlung verzichtet werden.

In der oligiantigenen Diät werden alle Allergene sowie raffinierter Zucker, künstliche Süßstoffe und Lebensmittelzusatzstoffe vermieden.

**Auslass- und Provokationsdiät zur Abklärung von Unverträglichkeiten**

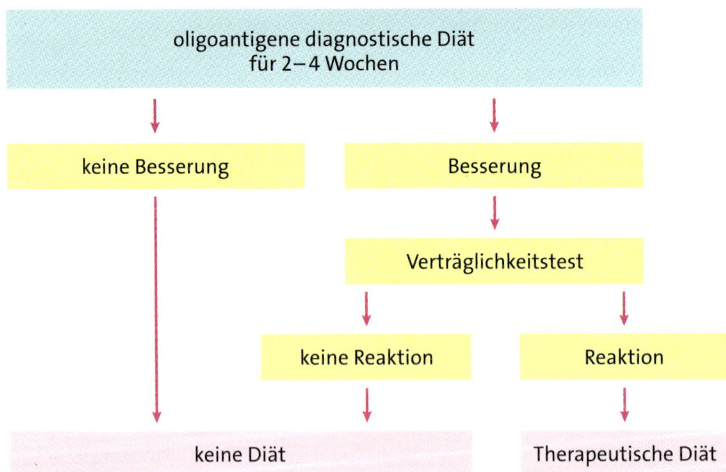

**Lebensmittelauswahl in der oligoantigenen Diät**

Die oligoantigene Auslassdiät und anschließende Suchdiätphase erfordern einige Disziplin von dem Kind und der ganzen Familie. Es verlangt heutzutage einige Planung, immer frisch zu kochen und auf Fertigprodukte und Zucker zu verzichten. Deshalb hat die Ernährungstherapie nur dann eine Chance, wenn Kind und Familie dazu bereit sind.

Der wichtigste Schritt in der Behandlung von ADHS sind Trainings- und Beratungsangebote für Kinder und Eltern, die beispielsweise den Tunnelblick auf das „gestörte Kind“ wieder auf dessen liebenswerte Qualitäten erweitern.

Inwieweit eine Therapie mit Medikamenten notwendig und sinnvoll ist, sollte sorgfältig abgewogen und immer wieder hinterfragt werden. Der bekannteste Wirkstoff ist Methylphenidat (in Ritalin oder Medikinet). Er erhöht die Konzentration von Dopamin im Gehirn und hilft etwa 85 Prozent der betroffenen Kinder zu einer besseren Konzentration und Selbststeuerung, sodass sie in der Schule besser mitkommen. Eine Heilung lässt sich damit nicht erreichen, aber häufig vermeidet man Folgeschäden.

## AUFGABEN

**Beschreiben Sie Fälle aus Ihrer Praktikumserfahrung möglichst mit familiärem Umfeld und Behandlungsgeschichte. Vergleichen und diskutieren Sie.**

# 5 Gesund und lecker essen

Essen und Trinken gehören in der Kindertageseinrichtung oder Tagespflege zum Alltag. Die Kleinen erfahren, dass Essen etwas Schönes ist, das auch mit Geborgenheit und Nähe zu tun hat. Sie lernen neben Ritualen und Regeln auch neue Lebensmittel kennen. Dabei wirken Betreuungspersonen an einer bedarfsgerechten, altersentsprechenden und am Kind orientierten Lebensmittelauswahl und -versorgung mit. Welchen Bedarf gibt es zu decken und welche Lebensmittel sind dafür geeignet? Welche Nährstoffe kommen in den einzelnen Lebensmittelgruppen vor?

Neben Bewegung und Entspannung unterstützt eine ausgewogene Ernährung die körperliche, psychische und kognitive Entwicklung des Kindes. Entsprechende Bildungsaufträge ermöglichen es den Betreuungspersonen, sich auch in der Rolle als Vorbild und Anleitende zu erproben.

**Lebensmittel**
alle Stoffe oder Erzeugnisse, die dazu bestimmt sind oder von denen nach vernünftigem Ermessen erwartet werden kann, dass sie in verarbeitetem, teilweise verarbeitetem oder unverarbeitetem Zustand von Menschen aufgenommen werden.

Die bewusste Gestaltung von Alltagssituationen ist die Grundlage der Ernährungsbildung, es bedarf keinerlei spezieller Aktionen. Essen mit allen Sinnen fördert Genuss und Wohlbefinden. Gleichzeitig werden viele Kompetenzen geübt wie Gespräche führen, Besteck halten etc.

Nele und Lennart aus der Unterstufe der Kinderpflege-Ausbildung sollen ein Ernährungsprotokoll schreiben. Lennart findet „Was ich esse, geht doch niemanden etwas an!“ Nele meint, dass sie sich als künftige Kinderpflegerin durchaus vorbildlich verhalten sollte: „Meinst du, es ist im Praktikum ein Problem, dass ich Vegetarierin bin?“ „Quatsch, ich vertrage keine Milch. Da kann doch auch niemand etwas gegen haben!“ sagt Lennart. „Wie deckst du denn dann deinen Calcium-Bedarf?“ fragt Nele. Lennart zuckt die Schultern, seine Mutter kümmert sich bis jetzt um einen gut gefüllten Kühlschrank und die warme Mahlzeit ...

Formulierungen wie „Probier doch mal: Schmeckt richtig lecker“ können die Neugierde wecken, Argumente wie „Das ist gesund“ überzeugen Kinder nicht.

## 5.1 Vollwertige Ernährung: Gesundheit und Genuss

Was Menschen und damit auch Kinder essen, beeinflusst in hohem Maße ihr körperliches Wohlbefinden. Gesundheit ist dabei nicht nur die Abwesenheit von Krankheit. Krankheiten, die durch eine gesunde Ernährung vermieden werden können, sind zum Beispiel Herz-Kreislauf-Erkrankungen, Übergewicht (Adipositas), Zuckerkrankheit (Diabetes mellitus) oder Zahnfäule (Karies). Demgegenüber verspricht die Auswahl geeigneter Mahlzeiten eine hohe Leistungsfähigkeit und Fitness. Für Kinder ist dieser Zusammenhang nicht unmittelbar spürbar. Sie müssen liebevoll an eine sorgsame Auswahl und die Ausnutzung der Vielfalt herangeführt werden. Genuss und Entspannung sowie das Zusammensein mit anderen sind im besten Fall die Begleiter von Essen und Trinken und tragen zum geistig-seelischen und sozialen Wohlbefinden von Kindern bei.

**Deutsche Gesellschaft für Ernährung**
Die Wissenschaftler in der DGE sind unabhängige Fachleute. Auf der Basis aktueller Forschungsergebnisse legen sie fest, welche Bevölkerungsgruppe durchschnittlich wie viel Vitamine, Mineralstoffe und andere Nährstoffe benötigt.

Aufgrund von wissenschaftlichen Erkenntnissen gibt die Deutsche Gesellschaft für Ernährung (DGE) Empfehlungen zu einer gesunden Lebensmittelauswahl heraus. Dazu ist es sinnvoll, Lebensmittel in Gruppen zusammenzufassen, die ähnliche Inhaltsstoffe enthalten.

Die Ernährungspyramide zeigt als leicht einprägsame Abbildung, welche Lebensmittel ein Mensch über den Tag verteilt verzehren sollte. Durch die Darstellung als Pyramide versteht jeder sofort, welche Lebensmittelgruppen die breite Grundlage bilden und von welchen man lieber weniger zu sich nehmen sollte. Dabei sind die verschiedenen Ebenen in den Ampelfarben dargestellt.

Grün hinterlegt sind die Lebensmittelgruppen Getränke, Gemüse und Obst sowie Getreideprodukte und Kartoffeln. Diese Lebensmittel bilden die Basis einer gesunden Ernährung und sollten jeden Tag reichlich verzehrt werden.

**Vollwertige Ernährung**
Wer Lebensmittel in der richtigen Menge aus allen Lebensmittelgruppen auswählt und auf Frische und Abwechslung achtet, ernährt sich vollwertig. Das heißt, der Bedarf an allen lebensnotwendigen Nährstoffen und Energie ist gedeckt.

Die Ernährungspyramide [Quelle. BZfE]

Eltern erhalten anhand der ausgehängten Speisepläne und ggf. durch persönliche Gespräche Informationen über verzehrte Nahrungsmittelmengen und -arten und können damit zu Hause sinnvoll ergänzen.

→ Mahlzeitenaufteilung s. S. 64

Milchprodukte, Fleisch, Fisch und Eier bilden die gelben Felder in der Mitte. Auch sie dürfen in einer ausgewogenen Ernährung nicht fehlen, da sie lebenswichtige Nährstoffe wie Eiweiß, Vitamine und Mineralstoffe enthalten. Weil diese Produkte teilweise viele Kalorien und ungünstige Inhaltsstoffe mitbringen, sollten sie in Maßen verzehrt werden. Auch Fette und Öle braucht der Mensch. Hier kommt es auf die richtige Auswahl und den sparsamen Einsatz an, damit sich die überschüssigen Kalorien nicht als unerwünschte Fettpolster am Körper anlagern. An der Spitze der Pyramide befinden sich Süßigkeiten und Snacks in einem einzigen roten Feld. Hiervon ist also nur eine Portion pro Tag erlaubt, denn diese Lebensmittel liefern dem Körper viele Kalorien, aber kaum lebenswichtige Nährstoffe. Leckereien bedeuten für viele Menschen einen unverzichtbaren Genuss, ihr Verzehr sollte allerdings etwas Besonderes bleiben.

Jedes Feld der Pyramide entspricht dabei ungefähr einer **Portion**, etwa einem Glas Wasser, einem Apfel, einer Scheibe Brot usw. Zum Abschätzen der Portionsgröße verwenden große und kleine Menschen die eigene Hand. So gilt die Ernährungspyramide für Erwachsene und Kinder gleichermaßen, eine Portion für Kinder entspricht demnach einer Kinderhand voll. Bei kleinstückigen Gemüsen oder Obstsorten, gegarten Nudeln, Kartoffeln oder Reis halten besser zwei Hände die benötigte Menge.

Das bewährt sich: Gelassenheit zeigen, wenn ein Kind ein wählerisches Verhalten zeigt und nicht die gesamte verlockende Vielfalt der Ernährungspyramide ausnutzt.

In jeder Lebensmittelgruppe gibt es empfehlenswerte und weniger empfehlenswerte Lebensmittel. Wer zum Beispiel seine vier Portionen aus der Getreide- und Kartoffelgruppe ausschließlich in Form von gesüßten Frühstücksflocken und -pops oder als Pommes frites zu sich nimmt, hat neben (in dieser Form relativ wertlosem) Getreide und Kartoffeln auch große Mengen Zucker und Kalorien verzehrt.

## AUFGABEN

1. Erstellen Sie mit den Kindern Portionskärtchen nach der Vorlage der Ernährungspyramide. Lassen Sie mit deren Hilfe die Kinder ein Ernährungsprotokoll für einen ganz normalen Tag legen.
2. Vergleichen Sie mit den Kindern die verzehrten Portionen mit der Ernährungspyramide und formulieren Sie ein Feedback. Wie sieht es bei Ihnen selbst aus? Zu welcher Erkenntnis gelangen Sie?
3. Vergleichen Sie den Ernährungskreis der DGE mit der Pyramide. Welche Unterschiede und Gemeinsamkeiten stellen Sie fest? Welche Darstellung halten Sie für geeigneter bei der Arbeit mit Kindern?
4. Lassen Sie Kinderlebensmittel(-verpackungen) in sechs Gruppen sortieren und ihre Zuordnung begründen.
5. Recherchieren Sie, was sich hinter einer Food Neophobie verbirgt. Erstellen Sie einen Maßnahmenkatalog, wie Sie einem Dreijährigen die Angst vor neuen Nahrungsmitteln nehmen können. Wie können Sie Vorbild sein?
6. Formulieren Sie die 10 Regeln der DGE kindgerecht oder sogar in Bildern, vergleichen Sie mit den 10 Regeln der DGE „in Leichter Sprache“ (www.dge.de).

Die zehn Regeln der DGE helfen, damit am Ende beides stimmt: Gesundheit und Genuss!

## Vollwertig essen und trinken nach den 10 Regeln der DGE

### 1. Die Lebensmittelvielfalt genießen

Nutzen Sie die Lebensmittelvielfalt und essen Sie abwechslungsreich. Wählen Sie überwiegend pflanzliche Lebensmittel. Kein Lebensmittel allein enthält alle Nährstoffe. Je abwechslungsreicher Sie essen, desto geringer ist das Risiko einer einseitigen Ernährung.

### 2. Gemüse und Obst – nimm „5 am Tag“

Genießen Sie mindestens drei Portionen Gemüse und zwei Portionen Obst am Tag. Zur bunten Auswahl gehören auch Hülsenfrüchte wie Linsen, Kichererbsen und Bohnen sowie (ungesalzene) Nüsse. Gemüse und Obst versorgen Sie reichlich mit Nährstoffen, Ballaststoffen sowie sekundären Pflanzenstoffen und tragen zur Sättigung bei. Gemüse und Obst zu essen senkt das Risiko für Herz-Kreislauf- und andere Erkrankungen.

### 3. Vollkorn wählen

Bei Getreideprodukten wie Brot, Nudeln, Reis und Mehl ist die Vollkornvariante die beste Wahl. Lebensmittel aus Vollkorn sättigen länger und enthalten mehr Nährstoffe als Weißmehlprodukte. Ballaststoffe aus Vollkorn senken das Risiko für Diabetes mellitus Typ 2, Fettstoffwechselstörungen, Dickdarmkrebs und Herz-Kreislauf-Erkrankungen.

### 4. Mit tierischen Lebensmitteln die Auswahl ergänzen

Essen Sie Milchprodukte wie Joghurt und Käse täglich, Fisch ein- bis zweimal pro Woche. Wenn Sie Fleisch essen, dann nicht mehr als 300 bis 600 g pro Woche. Milch und Milchprodukte liefern gut verfügbares Eiweiß, Vitamin $B_2$ und Calcium. Seefisch versorgt Sie mit Jod und fetter Fisch mit wichtigen Omega-3-Fettsäuren. Fleisch enthält gut verfügbares Eisen sowie Selen und Zink. Fleisch und insbesondere Wurst enthalten aber auch ungünstige Inhaltsstoffe.

### 5. Gesundheitsfördernde Fette nutzen

Bevorzugen Sie pflanzliche Öle wie Rapsöl und daraus hergestellte Streichfette. Vermeiden Sie „versteckte“ Fette in verarbeiteten Lebensmitteln wie Wurst, Gebäck, Süßwaren, Fastfood und Fertigprodukten. Pflanzliche Öle liefern viele Kalorien, aber auch lebensnotwendige Omega-3-Fettsäuren und Vitamin E.

### 6. Zucker und Salz einsparen

Mit Zucker gesüßte Lebensmittel und Getränke sind nicht empfehlenswert. Vermeiden Sie diese möglichst und setzen Sie Zucker sparsam ein. Sparen Sie Salz und reduzieren Sie den Anteil salzreicher Lebensmittel. Würzen Sie kreativ mit Kräutern und Gewürzen. Zuckergesüßte Lebensmittel sind nährstoffarm, enthalten unnötige Kalorien und erhöhen das Kariesrisiko. Zu viel Salz kann den Blutdruck erhöhen. Wenn Salz dann angereichert mit Jod und Fluorid.

### 7. Am besten Wasser trinken

Trinken Sie rund 1,5 Liter jeden Tag, am besten Wasser oder andere kalorienfreie Getränke wie ungesüßten Tee. Zuckergesüßte und alkoholische Getränke sind nicht empfehlenswert.

### 8. Schonend zubereiten

Garen Sie die Lebensmittel so lange wie nötig und so kurz wie möglich, mit wenig Wasser und wenig Fett. Vermeiden Sie beim Braten, Grillen, Backen und Frittieren das Verbrennen von Lebensmitteln.

### 9. Achtsam essen und genießen

Gönnen Sie sich eine Pause für Ihre Mahlzeiten und lassen Sie sich Zeit beim Essen. Bewusstes Essen fördert den Genuss und das Sättigungsempfinden.

### 10. Auf das Gewicht achten und in Bewegung bleiben

Vollwertige Ernährung und körperliche Aktivität gehören zusammen. Dabei ist nicht nur regelmäßiger Sport hilfreich, sondern auch ein aktiver Alltag, in dem Sie öfter zu Fuß gehen oder Fahrrad fahren. 30 bis 60 Minuten moderate körperliche Aktivität pro Tag fördern die Gesundheit und helfen Ihr Gewicht zu regulieren.

## 5.2 Nährstoffe und Energie

Power-Spieße

Die Lebensmittelgruppen in der Ernährungspyramide erklären sich nicht nur durch eine ähnliche Herkunft ihrer Elemente, sondern auch durch eine vergleichbare Zusammensetzung, das heißt einen ähnlichen Nährstoffgehalt. Die Nährstoffe ihrerseits sind in Gruppen unterteilt: die Energie liefernden Hauptnährstoffe Kohlenhydrate, Fette und Eiweiß, die lebensnotwendigen Vitamine und Mineralstoffe sowie Begleitstoffe, die weder lebensnotwendig noch Energie liefernd sind, aber oftmals gesundheitsfördernd wirken. Die Einteilung der Nährstoffe in Bau-, Brenn-, Wirk- und Begleitstoffe ist nicht eindeutig: Eiweiß z. B. dient hauptsächlich als Baustoff, liefert aber auch Energie.

**Baustoffe**
= Aufbau und Ersatz von Körpersubstanz: Eiweiß, Wasser, Mineralstoffe

**Nukleinsäuren**
sind Träger der Erbsubstanz: DNA und RNA

**Brennstoffe**
= Wärmeenergie und Energie für geistige und körperliche Arbeit: Kohlenhydrate, Fette

**Wirkstoffe**
= Regelung von Körperfunktionen und Schutz vor Krankheiten: Vitamine, Mineralstoffe

Ein Mensch entwickelt sich vom Mutterleib bis zum Erwachsenen durch Wachstum, also durch Zellteilung. Neben Wasser ist Eiweiß der Hauptbestandteil der Zellen, aber auch Fette, Kohlenhydrate und Nukleinsäuren sowie andere organische und anorganische Stoffe sind für die Funktion der Zellen wichtig. Die Körpersubstanz erneuert sich in regelmäßigen Zeitabständen. Abgestorbene Zellen werden durch neue ersetzt. Alle Bausteine der Zellen gelangen mit der Nahrung in den Körper und mit dem Blut an ihren genauen Bestimmungsort.

Für die körperliche und geistige Leistungsfähigkeit benötigt der Körper Energie. Diese gewinnt er durch die Verbrennung von Nährstoffen. Die dabei entstehende Wärmeenergie hält die Körpertemperatur aufrecht, die chemische Energie ermöglicht Muskelarbeit, geistige Aktivität, aber auch unwillkürliche Körperfunktionen wie Herz- und Organtätigkeiten. Kohlenhydrate und Fette dienen dem Körper hauptsächlich als Energielieferanten. Nach ihrer Aufspaltung im Verdauungskanal gelangen sie über das Blut zu den Muskeln, zu Gehirn und Organen.

Zahlreiche Enzyme, Hormone und andere Botenstoffe regulieren die Körperfunktionen. Viele von ihnen benötigen Co-Faktoren aus der Gruppe der Vitamine und Mineralstoffe. Diese gehören zu den essenziellen Nährstoffen. Das heißt, der Körper kann sie selbst nicht oder nicht in ausreichender Menge herstellen und benötigt daher eine ausreichende Zufuhr mit der Nahrung.

Lebensmittel enthalten weitere Stoffe, die für den Menschen als Aromen oder Farbstoffe zum Genuss beitragen, ihn als sekundäre Pflanzenstoffe vor Krankheiten schützen können oder seine Verdauung als Ballaststoffe fördern.

**Aufgaben der Nährstoffe**

| Baustoffe | Brennstoffe | Wirkstoffe |
|---|---|---|
| Aufbau und Ersatz von Körpersubstanz: Eiweiß, Wasser, Mineralstoffe | Wärmeenergie und Energie für geistige und körperliche Arbeit: Kohlenhydrate, Fette | Regelung von Körperfunktionen und Schutz vor Krankheiten: Vitamine, Mineralstoffe |

## 5.3 Vom Lebensmittel zum Nährstoff: Verdauung

Verdauungs- und Stoffwechselvorgänge zerlegen die verzehrten Lebensmittel in einzelne Nährstoffbausteine und wandeln diese in für den Körper verwertbare Stoffe um. Die Verdauung findet dabei im Magen-Darm-Trakt statt, der mit dem Mund beginnt und mit dem After endet.

**Enzyme** sind Werkzeuge des Stoffwechsels, die bestimmte Reaktionen im Körper ermöglichen. Als Verdauungsenzyme spalten sie zum Beispiel die Hauptnährstoffe in ihre Einzelbausteine. Sie bestehen aus Eiweiß, sind also hitze- und säureempfindlich und ermöglichen den Abbau der Nährstoffe, ohne sich zu verbrauchen.

Im Mund wird die Nahrung durch die Zähne mechanisch zerkleinert. Das Kauen vermischt die Speisen mit Speichel, den die Speicheldrüsen produzieren. Er macht den Bissen schluckbar und enthält bereits das erste Verdauungsenzym: Die Amylase baut einen Teil der Stärke in Dextrine und Malzzucker ab. Schluckbewegungen transportieren den Speisebrei durch die Speiseröhre in den Magen.

Die muskulösen Wände des Magens durchmischen den Speisebrei mit dem Magensaft. Er enthält Salzsäure, die Mikroorganismen abtötet und Eiweiß denaturiert (gerinnen lässt). So kann das Eiweiß spaltende Enzym Pepsin des Magens mit der Arbeit beginnen. Feste Nahrungsbestandteile verweilen drei bis vier Stunden im Magen und gelangen dann in kleinen Portionen durch den Pförtner in den ersten Teil des Dünndarms.

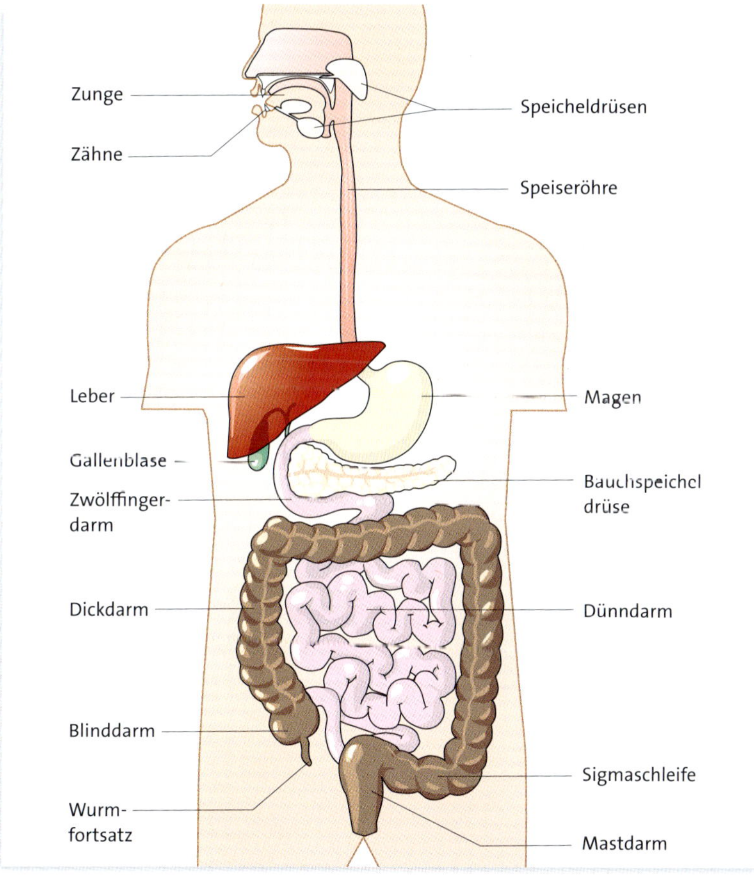

In den Zwölffingerdarm münden die Ausführungsgänge für Gallensaft und Bauchspeichel. Damit seine Enzyme wirken können, neutralisiert der Bauchspeichel die Magensäure. Die in der Leber gebildete Galle emulgiert die Nahrungsfette in kleine Tröpfchen, sodass die Lipase des Bauchspeichels sie angreifen und spalten kann. Weiterhin enthält der Bauchspeichel Amylase zum Kohlenhydratabbau und weitere Peptidasen, die Eiweiß zerkleinern. Die Dünndarmwand bildet Disaccharidasen und Exopeptidasen, die den Kohlenhydrat- und Eiweißabbau bis zu ihren kleinsten Bausteinen abschließen:

- Kohlenhydrate zu Einfachzuckern
- Fette in Glyzerin und Fettsäuren
- Eiweiß in Aminosäuren

**Verdauung** bezeichnet die Aufspaltung der Nährstoffe in ihre Einzelbausteine und deren Aufnahme ins Blut.

Dieser Transport der gelösten Nährstoffe durch die Dünndarmwand ins Blut oder in die Lymphe heißt **Resorption**.

Aus dem Blut können Zellen und Gewebe diese Bausteine aufnehmen und im Zellstoffwechsel zu körpereigenen Stoffen umwandeln oder als Energie verwerten. Abbauprodukte werden über die Galle oder den Harn ausgeschieden bzw. über die Lunge abgeatmet.

Die einzige Verdauungsaufgabe des Dickdarms besteht darin, dem Speisebrei Wasser und Mineralstoffe zu entziehen. Er enthält unzählige Bakterien, die Darmflora, die unverdauliche Ballaststoffe zum Teil abbaut und zur Vitaminversorgung beiträgt.

## AUFGABEN

1. Schauen Sie sich die Organe des Magen-Darm-Traktes möglichst an einem Modell an. Erklären Sie, wie es zum Verschlucken kommen kann.
2. Die sogenannte Blinddarmentzündung gehört zu den häufigsten Ursachen für akute Erkrankungen im Bauchraum. Recherchieren Sie!
3. Probieren Sie es aus: Kinderfragen sind unendlich!
   Suchen Sie Antworten in Fachbüchern oder im Internet.
   Oder starten Sie eine Expertenbefragung mit den Kinderreportern.
   - Warum kommt's hinten immer braun raus?
   - Wie entsteht eigentlich ein Pups?
   - Was ist rülpsen?
   - Wie funktioniert erbrechen?
   - Kann man durch die Nase trinken? Oder auf dem Kopf stehend?
   - Warum ist Urin gelb? Nach dem Essen von Roter Bete wird er rot.
   - Warum ist der Kot manchmal hell und manchmal dunkel (zum Beispiel nach Grünkohlverzehr)?
   - Wie lange dauert es, bis die Reste vom Frühstück „unten“ wieder rauskommen?

| Organ | Kohlenhydrate | Triglyceride | Protein |
|---|---|---|---|
| Mundhöhle<br>mechanische Zerkleinerung, Speichel<br>Speiseröhre<br>aktiver Transport durch Muskeln | Stärke<br>↓ Amylase<br>Dextrine und Maltose<br>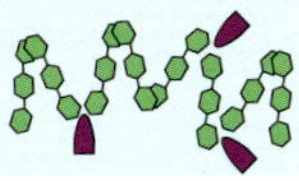 | | |
| Magen | Magensäure stoppt Amylase | mechanische Emulgierung<br>geringfügige Aufspaltung durch die Zungengrund- und Magenlipase (v. a. bei Säuglingen) | Salzsäure denaturiert Protein<br>Protein<br>↓ Pepsine<br>Polypeptide<br>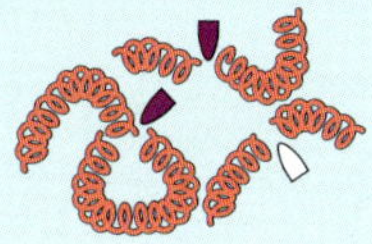 |
| Dünndarm<br>Gallensäuren<br>Bauchspeichel (Neutralisierung der Magensalzsäure) | Stärke<br>↓ Amylase<br>Dextrine und Maltose<br>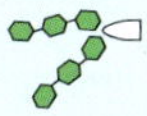 | Gallensäuren emulgieren Fette<br>Triglyceride<br>↓ Lipasen Monoglyceride + Fettsäuren<br>Micellenbildung<br>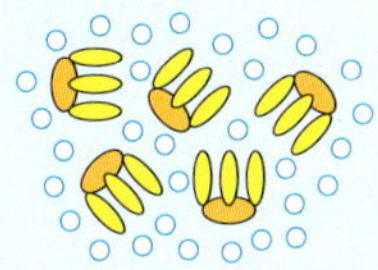 | Polypeptide<br>↓ Endopeptidasen:<br>↓ Trypsin,<br>↓ Chymotrypsin,<br>↓ Elastase<br>Oligopeptide<br>Exopeptidasen spalten einzelne Aminosäuren ab |
| Dünndarmschleimhaut<br>Verdauung<br>= Aufspaltung der Nährstoffe in ihre kleinsten Bausteine | **Disaccharide**<br>↓ Disaccharidasen<br>**Monosaccharide:**<br>Maltose<br>↓ Maltase<br>2 Glucose<br>Saccharose<br>↓ Saccharase<br>Glucose + Fruktose<br>Laktose<br>↓ Laktase <br>Glucose + Galaktose | 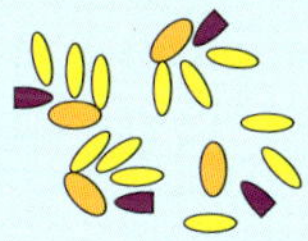 | Exopeptidasen spalten einzelne Aminosäuren ab<br>Dipeptide<br>↓ Dipeptidasen<br>Aminosäuren<br>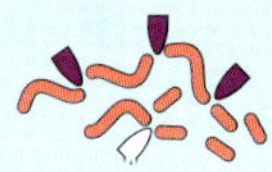 |
| Resorption<br>= Aufnahme der Nährstoffbausteine ins Blut | Monosaccharide:<br>Glucose, Fruktose, Galaktose<br>Aufnahme durch die Darmschleimhaut ins Blut | Monoglyceride, Fettsäuren<br>Aufnahme durch die Darmschleimhaut<br>Transport als Chylomikronen über die Lymphe ins Blut | 20 verschiedene Aminosäuren (zum Teil auch Di-, Tripeptide), davon 9 essenzielle |
| Dickdarm<br>Resorption von Wasser und Mineralstoffen | Ballaststoffe werden teilweise von der Darmflora gespalten | | |

## 5.4 Energie

1 Kilojoule (kJ)
= 1000 Joule (J)
= 0,24 Kilokalorien (kcal)

1 kcal = 1000 cal = 4,18 kJ

| Nährstoff | Energiegehalt |
|---|---|
| 1 g Kohlenhydrate | 17 kJ = 4 kcal |
| 1 g Eiweiß | 17 kJ = 4 kcal |
| 1 g Fett | 37 kJ = 9 kcal |
| 1 g Alkohol | 29 kJ = 7 kcal |

Der Begriff Energie ist ursprünglich eine physikalische Größe, die Wärme oder Arbeit bestimmt. Die internationale Standardeinheit ist das Joule, so viel Energie, wie man zum Anheben einer Masse von 100 g (eine Tafel Schokolade) um einen Meter benötigt. In der Ernährungslehre ist jedoch auch noch die Kalorie üblich, mit der sich ein Gramm Wasser um ein Grad erwärmen lässt.

### Funktion und Vorkommen

Die Energie liefernden Nährstoffe sind Kohlenhydrate, Fette und Eiweiß sowie Alkohol. Wie sich aus der Tabelle ergibt, gehören vor allem solche Lebensmittel zu den „Kalorienbomben", die viel Fett oder Alkohol enthalten. Energiearm sind wasser-, kohlenhydrat- und eiweißreiche Produkte.

### Gesamtenergiebedarf

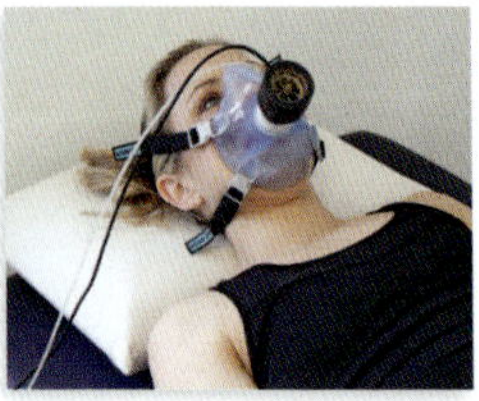

Grundumsatzmessung durch die Untersuchung der Atemluft

Wie viel Energie ein Mensch an einem Tag benötigt, kann man über eine Analyse der Atemluft messen. Aus Studienergebnissen ergeben sich jedoch Formeln, um den Gesamtenergiebedarf abzuschätzen. Er setzt sich aus dem Grundumsatz und dem Leistungsumsatz zusammen.

Der **Grundumsatz** ist definiert als die Energiemenge, die der Körper zwölf Stunden nach der letzten Nahrungsaufnahme, liegend (aber wach), leicht bekleidet bei einer Raumtemperatur von 20 Grad verbraucht. Auch im Ruhezustand benötigt der Körper Energie für die Aufrechterhaltung der Körpertemperatur und für die Funktion der Organe. Besonders stoffwechselaktive Organe sind das Gehirn und die Muskulatur. Deshalb hängt der Grundumsatz am stärksten von folgenden Faktoren ab.

- Größe und Gewicht: Je größer und schwerer ein Mensch ist, desto höher ist der Grundumsatz.
- Geschlecht: Männer besitzen im Vergleich zu Frauen eine höhere Muskelmasse und haben daher einen höheren Grundumsatz.
- Alter: Der verlangsamte Stoffwechsel und die geringere Muskelmasse sorgen mit steigendem Alter dafür, dass der Grundumsatz sinkt.
- Daneben beeinflussen das Klima, Stress und Krankheiten den Grundumsatz.

**Faustregel zur Berechnung des Grundumsatzes**

a) in kJ: GU = 4,2 kJ/h/kg × 24 h × kg Körpergewicht
b) in kcal: GU = 1 kcal/h/kg × 24 h × kg Körpergewicht

Der **Leistungsumsatz** gibt an, wie viel Energie ein Mensch über den Grundumsatz hinaus benötigt. Das ist die Energiemenge für Bewegung und Muskeltätigkeit, geistige Arbeit, die Regulierung der Körpertemperatur bei Wärme und Kälte, Energie für Verdauung und Stoffwechsel. In den Industrieländern gibt es nur noch wenige Menschen mit körperlich schwerer Arbeit. Daher ist der Leistungsumsatz meist kleiner als der Grundumsatz. Der Leistungsumsatz lässt sich mithilfe eines Aktivitätsprotokolls oder über den Grad der körperlichen Aktivität, den Physical Activity Level (PAL) berechnen.

Der Gesamtenergiebedarf beträgt:
GEB = GU · PAL

| Aktivität | PAL | Gruppe |
|---|---|---|
| Ausschließlich sitzende oder liegende Lebensweise | 1,2 | Bettlägerige |
| Ausschließlich sitzende Tätigkeit mit wenig anstrengender Freizeitaktivität | 1,4–1,5 | Büroangestellte, Feinmechaniker |
| Sitzende Tätigkeit, zeitweise gehende und stehende Tätigkeit | 1,6–1,7 | Laboranten, Kraftfahrer, Studierende |
| Überwiegend gehende und stehende Arbeit | 1,8–1,9 | Hausfrau, Verkäufer, Mechaniker, Handwerker |
| Körperlich anstrengende berufliche Arbeit oder sehr aktive Freizeitgestaltung | 2,0–2,4 | Bauarbeiter, Landwirt, Leistungssportlerin |

Physical Activity Level

| Körperliche Aktivität | kJ pro Minute |
|---|---|
| Sehr leicht:<br>schlafen, liegen, sitzen,<br>fahren, stehen, bügeln | <br>4,2–4,6<br>4,6–6,3 |
| Leicht:<br>laufen (5 km/h), einkaufen<br>Tischtennis, Golf | <br>10,0–20,9<br>10,0–12,5 |
| Mäßig:<br>laufen (6 km/h), tanzen,<br>Rad fahren, Tennis, reinigen | 20,9–31,4 |
| Schwer: bepackt bergauf laufen, graben | 31,4–41,8 |
| Sehr schwer: rennen, klettern | 41,8–52,3 |

Energieverbrauch bei körperlicher Aktivität

Eine 6-jähriges Kind mit 25 kg Körpergewicht hat einen Gesamtenergiebedarf von
GU = 4,2 × 24 × 25 = 2 625 kJ (627 kcal)
PAL = 1,8
2 625 kJ × 1,8 = 4 725 kJ = 1129 kcal

## Energiebedarfsdeckung

Obwohl der menschliche Körper aus allen Hauptnährstoffen Energie gewinnen kann, empfiehlt die Deutsche Gesellschaft für Ernährung eine Deckung des Energiebedarfs durch mindestens 50 Prozent Kohlenhydrate, 15 Prozent Eiweiß und 30 Prozent Fett. Die Bewohner der westlichen Industrieländer verzehren vor allem mehr Kalorien aus Fett.

Nach größeren Mahlzeiten speichert der Körper Energie zunächst in Form von Kohlenhydraten: dem Glykogenvorrat in Leber und Muskulatur. In Hunger- oder Fastenperioden baut der Körper nach dem Glykogen auch Muskeleiweiß ab. Hauptenergielieferant sind dann jedoch die Fettdepots.

Nach den DGE-Standards für die Kita-Verpflegung soll die tägliche Nahrungsaufnahme bestehen aus: 20 % Eiweiß, 30 % Fett und 50 % Kohlenhydrate.

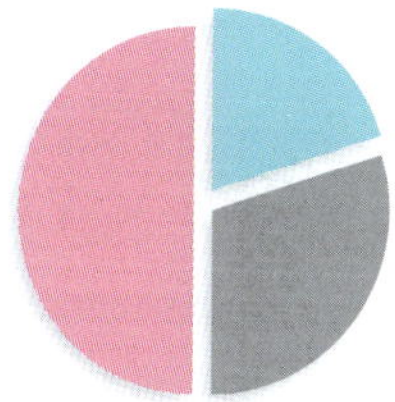


Energiebedarfsdeckung bei der Mittagsmahlzeit nach den DGE-Standards für die Kita-Verpflegung

Die Leistungsbereitschaft ist im Tagesverlauf nicht immer gleich hoch, sondern zeigt einen typischen Verlauf. Frühaufsteher und Morgenmuffel können eine leicht verschobene Kurve haben, grundsätzlich ähnelt sich jedoch die Tagesleistungskurve der Menschen. Die Leistungsfähigkeit setzt jedoch eine regelmäßige Energiezufuhr und erholsamen Schlaf voraus. Es hat sich gezeigt, dass fünf kleinere Mahlzeiten über den Tag verteilt eine höhere Leistungsfähigkeit erzeugen als drei große. Die Leistungsspitzen am Vor- und Nachmittag halten dann länger an und das „Mittagstief" fällt milder aus.

| Alter in Jahren | kJ pro Tag | | kcal pro Tag | |
|---|---|---|---|---|
| | Jungen | Mädchen | Jungen | Mädchen |
| 1–3 | 4800 | 4500 | 1200 | 1100 |
| 4–6 | 5700 | 5400 | 1400 | 1300 |
| 15–18 | 10900 | 8500 | 2600 | 2000 |

Richtwerte für die Energiezufuhr bei Kindern bei geringer körperlicher Aktivität

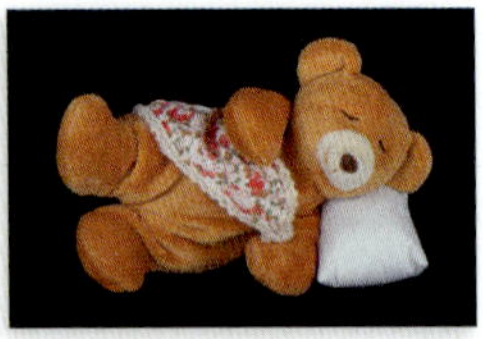

Leistungsbereitschaft im Tagesverlauf bei drei großen gegenüber fünf kleinen Mahlzeiten

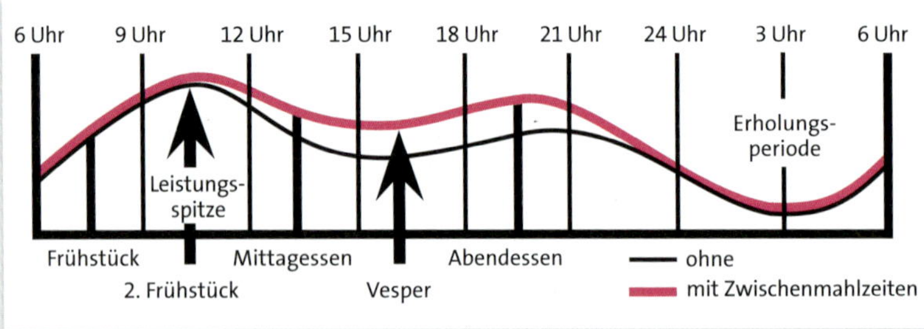


Bei der Mahlzeitenplanung von Kindern kann man folgende Energieverteilung zugrunde legen:

- 1. Frühstück 25 %
- 2. Frühstück 10 %
- Mittagessen 30 %
- Zwischenmahlzeit 10 %
- Abendbrot 25 %

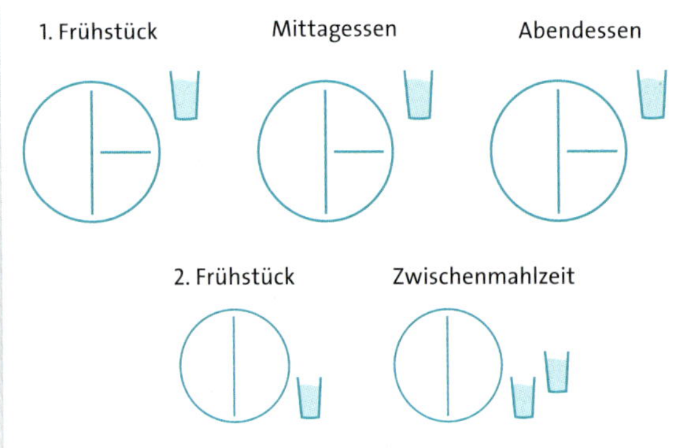


Das Tellermodell zur Mahlzeitengestaltung bei Kinder

Das Tellermodell hilft, die Lebensmittel aus der Ernährungspyramide sinnvoll auf den Tag zu verteilen. Auf die zwei bzw. drei Teile des Tellers lassen sich die Lebensmittelportionen zu leckeren Mahlzeiten kombinieren. Die sechs Becher symbolisieren die Getränke. Zusammengesetzte Lebensmittel wie ein Schulbrot mit Käse decken dabei zum Beispiel eine Portion Getreide und eine Portion Milchprodukte ab. Fette und Öle, wie im Beispiel das Streichfett, erhalten keinen eigenen Platz auf dem Teller.

Nimmt der Mensch mehr oder weniger Energie auf, als er durch Körperfunktionen und Aktivitäten verbraucht, nimmt sein Körpergewicht zu oder ab.

## 5.5 Getränke und Wasser

Der Mensch kann problemlos mehrere Tage bis Wochen ohne feste Nahrung auskommen, ohne Wasserzufuhr jedoch nicht. Bereits nach zwei bis vier Tagen kann der Körper bestimmte wasserlösliche Abfallstoffe nicht mehr ausscheiden. Schließlich kommt es zur Verdickung des Blutes und zum Kreislaufversagen. Bei ansonsten gesunden Kindern und Jugendlichen in Deutschland haben Wissenschaftler zwar keine lebensbedrohlichen, aber dennoch deutlich messbare Folgen von Wassermangel festgestellt: Wer auf Dauer zu wenig trinkt, muss mit einem Abfallen der körperlichen und geistigen Leistungsfähigkeit rechnen. Die besondere Bedeutung der Getränke für die menschliche Ernährung erkennt man auch daran, dass sie die breite Grundfläche der Lebensmittelpyramide bilden.

Ab dem ersten Geburtstag ist keine Flasche mehr nötig. Das Kleinkind kann alle Getränke aus Bechern und Tassen trinken. Dauernuckeln hinterlässt Schäden an Kiefer und Zähnen – so ist auch die Fahrradflasche keine gute Alternative im Alltag.

## Aufgaben von Wasser

Der Körper eines Erwachsenen besteht zu etwa 60 Prozent aus Wasser, der eines Säuglings sogar zu über 70 Prozent. Mit dem Alter nimmt der Wassergehalt langsam ab. Wasser gehört damit zu den wichtigsten Baustoffen des menschlichen Körpers.

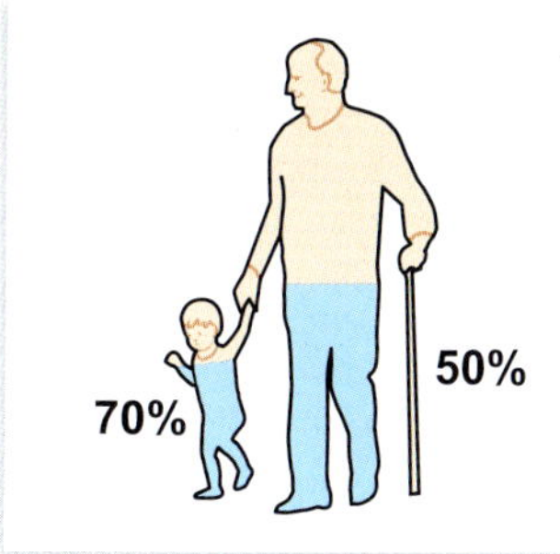

Der Wassergehalt nimmt mit dem Alter langsam ab

Jeden Tag wird ein Teil dieses Wassers umgesetzt, das heißt ausgeschieden und durch Wasser aus Lebensmitteln und Getränken ersetzt. Wasser hat hervorragende Eigenschaften als Lösungsmittel. Jeder hat schon einmal beobachtet, wie schnell sich Salz oder Zucker in Wasser lösen. Der menschliche Körper nutzt Wasser ebenfalls zum Lösen und Transportieren von Stoffen. Nur in gelöster Form kann etwa das Calcium aus der Nahrung in die Knochen gelangen, das Gleiche gilt für den Transport von Energielieferanten wie Zucker. Verschiedene Abbauprodukte werden mit Hilfe von Wasser als Urin aus dem Körper entfernt.

Ebenso wie Autos und Maschinen benötigt der Mensch eine bestimmte Menge „Kühlwasser". Nur bei 37 Grad Körpertemperatur funktioniert der menschliche Körper optimal. Droht die Temperatur anzusteigen, zum Beispiel bei körperlicher Anstrengung oder warmem Wetter, nutzt der Körper Wasser zur Wärmeregulation: Er schwitzt. Wenn Wasser auf der Haut verdunstet, kühlt das den Körper.

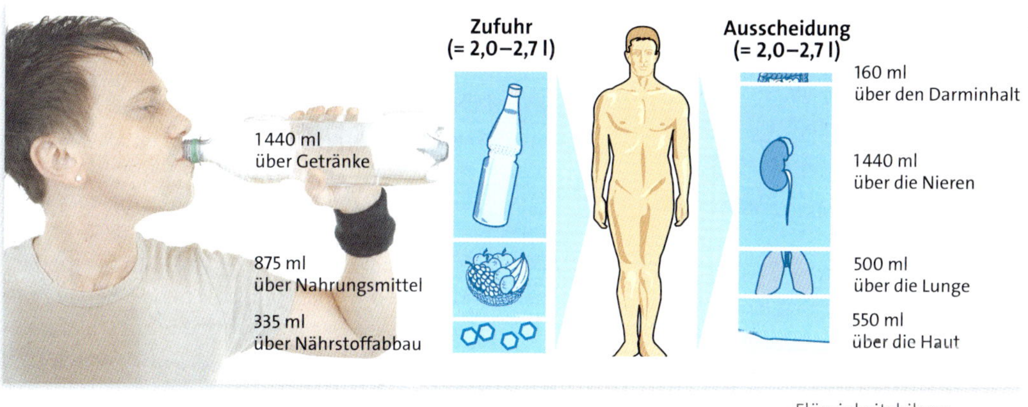

Flüssigkeitsbilanz eines Erwachsenen mit geringer körperlicher Aktivität

### Wasserbilanz eines Erwachsenen

Genau wie die Bilanz in einem Wirtschaftsunternehmen gibt eine Nährstoffbilanz Auskunft darüber, wie Ausgaben und Einnahmen miteinander im Verhältnis stehen. Auf Wasser bezogen heißt das: Wie viel muss ein Mensch trinken, um seine Wasserverluste auszugleichen? Gibt der Körper mehr Wasser ab, als er aufnimmt, wird er früher oder später verdursten. Kleine Kinder sind besonders empfindlich gegenüber Flüssigkeitsverlusten (s. S. 138). Sie können bei Erbrechen, Durchfall oder großer Hitze rasch in lebensbedrohliche Situationen geraten, wenn nicht umgehend für geeignete Wasserzufuhr gesorgt wird. Eine zu hohe Wasseraufnahme gleicht der Körper in der Regel durch eine erhöhte Urinausscheidung aus.

Insgesamt reichen 6 kleine Gläser mit jeweils gut 100 ml Wasser oder ungesüßtem Tee pro Tag für Kinder ab dem 2. Lebensjahr.

Die empfohlene Wasseraufnahme von 2,65 Litern pro Tag (bei Erwachsenen) setzt sich zusammen aus etwa 1,5 Litern Wasser aus Getränken und etwa 0,9 Litern aus Lebensmitteln. Der Rest entsteht beim Abbau der Nährstoffe (Kohlenhydrate, Fette, Eiweiß) im Körper (s. Abbildung).

**Richtwerte für die Wasserzufuhr bei Kindern und Jugendlichen pro Tag**

| Alter | Getränke | feste Nahrung | ml/kg Körpergewicht |
|---|---|---|---|
| 0–3 Monate | 620 | | 130 |
| 4–12 Monate | 400 | 500 | 110 |
| 1–3 Jahre | 820 | 350 | 95 |
| 4–6 Jahre | 940 | 480 | 75 |
| 15–18 Jahre | 1530 | 920 | 40 |

Trinkbar in einer Kita

Trinken, bevor der Durst kommt!
Kinder ans Trinken erinnern!

Wer nicht genug Wasser aufnimmt, dessen Urin ist dunkler gefärbt. Bei Kindern kann auch Verstopfung ein Hinweis auf Wassermangel sein (s. S. 137). Subjektiv spüren die meisten ihren Durst am trockenen Mund. Weitere Folgen können sein: Kopfschmerzen, körperliche Schwäche, Müdigkeit, niedriger Blutdruck, Unruhe und Verwirrtheit, kalte Hände und Füße sowie nächtliche Wadenkrämpfe.

Das Durstgefühl ist bereits das Zeichen eines Wassermangels im Körper und damit ein Warnsignal, das relativ spät auftritt. Problematisch wird es, wenn dieses Warnsignal nicht wahrgenommen wird. Gerade Kinder sind oft so vertieft ins Spielen, Lernen oder in sportliche Aktivitäten, dass sie das Durstgefühl nicht bemerken oder unterdrücken. Für eine ausreichende Versorgung des Körpers mit Wasser ist es wichtig, regelmäßig zu trinken, am besten schon, bevor man Durst verspürt.

## AUFGABEN

1. Erarbeiten Sie mithilfe der Wasserbilanz (S. 65) Faktoren, die den Wasserbedarf erhöhen.
2. Woran bemerken Sie persönlich, dass Sie Durst haben? Welches sind die ersten Hinweise?
3. Fassen Sie zusammen, welche Folgen eine zu geringe Flüssigkeitsaufnahme haben kann.
4. Interpretieren Sie die Zahlen in der Tabelle: Wie verändert sich der Wasserbedarf pro Kilogramm Körpergewicht mit dem Alter? Warum?

## Getränke als Durstlöscher

Aus gesundheitlicher Sicht dienen Getränke vor allem zur Deckung des Flüssigkeitsbedarfs. Es ist von Vorteil, wenn sie darüber hinaus noch einen Beitrag zur Vitamin- und Mineralstoffversorgung leisten. Säfte enthalten zum Beispiel reichlich Vitamin C, Mineralwasser liefert Calcium und Magnesium.

Viele Getränke enthalten große Mengen Zucker. Vor allem mit den beliebten Limonaden und Erfrischungsgetränken nimmt man sehr viel Energie auf. Da Getränke nicht satt machen, besteht daher immer das Risiko, unbemerkt zu viel Energie aufzunehmen.

Wie viel Zucker (Kohlenhydrate) und Energie einerseits sowie Vitamine und Mineralstoffe andererseits ein Getränk enthält, verrät eine Nährwerttabelle. Bei industriell hergestellten Getränken lohnt sich auch ein Blick in die Zutatenliste.

**Rezept für einen Liter Zitronenlimonade**

1. Zwei Zitronen entsaften,
2. mit einem Liter Leitungswasser und
3. 100 g Zucker mischen.
4. Eine Prise Salz und
5. ein paar Blätter Zitronenmelisse hinzufügen.

| Kalorien | 40 kcal/100 g | Kohlenhydrate | 10 g |
|---|---|---|---|
| Fettgehalt | 0 g | Ballaststoff | 0 g |
| Natrium | 4 mg | Zucker | 10 g |
| Kalium | 15 mg | Protein | 0,1 g |
| Vitamin A | 1 IU | Vitamin C | 3,9 mg |
| Kalzium | 4 mg | Eisen | 0,2 mg |
| Vitamin B6 | 0 mg | Vitamin B12 | 0 µg |
| Magnesium | 2 mg | | |

Nährwerte Zitronenlimonade

**Gesundheitliche Bewertung von Zutaten und Inhaltsstoffe in Getränken**

| Positiv | Negativ |
|---|---|
| ▪ Wasser benötigt der Körper.<br>▪ Mineralstoffe sind wichtige Nährstoffe, die der Körper braucht (z. B. Calcium, Magnesium, Eisen, Jod).<br>▪ Vitamine müssen dem Körper regelmäßig zugeführt werden, damit er nicht krank wird.<br>▪ Fruchtsaft (auch aus Fruchtsaftkonzentrat) ist eine natürliche Quelle von Vitaminen und Mineralstoffen. | ▪ Zucker (auch Glucosesirup, Dextrose, Glucose, Maltose, ...) enthält viel Energie, macht aber nicht satt (→ Gefahr der Überernährung).<br>▪ Süßstoffe sind für Kinder nicht geeignet.<br>▪ Zusatzstoffe wie Stabilisatoren, Emulgatoren, Farb- und Konservierungsstoffe werden aus technischen Gründen eingesetzt. Sie stehen zum Teil im Verdacht, gesundheitsschädlich zu sein.<br>▪ Aromen ersetzen natürliche Geschmacksträger, z. B. Orangenaroma statt Orangensaft.<br>▪ Zugesetzte Vitamine und Mineralstoffe sind überflüssig. Besser ist es, sie über natürliche Lebensmittel wie Obst und Gemüse aufzunehmen. |

Die Tabelle erklärt, welche Zutaten und Inhaltsstoffe von Getränken aus gesundheitlicher Sicht positiv und welche eher negativ zu bewerten sind. Selbstverständlich können aus geschmacklichen Gründen Kompromisse notwendig sein. Zum Beispiel mögen viele Kinder und Jugendliche keine ungesüßten Tees. Hier kann es sinnvoll sein, geringe Mengen von Zucker oder Honig zu verwenden.

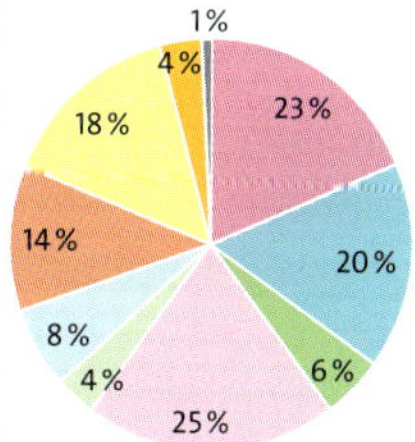


| | Prozent | Liter |
|---|---|---|
| Wasser | 23 % | 140,6 |
| Erfrischungsgetränke | 20 % | 120,1 |
| Fruchtsäfte, -nektare | 6 % | 35,0 |
| Kaffee | 25 % | 151,6 |
| Schwarzer Tee | 4 % | 25,0 |
| Kräuter-, Früchtetee | 8 % | 48,6 |
| Milch | 14 % | 83,0 |
| Bier | 18 % | 107,2 |
| Wein, Schaumwein | 4 % | 24,3 |
| Spirituosen | 1 % | 5,4 |
| **gesamt** | **100 %** | **603,9** |

Getränkeverbrauch in Deutschland

**Leitungswasser** ist das am strengsten kontrollierte Lebensmittel in Deutschland und kann bedenkenlos getrunken werden. Lediglich in Regionen mit hoher Nitratbelastung des Grundwassers oder in Häusern, in denen noch Wasserleitungen aus Blei liegen, sollten insbesondere Kinder lieber Mineralwasser bekommen.

**Mineralwasser** wird aus unterirdischen, vor Verunreinigungen geschützten Vorkommen gewonnen. Je nachdem durch welche Gesteinsschichten es auf seinem Weg gesickert ist, enthält es unterschiedliche Mengen an Mineralstoffen.

Saft Nektar Fruchtsaftgetränk

Nur Getränke, deren Name „Saft“ enthält, bestehen auch zu 100 Prozent aus **Fruchtsaft**. Sie dürfen keine Konservierungsmittel, Farbstoffe oder sonstige Zusätze enthalten. Fruchtsäfte enthalten größere Mengen natürlichen Fruchtzuckers, aber auch Vitamine und Mineralstoffe. Pur sind sie in der Regel keine geeigneten Getränke. Zum idealen Durstlöscher werden sie jedoch als Schorle, indem man sie mit mindestens der gleichen Menge Mineralwasser verdünnt.

Im Gegensatz zu den Säften liegt der Fruchtanteil bei **Nektar** nur bei 25 bis 50 Prozent, bei Limonade noch darunter. Wasser und Zucker bilden den übrigen Anteil. Nektare dürfen ebenfalls keine künstlichen Zusätze enthalten. **Fruchtsaftgetränke** enthalten noch weniger Fruchtsaft (entsprechend weniger natürliche Vitamine und Mineralstoffe) und noch mehr Wasser- und Zuckerzusatz. Der Fruchtanteil muss jeweils auf der Verpackung angegeben sein. **Limonaden und Cola-Getränke** zeichnen sich durch einen hohen Zuckergehalt aus – ein Geschmack, an den sich kleine Kinder gar nicht erst gewöhnen sollten.

Kaffee und Tee

**Kaffee** sowie schwarzer und grüner **Tee** enthalten ebenfalls Koffein, sind bei Erwachsenen sehr beliebt, aber für Kinder ungeeignet. Aufgrund ihres bitteren Geschmacks mögen Kinder diese Getränke ohnehin nicht gern. Achtung: Auch Eistee kann aus koffeinhaltigen Teeextrakten hergestellt sein.

Auch bei „Wellness-Getränken“ ist auf den Zuckergehalt zu achten!

**Kräuter- oder Früchtetees** sind demgegenüber ideale Getränke für jedes Alter. Kalt oder heiß serviert, gesüßt mit Fruchtsaft oder etwas Honig, bieten sie eine große geschmackliche Vielfalt. Es ist ratsam, diese Vielfalt auszunutzen, da manche Heilkräuter bei häufigem Genuss zu Gewöhnung führen oder Nebenwirkungen zeigen können.

## Flüssige Nahrung: Milch und Fruchtsaft

Milch hat genauso wie Fruchtsaft aufgrund ihres hohen Vitamin- und Mineralstoffgehalts einen hohen Stellenwert in der vollwertigen Ernährung. Insbesondere Kinder mit ihrem verhältnismäßig hohen Nährstoffbedarf profitieren von diesem Plus an Calcium aus Milchprodukten und an Vitaminen aus Säften. Sowohl Milch als auch Fruchtsäfte enthalten jedoch sehr viel Energie in Form von Zucker bei Fruchtsaft und von Fett bei Milchprodukten. Daher zählen sie nicht zu den Durstlöschern. Sie gehören also durchaus zu einem abwechslungsreichen Speiseplan dazu, aber nicht als Getränk, sondern eher als Teil einer Mahlzeit oder Zwischenmahlzeit.

Da Kinder noch sehr intensiv schmecken, reicht es, ihren Tee nur dünn aufzubrühen.

Milch und Säfte sind keine Durstlöscher!

**Trinkregeln** für die tägliche Praxis in Tageseinrichtungen und zu Hause:
- Das Trinken sollte jederzeit auch in kleinen Portionen möglich sein.
- Zu jeder Mahlzeit wird Wasser und ungesüßter Tee angeboten.
- Kannen nicht voll füllen, damit das Einfüllen leichter ist, kippsichere Gläser verwenden.
- Getrunken wird (ab dem 2. Lebensjahr) aus Bechern und Tassen, Fahrradflaschen sind nur für unterwegs praktisch.
- Eisteezubereitungen, Grüntee, Schwarztee, Kaffee, Colagetränke oder Energiedrinks sind nichts für Kinder!

5 Stück Würfelzucker befinden sich in 150 ml Apfelsaft, ähnlich viel in Orangensaft, Eistee und Limo.

## AUFGABEN

1. Erstellen Sie mit den Kindern mithilfe einer Magnettafel ein Trinkprotokoll. Überprüfen Sie auch dabei Ihr eigenes Trinkverhalten. Dabei sollten Sie Ihre üblichen Gewohnheiten möglichst beibehalten. Schätzen Sie, wie viel Sie insgesamt getrunken haben. Wie bewerten Sie die Art der Getränke? Geben Sie sich selbst (oder gegenseitig) einen Rat.
2. Früher wurde den Kindern häufig das Trinken während der Mahlzeiten verboten mit der Begründung: „Du verdirbst dir den Appetit!" Welchen Hintergrund könnte dies haben? Wie beurteilen Sie das heute?
3. 

| **Wassergehalt von Lebensmitteln** | | |
|---|---|---|
| 0 – 19 % | 20 – 59 % | 60 – 100 % |
| | | |

Erstellen Sie mithilfe einer Nährwerttabelle eine Aufstellung von Lebensmitteln mit hohem (60 – 100 %), mittlerem (20 – 59 %) und geringem (0 – 19 %) Wassergehalt. Da die meisten Angaben in Nährwerttabellen auf 100 Gramm bezogen sind, entsprechen die Zahlen der Wasserspalte dem prozentualen Anteil. Sammeln Sie Beispiele aus verschiedenen Lebensmittelgruppen und stellen Sie diese als Tabelle dar.

3. Besorgen Sie sich einige In-Getränke aus dem Supermarkt und untersuchen Sie die Zutatenliste. Vergeben Sie grüne Punkte für positiv zu bewertende Zutaten und rote Punkte für negativ beurteilte (s. Tabelle S. 68).
4. Sammeln Sie Ideen, wie Sie sich selbst und/oder von Ihnen betreute Kinder zum Trinken von „geeigneten Durstlöschern" bewegen können.
5. Gestalten Sie eine Ausstellung von geeigneten und ungeeigneten Getränken. Veranschaulichen sie dabei den Zuckergehalt durch die entsprechende Anzahl von Würfelzuckerstücken.

## 5.6 Gemüse und Obst – Fitness in bunt

Obst und Gemüse sind in ihren Einsatzmöglichkeiten, ihrem Aussehen und ihren Geschmacksqualitäten so vielfältig, wie sie bunt sind – für Kinder ein appetitanregendes Argument, welches auch die Neugier weckt. Mundgerecht in kleine Stücke geschnitten, können selbst die Kleinsten Obst und Gemüse schon ganz allein essen. Lediglich Blattsalate sind für kleine Kinder schwer zu kauen. Enthalten sind große Mengen wertvoller Inhaltsstoffe wie Vitamine, Mineralstoffe, Ballaststoffe und Sekundäre Pflanzenstoffe und meist nur kleine Mengen Energie. Obst und Gemüse gehören auch wegen ihres hohen Wassergehalts zu den Lebensmittelgruppen mit der höchsten Nährstoffdichte (s. u.). Mithilfe der Pyramide ist ersichtlich, dass drei Portionen Gemüse und zwei Portionen Obst über den Tag verteilt, also zu jeder der fünf Mahlzeiten je eine Portion (Handvoll) dazu gehören.

**Für ein- bis dreijährige Kinder empfehlen sich 250 bis 300 g Obst und Gemüse am Tag, Schulkinder benötigen bereits 600 g. Der Gemüseanteil sollte mindestens zur Hälfte schonend gegart sein.**

### Vitamine

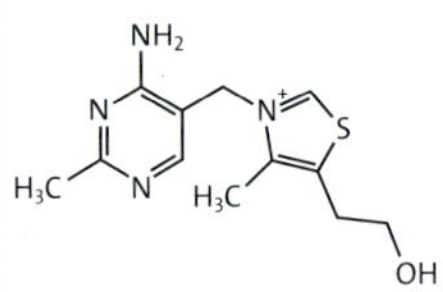


Vitamine sind Kohlenwasserstoffe genau wie die Hauptnährstoffe. Sie enthalten jedoch komplexere chemische Strukturen und teilweise Stickstoff- oder Schwefelatome. Diese Strukturen baut der Körper nicht selbst auf, sondern ist auf eine Zufuhr über die Nahrung angewiesen. Das heißt, Vitamine sind lebensnotwendig, essenziell. Häufig sind sie wichtige Co-Faktoren von Enzymen oder sie schützen die körpereigenen Strukturen vor schädlichen Einflüssen. Die benötigte Vitaminmenge pro Tag ist meist gering, sie reicht von wenigen Mikrogramm bis zu etwa hundert Milligramm bei Vitamin C (Ascorbinsäure). Aber wer nicht ausreichend Vitamine aufnimmt, erleidet Mangelerscheinungen. Die Bezeichnung mit Buchstaben und Zahlen, etwa Vitamin $B_1$ für Thiamin (Formel) ist eigentlich veraltet, wird aber oft noch verwendet.

Einige Frühstückscerealien werben mit der Anreicherung mit Vitaminen. Allerdings sind diesen Produkten meist hohe Zuckermengen zugesetzt, sodass sie in einer ausgewogenen Ernährung keinen Platz finden. Zudem ist eine Anreicherung mit Nährstoffen aus gesundheitlicher Sicht generell überflüssig.

Eine vollwertige Ernährung liefert ausreichende Mengen an Vitaminen. Ausnahme sind die Folsäureversorgung von Schwangeren und Kleinkindern sowie die Cobalamin-Versorgung (Vitamin $B_{12}$) bei einer veganen Ernährung (s. S. 100).

Für Kinder im Wachstum ist Folsäure wichtig: Erbsen, Fenchel, Brokkoli sowie Vollkornprodukte anbieten.

Auch Säuglinge erhalten Vitamin K beim Kinderarzt sowie Vitamin D und Fluorid als Tablette.

Generell können folgende Ursachen einen Vitaminmangel hervorrufen:
- ungenügende Zufuhr durch einseitige Ernährung oder Unterernährung
- ungenügende Resorption aus dem Darm etwa bei Durchfall oder Entzündungen der Darmschleimhaut
- erhöhter Bedarf z. B. durch Schwangerschaft, Rauchen oder hohen Alkoholkonsum

Vitamine kommen in Obst und Gemüse vor, das weiß jedes Kind. Es gibt jedoch kaum Lebensmittel, die keine Vitamine enthalten. Getreideprodukte, vor allem aus Vollkorn, sind zum Beispiel reich an Thiamin (Vitamin $B_1$), Milchprodukte an Riboflavin (Vitamin $B_2$), Fleisch an Cobalamin (Vitamin $B_{12}$) und Sonnenblumenöl an Tocopherolen (Vitamin E).

Fachleute unterscheiden **fett- und wasserlösliche Vitamine**. Das lässt auf ihr Vorkommen in Lebensmitteln schließen, gibt aber auch Hinweise für die richtige Lagerung und Zubereitung. Im Gegensatz zu wasserlöslichen Vitaminen werden fettlösliche im Körper gespeichert. Da die Nieren sie nicht mit dem Harn ausscheiden können, kann es bei ihnen zu einer Überversorgung kommen. Durch den hohen Wassergehalt von Obst und Gemüse geschieht dies nicht durch den empfohlenen Verzehr von fünf Portionen, sondern nur durch angereicherte Lebensmittel oder Nahrungsergänzungsmittel (Vitamine und Mineralstoffe in Tablettenform).

Fettlösliche Vitamine kommen oft in fettreichen Lebensmitteln vor wie Cholecalciferol (Vitamin D) in fettreichem Seefisch oder Eigelb oder Tocopherol (Vitamin E) in Pflanzenöl. Andere sind auch in Obst und Gemüse reichlich vorhanden. Hier ist es sinnvoll, sie mit Fett in einer Mahlzeit zu verzehren, damit sie im Dünndarm resorbiert werden können. Einem Möhrensalat oder -saft wird zum Beispiel immer ein Löffel Öl zugegeben.

Lebensmittel enthalten grundsätzlich weniger Vitamine, je stärker sie verarbeitet sind (außer sie werden künstlich angereichert). Das liegt unter anderem daran, dass Vitamine empfindlich gegenüber Umwelteinflüssen sind. Wasser laugt zum Beispiel beim Kochen Nährstoffe aus, die wasserlöslich sind. Neben Vitaminen trifft das auch auf die Mineralstoffe zu. Alle Inhaltsstoffe außer den Mineralien verändern sich mehr oder weniger durch den Einfluss von Wärme, Licht und Luftsauerstoff. Bei den Vitaminen führt das häufig dazu, dass sie ihre Wirksamkeit verlieren.

**Nährstoffverlust bei der Lebensmittelzubereitung**

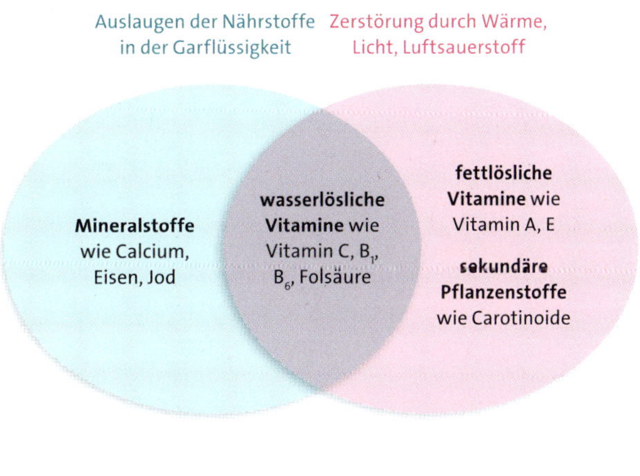

## Vitamine: Vorkommen, Wirkung, Folgen von Mangel und Überversorgung

| Wasserlösliche Vitamine | Vorkommen in Lebensmitteln | Wirkungsweise | Hypovitaminose/Avitaminose Vitaminmangel |
|---|---|---|---|
| **Vitamin $B_1$ (Thiamin)** | Vollkornprodukte, Schweinefleisch, Hefe | Zellstoffwechsel: Kohlenhydratabbau | Verminderte Leistungsfähigkeit, Muskelschwäche, Nervenstörungen: **Beri-Beri** |
| **Vitamin $B_2$ (Riboflavin)** | Milch, Milchprodukte, Fleisch, Eier | Zellstoffwechsel: Wasserstofftransport, Energiegewinnung | Veränderung von Haut und Schleimhäuten |
| **Vitamin $B_6$ (Pyridoxin)** | in allen Lebensmitteln | Zellstoffwechsel: Aminosäurestoffwechsel | Hautveränderungen usw., bei Kindern Krämpfe |
| **Vitamin $B_{12}$ (Cobalamin)** | in tierischen Lebensmitteln | Zellstoffwechsel: Zellkernaufbau | Verminderte Zellteilung, Anämie, Nervenstörungen, Mangel bei strengen Vegetariern |
| **Biotin** | Eigelb, Sojabohnen, Vollkornprodukte | Zellstoffwechsel: $CO_2$-Übertragung | Hautveränderung, Mangel bei reichlichem Verzehr von rohem Eiklar |
| **Folsäure** | Gemüse, Fleisch, Vollkornprodukte | Zellstoffwechsel: Aminosäurestoffwechsel | Hautveränderungen, Anämie, Mangel bei Eiweißunterernährung |
| **Niacin** | Fisch, Fleisch, Gemüse, Vollkornprodukte | Zellstoffwechsel: Wasserstofftransport, Energiegewinnung | Hautveränderungen, Nervenstörungen, Mangel bei überwiegender Maisernährung, **Pellagra** |
| **Pantothensäure** | in allen Lebensmitteln | Zellstoffwechsel: Fett-, Kohlenhydratstoffwechsel | Mangel nur bei längerer Behandlung mit Sulfonamiden, bei Infektionskrankheiten |
| **Vitamin C (Ascorbinsäure)** | Obst, Gemüse, Kartoffeln | Aufbau von Bindegewebe, Eisenstoffwechsel, verhindert Radikalbildung | Störungen im Bindegewebsstoffwechsel, verzögerte Wundheilung, **Skorbut** |

| Fettlösliche Vitamine | Vorkommen in Lebensmitteln | Wirkungsweise | Hypovitaminose/ Avitaminose | Hypervitaminose (Überversorgung) |
|---|---|---|---|---|
| **Vitamin A (Retinol) Provitamin Carotin** | Fett, Fettfisch, Eigelb, Karotten, Grüngemüse | Bestandteil des Sehpurpurs, fördert Zellwachstum | Verhornung von Haut und Schleimhäuten, Nachtblindheit | Erbrechen, Durchfall, Schleimhautblutungen, Knochenbrüchigkeit, Übererregbarkeit |
| **Vitamin D (Calciferol) Provitamin vorhanden** | Fettfisch, Margarine, Eigelb, Pilze | Aufnahme von Calcium und Verkalkungen der Knochen | Knochenerweichung, Rachitis, Osteoporose | Calciumablagerungen in den Blutgefäßen, Lunge und Niere |
| **Vitamin E (Tocopherol)** | Keimöl, Vollkornprodukte, Grüngemüse | Schutz für die Zellmembranen, verhindert Radikalbilung | unbekannt | unbekannt |
| **Vitamin K (Phyllochinon)** | Grüngemüse, Fleisch, Fisch | normaler Ablauf der Blutgerinnung | gestörte Blutgerinnung | unbekannt |

| Zufuhrempfehlungen pro Tag | Säuglinge 4 bis 11 Monate | Kinder 1–3 Jahre | Kinder 4–7 Jahre | Jugendliche 15–19 Jahre |
|---|---|---|---|---|
| Vitamin $B_1$ (Thiamin) mg | 0,4 | 0,6 | 0,7 | 1,1–1,4 |
| Vitamin $B_2$ (Riboflavin) mg | 0,4 | 0,7 | 0,8 | 1,2–1,6 |
| Vitamin $B_6$ (Pyridoxin) mg | 0,3 | 0,4 | 0,5 | 1,2–1,6 |
| Vitamin $B_{12}$ (Cobalamin) µg | 0,8 | 1,0 | 1,5 | 3,0 |
| Biotin mg | 5–10 | 10–15 | 10–15 | 30–60 |
| Folsäure µg | 80 | 120 | 140 | 300 |
| Niacin mg | 5 | 8 | 9 | 13–17 |
| Pantothensäure mg | 3 | 4 | 4 | 6 |
| Vitamin C (Ascorbinsäure) mg | 20 | 20 | 30 | 90–105 |
| Vitamin A (Retinol) mg | 0,6 | 0,6 | 0,7 | 0,9–1,1 |
| Vitamin D (Calciferol) µg | 10 | 20 | 20 | 20 |
| Vitamin E (Tocopherol) mg | 4 | 5–6 | 8 | 12–15 |
| Vitamin K (Phyllochinon) µg | 10 | 15 | 20 | 60–70 |

Ein weiterer Anhaltspunkt für die gesundheitliche Qualität eines Lebensmittels oder einer Ernährungsweise ist die Berechnung der **Nährstoffdichte**.

Die Nährstoffdichte dient meist der Beurteilung der gesundheitlichen Qualität eines Lebensmittels oder einer Ernährungsweise. Sie ist definiert als Quotient zwischen dem essenziellen Nährstoff- und dem Energiegehalt:

$$\text{Nährstoffdichte} = \frac{\text{Nährstoffgehalt in mg oder g pro 100 g}}{\text{Energiegehalt in kJ oder MJ pro 100 g}}$$

Mithilfe der Nährstoffdichte können verschiedene Lebensmittel miteinander verglichen werden. Ballaststoffreich sind zum Beispiel Haselnüsse (7 g/100 g) und Weizenvollkornbrot (8 g/100 g). Die Nährstoffdichte zeigt jedoch, dass der Ballaststoffgehalt im Verhältnis zum Energiegehalt beim Brot erheblich höher ist (9,3 g/MJ gegenüber 2,4 g/MJ bei den Nüssen). Bei der Berechnung ist auf die sorgfältige Übernahme der Einheiten zu achten, damit vergleichbare Werte zustande kommen.

Die Zufuhrempfehlungen der Deutschen Gesellschaft für Ernährung sind zum großen Teil zusätzlich als Nährstoffdichte angegeben. Kinder und Jugendliche benötigen zwar insgesamt weniger Vitamine und Mineralstoffe als Erwachsene, im Verhältnis zu ihrer Energieaufnahme jedoch wesentlich mehr. Das heißt, bei der Ernährung von Kindern und Jugendlichen gilt es, ganz besonders auf einen hohen Nährstoff- und einen nicht zu hohen Energiegehalt zu achten.

## Sekundäre Pflanzenstoffe

Lebensmittel enthalten über primäre Nährstoffe wie Eiweiß, Fett, Kohlenhydrate sowie Vitamine und Mineralstoffe hinaus auch Begleitstoffe, die gesundheitsförderliche (oder im Übermaß schädliche) Wirkungen oder einfach genussfördernde Eigenschaften besitzen. Ballaststoffe und Cholesterin gehören zu den Begleitstoffen, aber auch Aromen und Farbstoffe und nicht zuletzt die sekundären Pflanzenstoffe.

Die Gruppe der **sekundären Pflanzenstoffe** enthält ganz unterschiedliche Stoffgruppen. Diese Farb-, Geruchs- und Geschmacksstoffe dienen der Pflanze oftmals zum Schutz. Den Menschen schützen sie in geringen Mengen vor ernährungsabhängigen Krankheiten wie Herz-Kreislauf-Erkrankungen, Diabetes mellitus und Krebs. Die Wirkung einzelner Stoffe auf bestimmte Stoffwechselprozesse ist nach wie vor Gegenstand der Forschung. Die positiven Effekte einer Kost, die reich ist an pflanzlichen Lebensmitteln wie Gemüse und Obst, aber auch Hülsenfrüchten, Nüssen und Vollkornprodukten, ist jedoch unbestritten und besonders im Kindesalter wichtig.

Zunächst essen kleine Kinder meist nur ganz wenige Gemüsesorten. Nach und nach weitere Sorten probieren lassen. Kinder, die etwas Neues probieren, verdienen Lob. Einige Gemüse wie Rosenkohl (enthält Bitterstoffe) akzeptieren sie oft erst im späten Grundschulalter.

www.5amTag.de

Die Gesundheitskampagne **5 am Tag** motiviert Menschen, mit einfach umzusetzenden Regeln ihren Obst- und Gemüseverzehr zu erhöhen.

Eine Portion entspricht dabei ungefähr einer Handvoll. Bei kleinstückigen Lebensmitteln wie Beeren oder Erbsen passt die Menge in zwei Hände. Gelegentlich kann eine Portion durch ein Glas Obst- oder Gemüsesaft ersetzt werden.

Bei Trockenfrüchten ist die Portionsgröße aufgrund des verringerten Wassergehaltes geringer.

Neben rohem (und möglichst frischem) Obst und Gemüse liefern diese auch in gegarter und haltbar gemachter Form sekundäre Pflanzenstoffe.

**Sekundäre Pflanzenstoffe und Ihre Wirkungen**

**Betacarotine:**
- antikanzerogen
- antimikrobiell
- cholesterinsenkend
- stärken die Abwehrkräfte

**Sulfide:**
- antikanzerogen
- antimikrobiell
- antioxidativ
- entzündungshemmend
- blutdruckregulierend
- cholesterinsenkend

**Flavonoide:**
- antikanzerogen
- antimikrobiell
- antioxidativ
- entzündungshemmend
- blutdruckregulierend
- cholesterinsenkend

**Glucosinolate:**
- antikanzerogen
- antimikrobiell
- cholesterinsenkend

Die wertvollen Inhaltsstoffe sind nicht alle hitzeempfindlich und teilweise nach der Zubereitung sogar besser verfügbar. Gegarte Speisen, auch unter Verwendung von Tiefkühlwaren und gelegentlich Konserven gehören also dazu.

Anbaugebiete Obst Gemüse

Wo ist dieses Obst oder Gemüse gewachsen? Was wächst bei uns? Was kommt von weit her?

Auf dem Wochenmarkt oder im Supermarkt gibt es Antworten, vielleicht für eine Fotoreportage oder ein Interview der Kinderreporter.

## Gemüse

Als Gemüse bezeichnet man meist essbare Pflanzenteile, die roh oder gegart als Beilage verzehrt werden. Sie werden einjährig angebaut und enthalten im Gegensatz zu den pflanzlichen Lebensmitteln anderer Gruppen kaum Kohlenhydrate in Form von Stärke oder Zucker, Eiweiß oder Fett, sondern liefern vor allem Vitamine, Mineralstoffe und Ballaststoffe. Aufgrund des hohen Wassergehalts und der Ballaststoffe sättigen sie gut und fördern die Verdauung.

„Fingerfood“ erfordert keine Hilfe beim Essen- die Kleinen essen selbstständig Gemüse und Obst

| Blatt- | Frucht- | Kohl- | Wurzel-/Knollen- | Zwiebel- |
|---|---|---|---|---|
| Gemüse | | | | |
| ▪ Chicoree<br>▪ Eisbergsalat<br>▪ Endivien<br>▪ Feldsalat<br>▪ Fenchel<br>▪ Kopfsalat<br>▪ Spinat, Mangold | ▪ Auberginen<br>▪ Erbsen<br>▪ Grüne Bohnen<br>▪ Gurken<br>▪ Paprika<br>▪ Tomaten<br>▪ Zucchini | ▪ Blumenkohl<br>▪ Chinakohl<br>▪ Grünkohl<br>▪ Kohlrabi<br>▪ Rosenkohl<br>▪ Rotkohl<br>▪ Weißkohl<br>▪ Wirsing | ▪ Möhren<br>▪ Pastinaken<br>▪ Radieschen<br>▪ Rote Bete<br>▪ Schwarzwurzeln<br>▪ Sellerie<br>▪ Steckrüben | ▪ Knoblauch<br>▪ Lauch/ Porree<br>▪ Zwiebeln |

Gemüse eignet sich als Beilage zu einer eiweiß- und einer stärkereichen Komponente, aber auch als Salat, in Suppen, Eintöpfen und Aufläufen. Am besten schmeckt es reif geerntet und frisch verarbeitet. Tiefkühlprodukte schneiden jedoch auch gut ab, was den Vitamin- und Mineralstoffgehalt angeht.

Leicht süß schmecken Erbsen, Möhren, Kohlrabi, Kürbis, Tomaten, Gurken oder Mais und sind damit bei Kindern beliebt.

Von Gemüse abzugrenzen sind **Kräuter und Gewürze**, die in der Regel nur in geringen Mengen verarbeitet werden. Nur deshalb ist ihr Beitrag zum Nährstoffbedarf weniger groß. Sie verbessern den Genusswert von Speisen und helfen, Salz und Geschmacksverstärker einzusparen.

In Suppen und Soßen lassen sich viele Gemüse „verstecken". Obstbeigaben machen Salate attraktiv für Kinder.

Eine weitere besondere Gruppe sind die **Hülsenfrüchte**: Die getrockneten reifen Samen von Erbsen, Bohnen und Linsen. Reich an Stärke und Eiweiß gehören sie eher in die Gruppe der Eiweißlieferanten. Für Vegetarier sind beispielsweise Tofuprodukte aus Sojabohnen eine Alternative zu Fleisch. Hülsenfrüchte liefern viele Ballaststoffe. Sie gelten daher als sättigend, aber auch schwer verdaulich, da sie Blähungen verursachen können. Um diese zu verringern, sollten sie vor dem Kochen einige Stunden eingeweicht werden, je größer die Bohne oder Linse, desto wichtiger und länger die Einweichzeit. Die blähenden Inhaltsstoffe landen im Einweichwasser und dieses im Abfluss.

Beim Einweichen der Hülsenfrüchte diese mindestens mit der doppelten Menge an Wasser auffüllen. Eine Alternative ist das vielfältige Angebot an Konserven.

Hülsenfrüchte einmal wöchentlich als Basis einer warmen Hauptmahlzeit für Kinder einplanen.

Gewürze wie Fenchel, Kümmel, Anis, Lorbeer, Majoran oder Ingwer führen zu einer besseren Verträglichkeit und sollten im Garprozess früh zugegeben werden, das Salz dagegen erst spät, da es die Hülsenfrüchte hart macht.

Kräuter und Gemüse selbst ziehen

Selbst gezogene Sprossen von Hülsenfrüchten müssen vor dem Verzehr blanchiert werden (30 Sekunden in kochendes Wasser geben).

Ein Kräutertopf oder -beet bietet Kindern mit wenig Aufwand die Möglichkeit, Lebensmitteln beim Wachsen zuzusehen.

Nicht immer ist es das einzelne Gemüse, das einem Kind nicht schmeckt. Oftmals ist es einfach die Zubereitungsform. Es hilft, die Gerichte zu variieren, in denen die Vielfalt des Gemüses auf verschiedenen Garstufen enthalten ist. Mal roh als Salat, mal gekocht als Beilage – so zeigt sich selbst eine Möhre immer wieder anders.

Bei der Lebensmittelzubereitung für Kinder ist es wichtig, den Gehalt an **unerwünschten Stoffen** möglichst zu minimieren. **Oxalsäure** kommt vor allem in Mangold, Spinat, Kakao und Rhabarber vor und bindet Calcium, das dem Körper dann nicht mehr zur Verfügung steht. Menschen mit eingeschränkter Nierenfunktion oder mit Nieren-, Blasen- und Gallensteinen sowie Schwangere, Stillende und Kleinkinder sollten diese Lebensmittel nur in kleinen Mengen essen.

Dies gilt auch für Rucola, Spinat, Grünkohl, Blattsalate, Fenchel, Rote Bete, Radieschen, Rettich und Mangold, die nitratreich sein können. Insbesondere, wenn sie im Treibhaus wachsen, speichern sie den Stickstoff aus Düngemitteln als Nitrat. **Nitrat** ist nicht giftig, kann aber zu Nitrit abgebaut werden, was zur Bildung von krebserregenden Nitrosaminen führt. Deshalb

- abwechslungsreich ernähren, nicht nur nitratreiche Sorten wählen
- Gemüse der Saison und Freilandgemüse bevorzugen, dieses besser abends ernten
- Produkte aus ökologischem Anbau verwenden
- Stiele und äußere Blätter von Blattgemüse entfernen
- Kochwasser von nitratreichem Gemüse verwerfen
- nitratreiches Gemüse nicht warmhalten, sondern schnell abkühlen, kühl und nicht zu lange lagern (für Säuglinge nitratreiches Gemüse nicht aufwärmen!)

**Tipp**

Hülsenfrüchte eignen sich gut, um auf der Fensterbank zu Pflanzen auszukeimen. Vielleicht können die kleinen Erbsenpflanzen ja sogar im Garten der Kita weiter reifen.

Supermärkte und Wochenmärkte sind voll von Fragen, Entdeckungen und Experten für kleine Gemüsedetektive!

## Regionale Lebensmittel – so nah wie möglich, so weit wie nötig

Die meisten Lebensmittel im Einkaufsmarkt sind unpersönlich und viele Verbraucher achten nicht auf die Herkunft. Der Einkauf von regionalen Produkten kann wieder eine Beziehung zwischen Erzeuger und Verbraucher herstellen. Bei einem Besuch im Hofladen können Kinder zudem selbst entdecken, wie ihre Lebensmittel produziert werden. Vor allem Obst und Gemüse, aber auch tierische Lebensmittel gibt es auf Wochenmärkten und ab Hof direkt vom Erzeuger. Dies hat viele Vorteile:

- es unterstützt die regionale Wirtschaft und kleinere landwirtschaftliche Betriebe
- es vermeidet lange Transportwege, schützt damit das Klima und liefert frischere Produkte
- es spart Verpackungsmüll
- Obst und Gemüse können voll ausreifen, sind deshalb nährstoffreicher und schmecken besser
- erhält die kleinbäuerliche Kulturlandschaft und vermeidet Monokulturen
- es fördert das Vertrauen zwischen Erzeuger und Verbraucher

Der Begriff regional ist beim Einkaufen relativ. In der Direktvermarktung handelt es sich meist um einen Umkreis von wenigen bis unter hundert Kilometern. Im Winter kann schon der Apfel aus Deutschland regionaler sein als aus Europa oder Neuseeland. Das Herkunftsland muss übrigens immer angegeben sein, auch bei losem Obst und Gemüse.

## Obst

Obst ist botanisch nicht eindeutig von Gemüse zu unterscheiden. Das macht zum Beispiel die Gruppe der Fruchtgemüse deutlich, zu denen Kürbisse zählen. Melonen schmecken zwar süß, gehören aber zu den Fruchtgemüsen. Der Zuckergehalt ist ein wesentlicher Unterschied. Außerdem wächst Obst an mehrjährigen Pflanzen.

| Beeren- | Kern- | Stein- | Südfrüchte |
|---|---|---|---|
| Obst | | | |
| ▪ Brombeeren<br>▪ Heidelbeere<br>▪ Johannisbeeren<br>▪ Stachelbeeren<br>▪ Weintrauben | ▪ Äpfel<br>▪ Birnen<br>▪ Quitten | ▪ Aprikosen<br>▪ Kirschen<br>▪ Mirabellen<br>▪ Pfirsiche<br>▪ Pflaumen/ Zwetschgen | ▪ Ananas<br>▪ Bananen<br>▪ Datteln<br>▪ Feigen<br>▪ Zitrusfrüchte |

### AUFGABEN

1. Kinder mögen Obst und Gemüse, vor allem wenn sie es selbst zubereitet haben. Achten Sie auf ein saisonales und möglichst regionales Angebot und wechseln Sie auch die Sorten ab. Nach einem Wochenmarktbesuch kann getestet werden: Ein Elstar- schmeckt ganz anders als ein Cox-Orange- oder ein Topas-Apfel.
2. Erstellen Sie in einer arbeitsteiligen Gruppenarbeit jeweils eine Tabelle mit Vor- und Nachteilen von
   a) biologisch erzeugtem Obst und Gemüse
   b) regional erzeugtem Obst und Gemüse
   c) haltbar gemachtem Obst und Gemüse
   d) exotischem Obst und Gemüse
   e) saisonalem Obst und Gemüse
3. Planen Sie einen Besuch auf dem Bauernhof. Wie würden Sie einen solchen Besuch mit Kindern vorbereiten?

Ein selbst hergestellter Smoothie enthält zwar immer noch viel (Frucht-)Zucker, ist aber zweifellos frischer und aromatischer als ein haltbares Produkt. Hinzu kommt für Kinder die Freude am Selbermachen.

Achtung: Der Umgang mit Mixer oder Pürierstab gehört in die Hände eines Erwachsenen!

## Moderne Vitaminquellen

Obst und Gemüse frisch einzukaufen, richtig zu lagern und zuzubereiten will sorgfältig geplant werden und macht Mühe. In vielen Familien und Kindertagesstätten verdirbt Obst, weil niemand Lust hat, es appetitlich zum Zugreifen anzurichten. Wie viel einfacher ist es da, im Supermarkt zum Smoothie zu greifen, angereicherte Produkte einzukaufen oder sogar Nahrungsergänzungsmittel in Tabletten oder Pulverform. Außerdem beruhigt es das Gewissen.

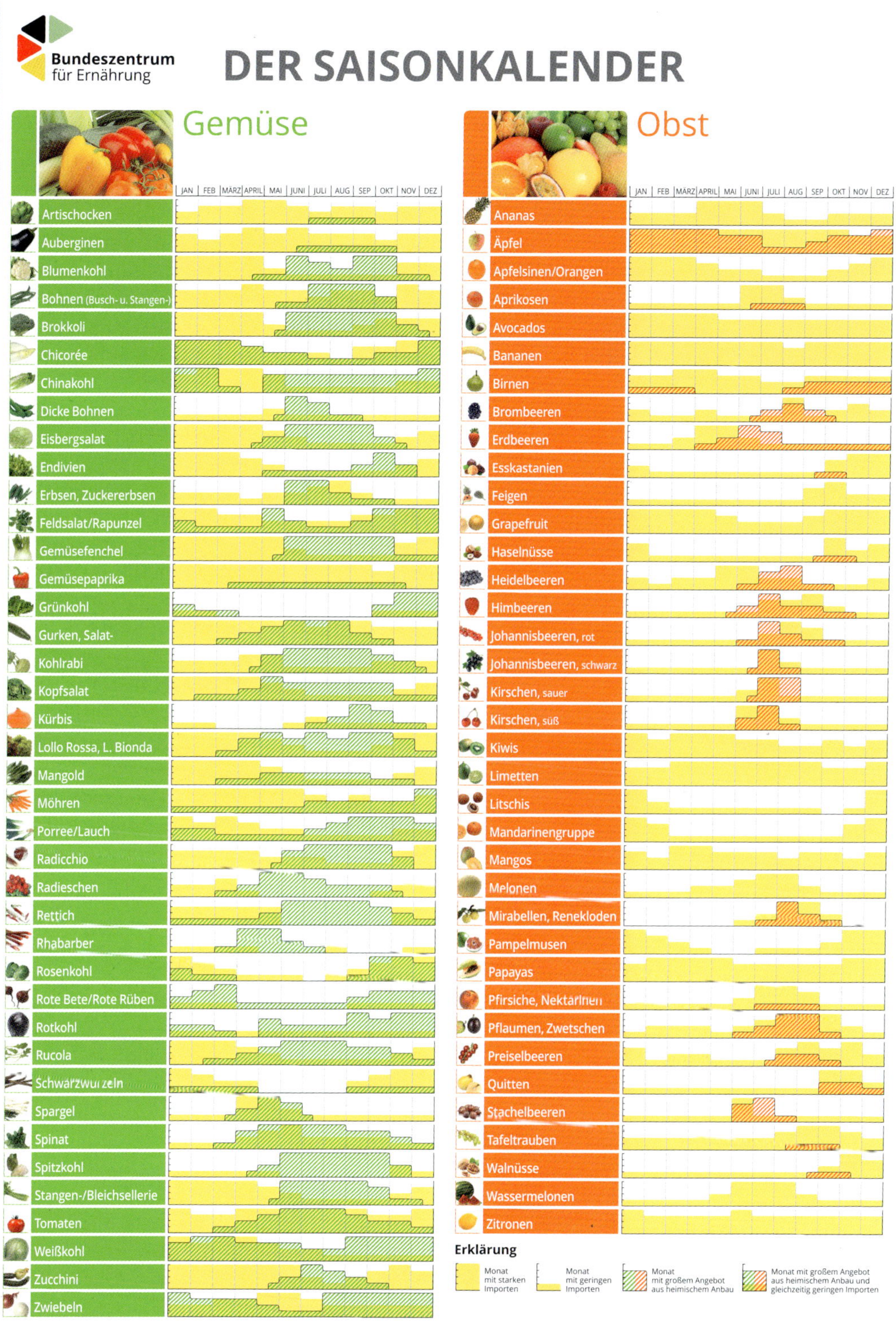
Bundeszentrum für Ernährung
DER SAISONKALENDER
Gemüse
JAN FEB MÄRZ APRIL MAI JUNI JULI AUG SEP OKT NOV DEZ
Artischocken
Auberginen
Blumenkohl
Bohnen (Busch- u. Stangen-)
Brokkoli
Chicorée
Chinakohl
Dicke Bohnen
Eisbergsalat
Endivien
Erbsen, Zuckererbsen
Feldsalat/Rapunzel
Gemüsefenchel
Gemüsepaprika
Grünkohl
Gurken, Salat-
Kohlrabi
Kopfsalat
Kürbis
Lollo Rossa, L. Bionda
Mangold
Möhren
Porree/Lauch
Radicchio
Radieschen
Rettich
Rhabarber
Rosenkohl
Rote Bete/Rote Rüben
Rotkohl
Rucola
Schwarzwurzeln
Spargel
Spinat
Spitzkohl
Stangen-/Bleichsellerie
Tomaten
Weißkohl
Zucchini
Zwiebeln
Obst
JAN FEB MÄRZ APRIL MAI JUNI JULI AUG SEP OKT NOV DEZ
Ananas
Äpfel
Apfelsinen/Orangen
Aprikosen
Avocados
Bananen
Birnen
Brombeeren
Erdbeeren
Esskastanien
Feigen
Grapefruit
Haselnüsse
Heidelbeeren
Himbeeren
Johannisbeeren, rot
Johannisbeeren, schwarz
Kirschen, sauer
Kirschen, süß
Kiwis
Limetten
Litschis
Mandarinengruppe
Mangos
Melonen
Mirabellen, Renekloden
Pampelmusen
Papayas
Pfirsiche, Nektarinen
Pflaumen, Zwetschen
Preiselbeeren
Quitten
Stachelbeeren
Tafeltrauben
Walnüsse
Wassermelonen
Zitronen
Erklärung
Monat mit starken Importen
Monat mit geringen Importen
Monat mit großem Angebot aus heimischem Anbau
Monat mit großem Angebot aus heimischem Anbau und gleichzeitig geringen Importen

Smoothie

**Smoothies** sind Ganzfruchtgetränke, die meist lecker, ein paar Tage haltbar und praktisch zum Mitnehmen sind. Tatsächlich können sie je nach Qualität ein bis zwei Portionen Obst oder Gemüse ersetzen. Aber sie sind teurer als frisches Obst und verursachen viel Müll durch Einwegverpackungen.

Lebensmittel ohne kauen zu trinken, verringert den Sättigungswert bei meist hohem Zuckergehalt. So besteht die Gefahr unbemerkt viele Kalorien zu verzehren. Auch Fruchtzucker ist für manche Menschen nicht in großen Mengen verträglich. Minderwertige Smoothies sind oft mit Apfel- oder Traubensaft verlängert und damit sehr teuer. Kinder verlieren den Bezug zum echten Lebensmittel: Sie verlernen, wie Obst und Gemüse aussehen und verarbeitet werden oder werden träger in ihrer Kaufähigkeit.

**Superfood** ist ein nicht eindeutig definierter Begriff. Der Lebensmittelhandel preist exotische Früchte, seltene Nahrungspflanzen und verarbeitete Produkte mit deren Bestandteilen als gesundheitsfördernde Produkte mit besonders hohen Nährstoffgehalten an und verlangt einen entsprechend hohen Preis. Chia-Samen, Aronia-Kirschen, Acai- und Goji-Beeren, Avocados, Moringa-Blätter, Cranberries, bestimmte Algen, Grünteeprodukte und Weizengras sind die vermeintliche Antwort auf das schlechte Gewissen von besorgten Eltern. Sicherlich können neue nährstoffreiche Lebensmittel den Speiseplan ergänzen und Abwechslung bringen. Oftmals greifen allerdings gerade solche Menschen zu modernen Vitaminquellen, die ohnehin auf einen gesunden Lebensstil achten. Außerdem enthalten viele einheimische und kostengünstige Lebensmittel wie Blaubeere oder Grünkohl genauso viele wertvolle Inhaltsstoffe. Werden exotische Superfoods in Form von Kapseln oder Pulver angereichert, können zudem unnatürlich hohe und nicht kontrollierbare Mengen von Nährstoffen, aber auch schädlichen Stoffen im Endprodukt vorkommen. Je exotischer das Produkt, desto höher ist auch die Gefahr für allergische Reaktionen.

Getrocknete Cranberries liefern viel Energie, da sie mit Öl versetzt und oft auch gezuckert sind. Die Nährwertkennzeichnung gibt Auskunft.

| | Frisch | Getrocknet |
|---|---|---|
| Energiegehalt in kcal | 46 | 308 |
| Eiweiß | 0,4 g | 0,1 g |
| Fett | 0,1 g | 1,4 g |
| Kohlenhydrate | 12 g | 82 g |
| Ballaststoffe | 4,6 g | 5,7 g |

**Angereicherte Lebensmittel** sind Produkte, die mit künstlichen Vitaminen und Mineralstoffen angereichert sind. Dazu gehören viele Frühstückscerealien, Multivitamin-Getränke und Kinderlebensmittel. Eine Anreicherung ist ebenso wie **Nahrungsergänzungsmittel** in Pulver oder Tablettenform überflüssig, wenn man sich vollwertig ernährt. Es kann sogar zur Überversorgung oder zu Wechselwirkungen mit anderen Nährstoffen kommen. Ausnahmen sind Krankheiten oder Situationen mit erhöhtem Bedarf oder eingeschränktem Lebensmittelverzehr.

## 5.7 Getreide und Kartoffeln

Nach den Empfehlungen der DGE sollte ein Jugendlicher oder Erwachsener pro Tag mehr als 300 Gramm Kohlenhydrate verzehren. Damit sind die Kohlenhydrate die Nährstoffgruppe und Getreide- und Kartoffelprodukte die Lebensmittelgruppe, von der ein Mensch am meisten braucht – abgesehen von Wasser. Jede Zelle kann mit Hilfe von Sauerstoff aus Traubenzucker (Glucose) Energie gewinnen, die roten Blutkörperchen (Erytrozyten) nur aus Traubenzucker.

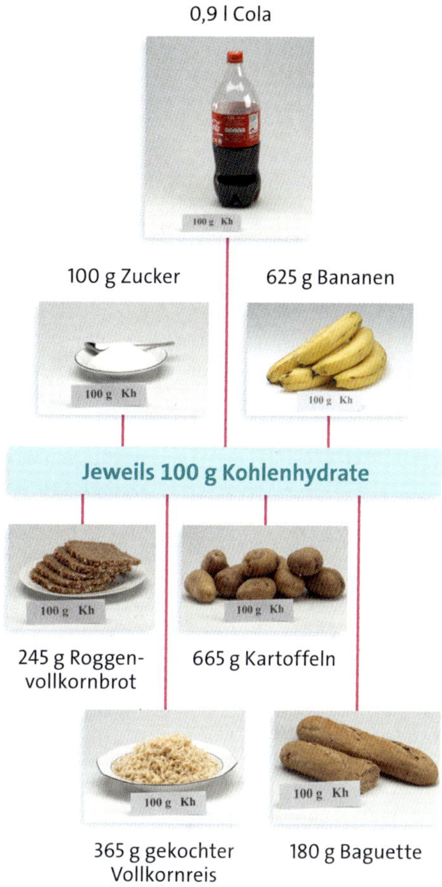


### Aufbau der Kohlenhydrate

Alle Kohlenhydrate sind aus Zuckerbausteinen aufgebaut: Die wichtigsten **Einfachzucker** heißen

- Glucose (Traubenzucker),
- Fruktose (Fruchtzucker) und
- Galaktose (Schleimzucker).

Traubenzucker ist als Energiespender zum Lutschen bekannt, kommt aber genauso wie Fruchtzucker auch in Obst vor.

**AUFGABE**

**Vergleichen Sie die abgebildeten Lebensmittel, die jeweils 100 Gramm Kohlenhydrate enthalten. Worin unterscheiden sie sich? Woran liegt das? Welche sind für die Ernährung von Kindern empfehlenswert, welche nicht? Warum?**

Haushaltszucker ist ein **Doppelzucker**, der aus einem Teil Traubenzucker und einem Fruchtzuckerbaustein besteht. Etwa fünf Prozent der Milch macht der Milchzucker aus, ein Doppelzucker aus Traubenzucker und Galaktose. Zwei Moleküle Traubenzucker bilden den Malzzucker.

Das Kohlenhydrat in Brot, Reis, Kartoffeln und Nudeln heißt Stärke. **Vielfachzucker** wie die Stärke bestehen aus langen Ketten von mehr als 100 bis weit über 1000 Traubenzuckerteilchen. Im menschlichen Körper gibt es einen ähnlichen Kohlenhydratspeicher, das Glykogen. Ebenfalls aus tausenden Traubenzuckerbausteinen ist die Cellulose aufgebaut, die den Pflanzenzellen ihre Stabilität gibt. Für den menschlichen Körper ist sie aber unverdaulich, ein sogenannter Ballaststoff.

**Der Beweis**
Weißbrot hat zunächst einen neutralen Geschmack. Kaut man es sehr lange, wird der Speisebrei langsam süßlich. Die Stärke im Brot besteht nämlich aus Zuckerbausteinen.

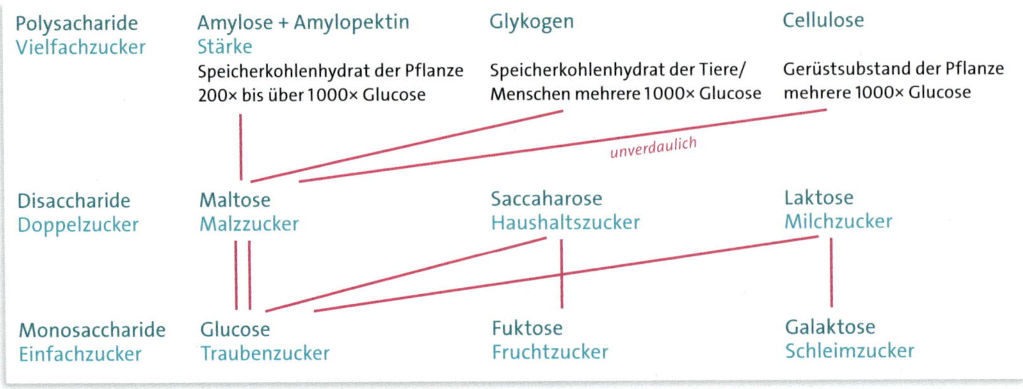


**Zucker kann, was andere nicht können**

- Zucker schmeckt! Die Vorliebe für Süßes ist Kindern angeboren, vermutlich weil es in der Welt der menschlichen Vorfahren nur sehr wenige Beeren und Wurzeln gab, die gleichzeitig süß und giftig waren.
- Zucker bindet Wasser und kann Lebensmittel haltbar machen, zum Beispiel Konfitüre.
- Zucker bräunt, er bildet Karamell, das sehr lecker schmeckt.
- Zucker ist eine wesentliche Zutat im Kuchen. Wenn er fehlt, ist Omas Rührkuchen etwa ein Drittel kleiner.
- Zucker klebt, zum Beispiel auf dem Lebkuchenhaus.
- Zucker verbessert den Geschmack: Pikante Speisen schmecken mit einer Prise Zucker interessanter.
- Zucker verschönert in Form von Zuckerguss oder Puderzucker Plätzchen, Kuchen oder Waffeln.

## Ballaststoffe

Der Begriff Ballaststoffe umfasst alle unverdaulichen Bestandteile der Nahrung. Er stammt aus einer Zeit, als man deren gesundheitlichen Wert noch nicht kannte und als hochverarbeitete Lebensmittel wie Zucker und helles Mehl selten und teuer waren. Seit dem späten 19. Jahrhundert ist der Ballaststoffverzehr stark zurückgegangen, zahlreiche sogenannte Zivilisationskrankheiten haben zugenommen.

Ausschließlich pflanzliche Lebensmittel enthalten Ballaststoffe: Getreideprodukte, besonders aus Vollkorn, Kartoffeln, Hülsenfrüchte wie Bohnen und Linsen, Gemüse und Obst, besonders Trockenobst. Ein Erwachsener sollte täglich 30 Gramm Ballaststoffe aufnehmen, das entspricht 3 Scheiben Brot aus Vollkorn oder 200 g Möhrenrohkost. Laut der DGE schaffen Männer 25 g und Frauen nur 23 g täglich.

**Grundrezept Hefeteig mit Vollkorn**
reicht z. B. für ein großes Blech Pizza

400 g Vollkornmehl
200 ml Wasser
30 g frische Hefe
1 gestr. TL Salz
4 EL Öl

alles verkneten, an einem warmen Ort gehen lassen

für süße Teige Wasser durch Milch ersetzen, etwas Fett und Zucker zugeben

Kinder benötigen mindestens 10 g Ballaststoffe pro 1000 aufgenommene kcal. 10 g Ballaststoffe sind z. B. in einem Tagesplan enthalten, der zum Frühstück ein kleines Vollkornbrötchen, mittags eine Kichererbsen-Brokkoli-Pfanne und am Nachmittag ein Brombeer-Bananen-Milchshake vorsieht.

Ballaststoffe gehören vom Aufbau her zu den Kohlenhydraten. Weil das menschliche Verdauungssystem aber kein Enzym zu ihrer Aufspaltung besitzt, verbleiben sie im Darm und entfalten dort ihre verdauungsfördernde Wirkung:

- Sie binden Wasser und erhöhen so das Stuhlvolumen, die Darmbewegung steigt, Verstopfung wird vorgebeugt (s. S. 137).
- Die zahlreichen Bakterien im Dickdarm verstoffwechseln die Ballaststoffe, vermehren sich und verbessern die Stuhlbeschaffenheit.
- Schadstoffe und Cholesterin (s. S. 107) binden sich im Darm an Ballaststoffe und gelangen nicht in den Körper, werden wieder ausgeschieden.
- Menschen mit einer hohen Ballaststoffaufnahme erkranken seltener an Herz-Kreislauf-Krankheiten.
- Da sie schon im Magen mehr Wasser binden, sättigen ballaststoffreiche Lebensmittel besser. So schützen sie auch vor Übergewicht.
- Durch die vermehrte Kautätigkeit entsteht mehr Speichel und das Zahnfleisch wird massiert – das ist gut gegen Karies.
- Nährstoffe wie Zucker gelangen langsamer ins Blut. Dies trägt zu einer gleichmäßigeren Energieversorgung bei und schützt vor der Zuckerkrankheit (Diabetes mellitus, s. S. 146).

Ballaststoffreiche Lebensmittel

Zum Vergleich:
Vier Scheiben Vollkornbrot enthalten 15 g Ballaststoffe, die gleiche Menge steckt in sieben Scheiben Vollkorntoast, 20 Scheiben hellem Toastbrot oder 15 Croissants.

Eine Kinderportion Putenbrust mit Gemüsereis bietet 3,4 g Ballaststoffe, ein Stück Vollkornpizza mit Spinat, Zwiebeln und Champignons 8,7 g.

## AUFGABEN

1. **Erklären Sie den hohen Ballaststoffgehalt von Trockenobst gegenüber frischem Obst. Welche Sorten kennen Sie?**
2. **Überprüfen Sie die Aussagen zum Wasserbindungsvermögen mithilfe von Weizenkleie. Was heißt das für die Verwendung von Vollkornmehl bei Rezepten mit hellem Mehl?**

### Getreideprodukte

Neben den klassischen Brotgetreidearten Weizen und Roggen, spielen heute auch Hafer und Gerste, Dinkel und Reis, Mais und Hirse eine Rolle. Auch wenn die Form der Ähren und Körner unterschiedlich ist, ähnelt sich der Aufbau des Getreidekorns:

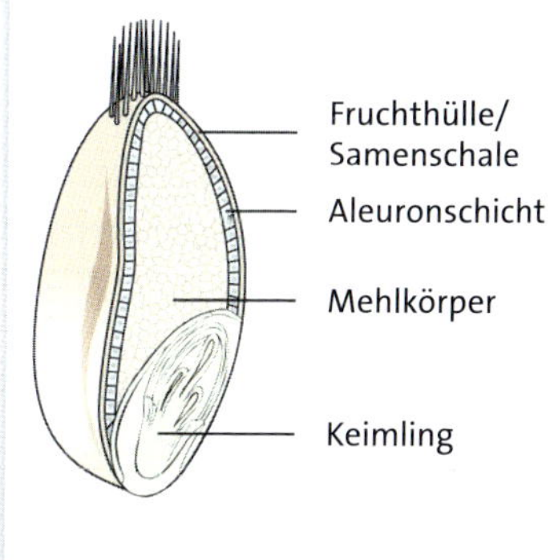


Die äußeren Schichten des Getreidekorns heißen Frucht- und Samenschale. Sie enthalten sehr viele Ballaststoffe, Mineralstoffe und Vitamine. Darunter liegt die Aleuronschicht, sie ist besonders reich an Eiweiß, Vitaminen und Mineralstoffen. Das Eiweiß des Mehlkörpers ist für die Backeigenschaften des Mehls besonders wichtig (sogenanntes Klebereiweiß). Ansonsten findet sich hier die Stärke als Hauptbestandteil des Getreidekorns. Der Keimling liefert Fett, Eiweiß, Mineralstoffe und Vitamine.

Zum Kuchenbacken wird vor allem das helle Weizenmehl verwendet. Es ist mit „**Mehltype** 405“ gekennzeichnet. Das bedeutet, dass dieses Mehl 405 Milligramm Mineralstoffe pro 100 Gramm Mehl enthält. Im hellen Mehl ist ausschließlich der Mehlkörper vermahlen, Schalen und Keimling wurden vorher entfernt.

**Typenzahl = mg Mineralstoffe pro 100 g Mehl**

Je höher die Mehltype, desto mehr wertvolle Inhaltsstoffe enthält das Mehl. Vollkornmehl enthält 100 Prozent des Getreidekorns und enthält bei Weizen etwa 1700 mg Mineralstoffe. Hier wird keine Typenzahl angegeben. Weizenmehl Type 550 enthält etwa 550 mg Mineralstoffe in 100 g Mehl. Stärke ist im rohen Zustand unverdaulich, erst durch das Garen oder mindestens Quellen von Getreide wird sie für den Körper verwertbar.

## Thiamin – Vitamin $B_1$

Getreideprodukte aus Vollkorn sind der wichtigste Thiaminlieferant. Als eins der ältesten bekannten Vitamine ist es auch unter der noch unter der Bezeichnung Vitamin $B_1$ bekannt. Es kommt in kohlenhydratreichen Lebensmitteln reichlich vor und ist für die Energiegewinnung aus Kohlenhydraten in den Zellen notwendig.

Die bekannteste Mangelerkrankung für Thiamin ist Beriberi. Der niederländische Arzt Dr. Christiaan Eijkmann erkannte die Ursache dieser schweren Nervenkrankheit bereits 1897 in Ostasien. Mit der Industrialisierung waren dort Reisschälmaschinen aufgekommen, sodass die Bevölkerung nun ausschließlich geschälten Reis verzehrte. Da Reis in Ostasien das Grundnahrungsmittel darstellt, führte die Entfernung der thiaminreichen Schale zur Mangelerkrankung.

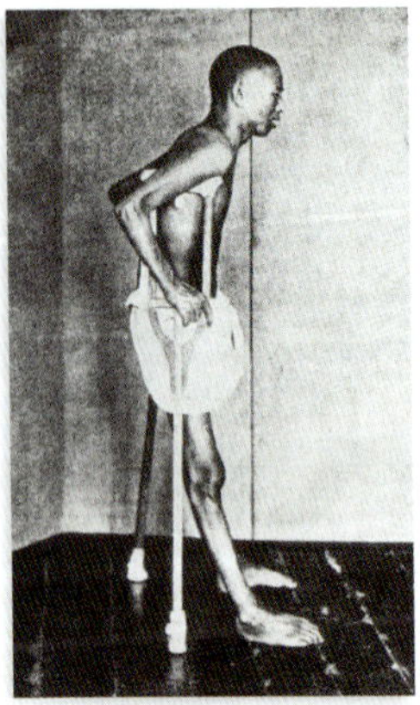

Beriberi äußert sich in Teilnahmslosigkeit, Lähmungen, Zittern, Reizbarkeit und Appetitmangel oder in Störungen des Herz-Kreislauf-Systems und verläuft unbehandelt tödlich. Obwohl geschälter Reis immer noch beliebter ist als Naturreis, ist ein schwerer Thiaminmangel heute selten. In Deutschland decken Fleisch und daraus hergestellte Produkte über ein Drittel des Thiaminbedarfs. Thiaminreiche Lebensmittel sind außerdem Kartoffeln, Hülsenfrüchte sowie Nüsse und Kerne. Diese gemischte Kost gleicht den Vitaminverlust durch das Schälen des Getreides aus. Trotzdem ist die Verwendung von Vollkornprodukten sinnvoll, um die Thiaminversorgung zu verbessern.

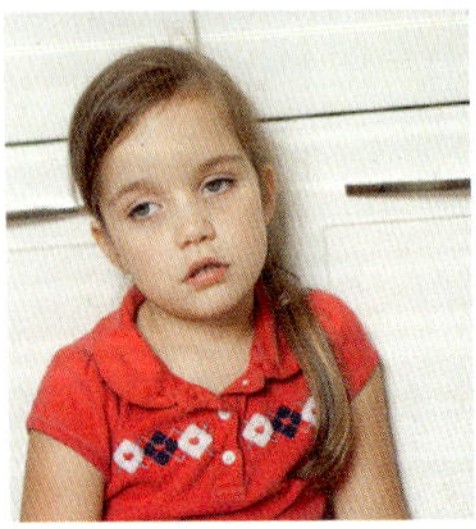

Ein geringer Thiaminmangel kann zu unklaren Symptomen wie Appetitverlust, Verdauungsstörungen, Reizbarkeit oder Depression, Schwäche und Schlaflosigkeit führen. Die schlechte Ernährung mancher Kinder und Jugendlicher zusammen mit ihrem höheren Bedarf könnten also verantwortlich für ihr teilweise schlechtes Befinden oder Trägheit sein.

Da Thiamin für die Energiegewinnung aus Kohlenhydraten notwendig ist, brauchen Personen mit hoher Energiezufuhr auch mehr Thiamin. Junge Männer zwischen 15 und 18 Jahren 1,4 Milligramm und junge Frauen 1,1 Milligramm, Vorschulkinder 0,7 Milligramm pro Tag (s. S. 73).

## AUFGABEN

1. Fassen Sie Ihr Wissen über Thiamin in Form eines Steckbriefes zusammen:
   - Nährstoffnamen
   - Aufgabe für den Körper
   - Zufuhrempfehlungen für Kita-Kinder und Grundschüler
   - Vorkommen in Lebensmitteln
   - Mangelerscheinungen
   - Risikogruppen
2. Recherchen Sie, was man unter Parboiled Reis versteht. Vergleichen Sie die Nährwerte mit geschältem und Naturreis.
3. Fassen Sie die gesundheitlichen Vorteile von Vollkorn- gegenüber Weißmehlprodukten zusammen.
4. Sammeln Sie vielfältige Rezepte mit unterschiedlichen Getreidearten. Denken Sie dabei an alle Mahlzeiten des Tages.
5. Lassen Sie sich in einer Bäckerei die Zutatenlisten verschiedener Brot- und Brötchensorten zeigen. Welches Mehl wird verwendet?
6. Stellen Sie mit den Kindern mithilfe einer Flockenquetsche selbst Flocken her. So lässt sich leckeres Müsli mit viel Spaß zusammenstellen.

7. Vergleichen Sie unterschiedliche Mehltypen und Mehlarten (z. B. Roggen und Weizen) hinsichtlich ihres Gehaltes an Energie (kJ), Stärke (Kohlenhydraten), Eiweiß, Fett, Vitamin $B_1$, Vitamin $B_6$, Calcium, Eisen, Ballaststoffen. Fertigen Sie dazu eine geeignete Tabelle an

| Mehl-type | Energie kJ | Starke g | Eiweiß g | Fett g | Vitamin $B_1$ mg | Vitamin $B_6$ mg | Calcium mg | Eisen mg | Ballaststoffe g |
|---|---|---|---|---|---|---|---|---|---|
| Weizen 405 | | | | | | | | | |

## Kartoffeln

Kartoffeln gehören in Deutschland zu den beliebtesten Grundlagen einer warmen Mahlzeit. Es handelt sich rein botanisch um die stärkereichen Knollen einer ursprünglich südamerikanischen Pflanze. Im Handel werden festkochende, von vorwiegend festkochenden sowie mehlig kochenden Kartoffeln unterschieden. Für Kartoffelsalat und Salzkartoffeln eignen sich festkochende Sorten, während Kartoffelpüree aus mehlig kochenden Kartoffeln besonders gut gelingt.

Kartoffeln tragen in Deutschland aber nicht nur zur Energieversorgung bei, sondern zum Beispiel auch zur Versorgung mit Ballaststoffen, Thiamin (Vitamin $B_1$) und Ascorbinsäure (Vitamin C) sowie den Mineralstoffen Kalium und Magnesium (s. S. 90). Auch bei Kartoffeln befinden sich die wertgebenden Inhaltsstoffe vorwiegend direkt unter der Schale, sodass Pellkartoffeln bevorzugt werden sollten. Kartoffelprodukte wie Pommes oder Kroketten aus der Fritteuse enthalten sehr viel Fett. Sie passen aber z. B. als Beilage zu magerem Fisch ohne Panade.

Keime und verfärbte Stellen sind vor dem Garen zu entfernen. Insbesondere grüne Stellen enthalten das giftige **Solanin**, das auch durch Hitze nicht zerstört wird.

**Rezept Ofenkartoffel**

Kartoffeln waschen, mit einer Gemüsebürste bürsten und in grobe Spalten schneiden. Mit etwas Öl, Salz und Rosmarin würzen, auf ein gefettetes Backblech legen und bei 180 °C im Backofen mit Umluft backen. Mit Kräuterquark servieren.

## 5.8 Gut auf den Beinen: Milchprodukte

Gut ein Kilogramm eines menschlichen Körpers besteht allein aus Calcium. Damit ist Calcium der mengenmäßig wichtigste Mineralstoff. Er ist verantwortlich für die Festigkeit und Stabilität der Knochen und Zähne. Kinder kommen mit relativ weichen Knochen zur Welt. Erst im Laufe des Wachstums lagert sich eine harte Verbindung aus Calcium und Phosphor in die eiweißreiche Grundsubstanz der Knochen ein, vorausgesetzt die Kinder ernähren sich ausgewogen (s. S. 90). Wichtig dafür sind auch Calciferole (Vitamin D). Milchprodukte enthalten beides.

## Milchprodukte

Wer in Deutschland von Milch spricht, meint in der Regel Kuhmilch. Daneben gibt es aber auch Milch, Joghurt und Käse von Schafen und Ziegen. Vollmilch besteht je nach Rinderrasse aus etwa 3,5 % Fett, 3,5 % Eiweiß und 5 % Kohlenhydraten. Der Milchzucker Laktose ist ein Doppelzucker aus Glucose und Galaktose.

**Milchzucker** kann gelegentlich Unverträglichkeiten auslösen. Auch Kuhmilchallergien gibt es bei Kindern relativ häufig, diese Reaktion richtet sich allerdings gegen Eiweißbestandteile der Milch (s. S. 152)

Milchprodukte finden sich in der Ernährungspyramide als drei Portionen der gelben Ebene. Käse auf dem Brot gehört ebenso dazu wie ein Glas Milch oder Kakao für Kinder oder der Joghurt zwischendurch. Als Durstlöscher ist Milch weniger geeignet, da sie recht viel Fett und damit Kalorien enthält. Das Forschungsinstitut für Kinderernährung empfiehlt die Verwendung von fettarmen oder teilentrahmten Milch- und Joghurtsorten mit 1,5 % Fett. Quark entsteht aus Milch, die durch Zugabe von Milchsäurebakterien oder Lab gerinnt. Als Vorstufe der Käseherstellung ist er in den dabei üblichen Fettgehaltsstufen von der Magerstufe über Viertelfett-, Halbfett-, Fett-, Vollfett-, Rahm- bis hin zur Doppelrahmstufe erhältlich. Die Angabe **Fett i. Tr.** bei Quark und Käse bedeutet „Fett in der Trockenmasse". Der Fettgehalt pro 100 Gramm hängt jedoch von der Reife des Käses ab und ist meist wesentlich geringer. Ein Maaslander mit 45–50 % Fett i. Tr. zum Beispiel enthält pro 100 Gramm nur 31,4 Gramm Fett.

Neben dem Fettgehalt unterscheidet sich die Milch auch in ihrem Verarbeitungsgrad. Verpackte Milch im Supermarkt ist fast immer **homogenisiert**. Das heißt, das Milchfett wurde durch feine Düsen in kleinste Tröpfchen verteilt, sodass es sich nicht an der Oberfläche absetzt („aufrahmt").

Die Molkereien behandeln die Milch mit verschiedenen **Erhitzungsverfahren**, um unerwünschte und krank machende Keime abzutöten:

- Pasteurisieren (Frischmilch) 15–30 Sekunden bei 72–75 °C
- Hocherhitzen und/oder Mikrofiltration („länger frisch" oder ESL-Milch für Extended Shelf Life) 1–2 Sekunden bei 85–125 °C
- Ultrahocherhitzen (H-Milch) 1–4 Sekunden bei mindestens 135 °C
- Sterilisieren (Sterilmilch, Kondensmilch) 10–30 Minuten bei 110 bis 120 °C

Je länger und höher die Milch erhitzt wird, desto länger hält sie sich, zum Teil sogar ungekühlt (H- und Sterilmilch). Leider zerstört das auch wichtige Vitamine, wie das Riboflavin (Vitamin $B_2$), das in Milch reichlich vorhanden ist. Außerdem entsteht ein etwas unangenehmer Kochgeschmack.

Ab Hof oder in manchen Fachgeschäften gibt es auch sogenannte **Roh- oder Vorzugsmilch**, die gar nicht behandelt ist. Sie ist nur sehr kurz haltbar. Für Kleinkinder und Schwangere sind solche Produkte aber nur geeignet, wenn sie vorher abgekocht werden.

Ein Experiment:
In ein Glas Milch werden einige Tropfen Zitronensaft gegeben. Da tut sich was: die Milch bildet weiße Flocken. Durch eine Kaffeefiltertüte gegossen, trennen festere Stoffe im Filter und eine Flüssigkeit im darunter befindlichen Glas. Im Filter ist Quark, im Glas Molke. Beide Produkte stehen auch verpackt im Supermarktregal.

Quark und Molke

**Rezept für einen calciumreichen Brotaufstrich**

70 g Gartenkresse auf 100 g Speisequark, fein gewürzt, enthält 250 mg Calcium

## Calcium

Milchprodukte zählen zu den wichtigsten Calciumquellen. Weil Calcium im Körper reichlich vorkommt, zählt es zu den Mengenelementen unter den Mineralstoffen. Kinder bis sieben Jahre benötigen pro Tag 750 mg, bei Jugendlichen steigert sich dieser Bedarf auf 1,2 Gramm (vgl. Tabelle S. 90). Diese Zufuhrempfehlung wird meist nicht erreicht.

Calcium ist neben seiner Funktion für die Knochenstabilität unter anderem auch an der Blutgerinnung, an der Reizleitung der Nerven und an der Muskelkontraktion beteiligt. Deshalb mobilisiert der Körper den Stoff aus seinen Knochenreserven, sobald der Blutcalciumspiegel absinkt. Die Hormone Calcitonin, Parathormon und Calciferole (Vitamin D) halten den Blutcalciumspiegel konstant. Entziehen sie den Knochen auf Dauer mehr Calcium als sie wieder einbauen, werden die Knochen brüchig und porös: Osteoporose ist eine häufige Krankheit, die zu Knochenbrüchen am Oberschenkelhals oder den Wirbeln führt. Dieser Calciummangelerkrankung gilt es schon im Kindes- und Jugendalter vorzubeugen, denn der Knochenaufbau ist mit etwa 30 Jahren abgeschlossen.

| Milch und Milchprodukte | | mg Calcium |
|---|---|---|
| 1 Becher | Buttermilch (500 ml) | 545 |
| 1 Glas | Trinkmilch (1,5 % Fett) 200 ml | 240 |
| 1 Glas | Mandelmilch | 200 |
| 1 Portion | Sojamilch (angereichert) | 200 |
| 1 Becher | Joghurt (1,5 % Fett) 150 g | 170 |
| 2 Scheiben | Emmentaler (45 % Fett i. Tr.) 60 g | 617 |
| 2 Scheiben | Gouda (45 % Fett i. Tr.) 60 g | 480 |
| 2 Scheiben | Edamer (40 % Fett i. Tr.) 60 g | 480 |
| 2 Esslöffel | geriebener Parmesankäse 30 g | 353 |
| 1 Portion | Mozzarella 125 g | 562 |
| 1 Portion | Magerquark 250 g | 230 |
| 1 Portion | Skyr 125 g | 130 |
| 1 Portion | Camembert (45 % Fett i. Tr.) 60 g | 360 |
| 1 Scheibe | Ziegenkäse 30 g | 210 |
| 1 Stück | Schafskäse 100 g | 500 |
| **Gemüse** | | |
| 1 Portion | Kohlrabi 200 g | 136 |
| 1 Portion | Grünkohl 200 g | 424 |
| 1 Portion | Broccoli 200 g | 170 |
| 1 Portion | Lauch 200 g | 126 |
| 1 Portion | Gartenkresse 70 g | 161 |
| 1 Portion | Grüne Bohnen 200 g | 112 |
| 1 Portion | Rucola 75 g | 120 |

Unter den Lebensmitteln sind Milchprodukte die Calciumlieferanten Nummer eins. Milchprodukte wie Milch, Joghurt und Käse, aber auch bestimmte Gemüsesorten wie Brokkoli, Fenchel und Grünkohl sowie Vollkornprodukte, Mandeln und calciumreiche Mineralwässer liefern reichlich Calcium.

Calciumhaltige Mineralwässer enthalten über 500 mg Calcium pro Liter und sind entsprechend gekennzeichnet.

Der Calciumstoffwechsel kann durch eine zu hohe Phosphataufnahme gestört werden. Phosphat kommt in vielen Fertiggerichten, Fast Food, Cola, Chips, Schmelzkäse sowie Wurstwaren etc. vor. Produkte, die nicht jeden Tag auf einen Speiseplan gehören (s. a. ADHS S. 51).

Um 750 mg Calcium aufzunehmen, könnte der Tagesplan für ein Kind so aussehen:

| | |
|---|---|
| 1 Becher 150 g | Naturjoghurt |
| + 1 Glas 200 ml | Milch |
| + 1 Scheibe 60 g | Gouda |
| + 1 Portion 200 g | grüne Bohnen |

## Mineralstoffe

Etwa sieben Prozent der menschlichen Körpermasse sind Mineralstoffe. Hauptsächlich dienen **Calcium-** und **Phosphat**verbindungen als Baustoffe der Knochen und Zähne. Mineralstoffe sind anorganisch und lösen sich gut in Wasser. Der Körper kann sie weder produzieren noch abbauen, es geht aber mit dem Urin eine bestimmte Menge an Mineralien verloren. Denn Wasser ist immer an die Anwesenheit von Mineralstoffen gebunden. Elektrolyte wie **Natrium** und **Kalium** regulieren den Flüssigkeitsgehalt in Zellen und damit die Gewebespannung. **Eisen** ist für den Sauerstofftransport mithilfe von Hämoglobin in den roten Blutkörperchen unerlässlich. Andere Mineralstoffe sind wichtig für die Funktion von Enzymen und Hormonen und damit für die Regulation des Stoffwechsels. Nach der benötigten Menge lassen sich Mengen- und Spurenelemente unterscheiden. Manche Elemente wie Blei oder Quecksilber wirken auch toxisch.

Wichtig nicht nur bei veganer Ernährung: In den ersten zwei Lebensjahren spielt Eisen für die Gehirnreifung eine wichtige Rolle.

Der Bedarf an Mineralstoffen lässt sich durch eine vollwertige Ernährung normalerweise decken. Eine Ausnahme bilden **Jod** und Fluor, deren Gehalt im Trinkwasser je nach Region oft zu gering ist. Um den Jodbedarf zu decken empfiehlt es sich, ein bis zwei Portionen Seefisch pro Woche zu verzehren und bei der Zubereitung von Lebensmitteln auf jodiertes Salz zurückzugreifen. Bei verarbeiteten Lebensmitteln oder in der Gastronomie und Gemeinschaftsverpflegung sollte auf die Verwendung von jodiertem Salz geachtet werden. Bei **Fluor** hängt es vom Trinkwasser ab, ob fluoridiertes Salz oder sogar Fluoridtabletten zu empfehlen sind. Salz eignet sich als Träger zur kontrollierten Mineralstoffergänzung gut, weil die zugeführte Menge relativ konstant ist.

Eine Vielfalt von Gemüse und Obst führt zu einer größeren Mineralstoffaufnahme. Dekoratives Anrichten reizt Kinder zum Probieren.

### Mineralstoffe: Bedarf, Vorkommen und Aufgaben im menschlichen Körper

| Mineralstoffe | Vorkommen in Lebensmitteln | Aufgaben im menschlichem Körper |
|---|---|---|
| Natrium | Käse, Kochsalz, Wurst | Gewebsspannung in Blut und Gewebsflüssigkeit, Wasserhaushalt |
| Kalium | Kartoffeln, Getreide, Obst, Gemüse | Gewebsspannung in den Körperzellen |
| Calcium | Milch, Milchprodukte, Eigelb, grünes Gemüse, Brot | Knochen und Zähne aufbauen, Durchlässigkeit der Zellwände, Blutgerinnung, normale Erregbarkeit von Muskeln und Nerven |
| Phosphor | Milch, Milchprodukte, Eigelb, Fleisch, Hülsenfrüchte | Baustein für Knochen und Zähne, Energiestoffwechsel |
| Magnesium | Alle grünen Gemüsesorten (Blattgrün), Fleisch | Bestandteil von Enzymen, normale Erregbarkeit von Muskeln und Nerven |
| Eisen | Fleisch, Eidotter, Gemüse, Brot, Backwaren, Leber | Sauerstofftransport im Blut, Bildung von Hämoglobin |
| Jod | Fisch, Weizen, Milch, Salat | Bestandteil der Schilddrüsenhormone, normaler Grundumsatz |
| Fluorid | Seefisch, Schwarzer Tee | Zahnschmelzhärtung, Kariesschutz |
| Zink | Rindfleisch, Erbsen, Hafer, Weizen | Insulinaufbau, Bestandteil von Enzymen |

### Empfohlene Mineralstoffzufuhr pro Tag

| | Säuglinge 4–11 Monate | Kinder 1–3 Jahre | Kinder 4–7 Jahre | Jugendliche 15–19 Jahre |
|---|---|---|---|---|
| Natrium mg | 200 | 400 | 500 | 1500 |
| Kalium mg | 600 | 1100 | 1300 | 4000 |
| Calcium mg | 330 | 600 | 750 | 1200 |
| Phosphor mg | 300 | 500 | 600 | 1250 |
| Magnesium mg | 60 | 80 | 120 | m 400 w 350 |
| Eisen mg | 8 | 8 | 8 | m 12 w 15 |
| Jod mg | 80 | 100 | 120 | 200 |
| Fluorid mg | 0,5 | 0,7 | 1,1 | m 3,2 w 2,9 |
| Zink mg | 2,0 | 3,0 | 5,0 | m 10,0 w 7,0 |

## Cholecalciferol – Vitamin D

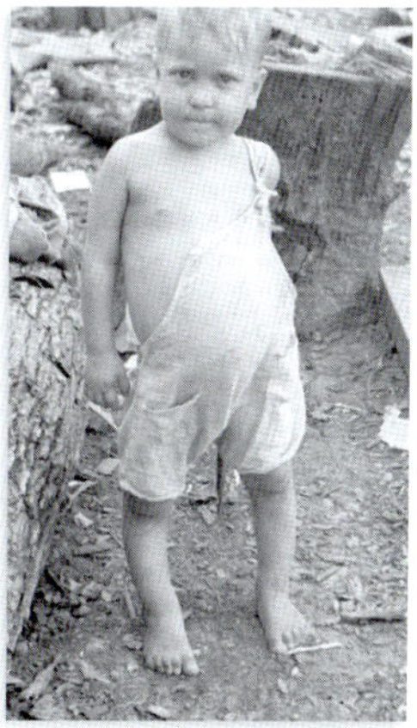

Werden die Knochen von Kleinkindern nicht ausreichend mineralisiert, bleiben sie weich und verformen sich. Verkrümmte Beine und verdickte Knochenverbindungen sind die Folge (Rachitis). Die Ursache ist jedoch nicht primär Calciummangel, sondern ein Mangel an Vitamin D, dem Cholecalciferol.

Dieses Vitamin verbessert im Dünndarm die Calcium-Resorption aus der Nahrung ins Blut. Außerdem kann Vitamin-D-Mangel zu einer erhöhten Infektanfälligkeit und depressiven Verstimmungen führen. Vitamin D ist kein typisches Vitamin, weil es der Körper selbst aufbauen kann. In der Haut entsteht es durch Sonneneinstrahlung aus bestimmten Vorstufen. Für hellhäutige Menschen genügt im Sommer etwa eine Viertelstunde Aufenthalt im Freien pro Tag auch bei bedecktem Himmel. Menschen mit stark pigmentierter Haut, Säuglinge und Stubenhocker mit einseitiger Ernährung können trotzdem mangelhaft versorgt sein.

Säuglinge erhalten deshalb von der zweiten Lebenswoche an eine vorbeugende Vitamin-D-Gabe als **Rachitisprophylaxe** in Tablettenform (12,5 Mikrogramm). Die Tabletten zerfallen schnell im Mund oder können auch ins Fläschchen gegeben werden. Meist enthalten sie auch Fluor, das der Vorbeugung von Karies (s. S. 7) dient. Erst nach dem zweiten Winter ist diese zusätzliche Versorgung nicht mehr nötig.

Neben der Eigensynthese in der Haut erhalten Kinder, Jugendliche und Erwachsene mit einer abwechslungsreichen Ernährung ausreichend Vitamin D aus Milchprodukten, fettem Seefisch, Eiern und Pilzen. Die DGE empfiehlt Kindern, Jugendlichen und Erwachsenen 20 Mikrogramm pro Tag aufzunehmen, eine winzige, aber unentbehrliche Menge, bei ausreichend Aufenthalt in der Sonne weniger.

Empfohlene Vitamin D-Zufuhr:
20 µg = 20 /1000 000 g

### AUFGABEN

1. Vergleichen Sie im Supermarkt das Milchangebot: Wie viele Tage hält sich bis zum Mindesthaltbarkeitsdatum frische Milch, wie lange die „länger frische“, wie lange H-Milch? Was kosten sie pro Liter? Welche Sorten gibt es noch? Welche Milch würden Sie für Kinder einkaufen?
2. Stellen Sie aus Milch und Naturjoghurt selbst Joghurt her. Finden Sie vorher heraus, was Sie beachten müssen. Erstellen Sie nach der Methode „Autorenlernen“ dafür ein Drehbuch und ein Lernvideo.
3. Kaufen Sie Käse verschiedener Fettgehaltsstufen und Reifegrade ein und beschreiben Sie den Geschmack. Notieren Sie bei Ihrer Gegenüberstellung auch den Preis pro 100 Gramm und den absoluten Fettgehalt (s. Nährwerttabelle ).

## 5.9 Groß und stark: Fleisch, Fisch, Ei

Vor allem die Lebensmittel der gelben Ebene in der Ernährungspyramide liefern dem Körper **Eiweiß**: Milch, Fleisch, Fisch und Ei sowie die daraus hergestellten Produkte. Wissenschaftler sprechen statt Eiweiß von Protein. Neben den tierischen erbringen jedoch auch pflanzliche Lebensmittel einen wichtigen Beitrag zur Eiweißversorgung, zum Beispiel die Gruppe der Getreide- und Kartoffelprodukte. Unter den Obst- und Gemüsesorten sind es die Hülsenfrüchte, die sehr viel hochwertiges Eiweiß enthalten.

→ Hülsenfrüchte s. S. 76

Vor allem die tierischen Eiweißträger sind wertvolle Lebensmittel, die dem Körper neben Eiweiß auch wichtige Vitamine und Mineralstoffe liefern. So ist eine ausreichende Calcium-Versorgung ohne Milchprodukte kaum möglich, Fleisch enthält besonders viel gut verfügbares Eisen für die Blutbildung und Meeresfische bringen Jod für die Schilddrüse mit (s. Mineralstofftabelle).

Je nach Zubereitung und verzehrter Menge sind die tierischen Eiweißlieferanten jedoch auch fett- und damit energiereich. Tierische Fette enthalten gesättigte Fettsäuren und Cholesterin. Sie werden in Deutschland übermäßig verzehrt und können Herz-Kreislauf-Erkrankungen (mit-)verursachen (s. S. 107). Auch aus gesundheitlichen Gründen lohnt es sich deshalb bei den Eiweiß liefernden Lebensmitteln auf Abwechslung zu achten.

### Eiweiß als Baustoff

**AUFGABE**

Schauen Sie in der Nährwerttabelle den Fettgehalt von Eiweißlieferanten nach: Notieren Sie für jede Gruppe fettarme und -reiche Lebensmittel.

Ketten von mehr als 1000 **Aminosäuren** bilden die Grundstruktur der Eiweiße. Dass es 20 verschiedene Aminosäuren mit ganz unterschiedlichen Eigenschaften gibt, erklärt die Vielfalt der Eiweiße in Pflanzen, Tieren und Menschen.

Dem menschlichen Körper dient Eiweiß in erster Linie als Baustoff. Ein Viertel bis ein Drittel des Körpergewichts bestehen aus Eiweißen. Zu ihren Aufgaben im Körper gehören der Aufbau und die Funktionsfähigkeit der Muskulatur, sie bilden die Grundstruktur von Knochen und Bindegewebe, Haut, Haaren und Nägeln. Aber auch die komplizierten Vorgänge im Nervensystem sowie das Funktionieren von Enzymen und Hormonen sind ohne Eiweiße nicht denkbar.

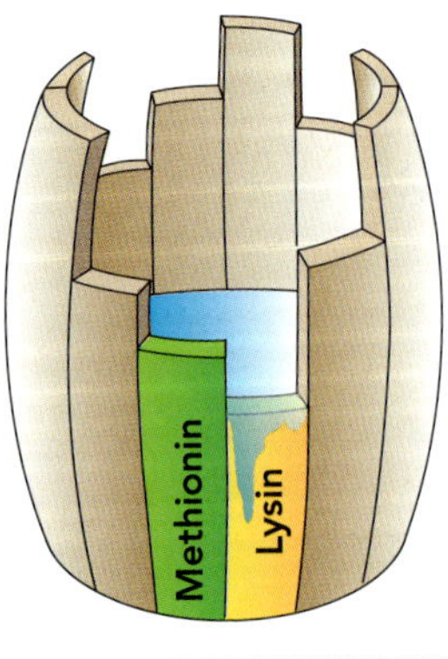


Fassmodell: Beim Weizen ist Lysin die begrenzende Aminosäure für den Aufbau von Körpereiweiß

Neun der zwanzig Aminosäuren bezeichnet man als **unentbehrlich** (früher: essenziell). Der Körper kann sie nicht selbst aufbauen und ist auf regelmäßige Zufuhr durch die Nahrung angewiesen. Bei einseitiger Ernährung kann die sogenannte **begrenzende Aminosäure** den Eiweißaufbau stoppen: Das Fass „Körpereiweiß“ kann nur so weit gefüllt werden, wie das kürzeste Holz reicht (s. Abbildung). Die elf „entbehrlichen“ Aminosäuren sind jedoch als Grundsubstanz des Körperaufbaus ebenfalls wichtig.

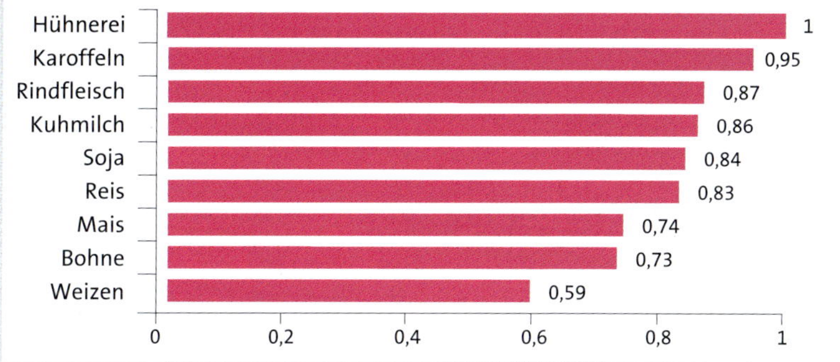


Biologische Wertigkeit von Nahrungseiweiß

Die **Biologische Wertigkeit** von Nahrungseiweiß gibt an, wie viel Gramm Körpereiweiß daraus gebildet werden kann. Der Vergleich zeigt, dass tierisches Eiweiß in der Regel eine höhere Biologische Wertigkeit besitzt als pflanzliches. Je ähnlicher das Nahrungseiweiß dem Körpereiweiß ist, desto höher ist die Biologische Wertigkeit.

Die Biologische Wertigkeit 0,86 von Kuhmilcheiweiß bedeutet, dass aus 1 g Milcheiweiß 0,86 g Körpereiweiß aufgebaut werden können. Ein Glas Milch (200 ml) liefert 8 g Eiweiß, aus dem bis zu 8 g × 0,86 = 6,88 g Körpereiweiß entstehen.

Bei den in Deutschland üblichen Essgewohnheiten ist es selten, dass in einer Mahlzeit nur ein einziger Eiweißlieferant vorkommt. Im Käsebrot ergänzen sich zum Beispiel die pflanzlichen Eiweiße aus dem Getreide mit dem Milcheiweiß im Käse. Durch solche Kombinationen verschiedener Eiweißträger gleichen sich die begrenzenden Aminosäuren aus, sodass die biologische Wertigkeit stark ansteigt: Man spricht vom **Ergänzungswert** der eiweißreichen Lebensmittel. Den besten Ergänzungswert ergibt die Kombination von Kartoffeln und Ei.

| **Kombinationen mit gutem Eiweißergänzungswert** | |
|---|---|
| Getreideprodukte + | Milch, Ei, Fleisch, Fisch, Hefe, Hülsenfrüchte |
| Kartoffeln + | Milch, Ei, Fleisch, Fisch |
| Hülsenfrüchte + | Milch, Ei, Fleisch, Getreideprodukte |

Beispiele für Mahlzeitenzusammenstellungen mit gutem Ergänzungswert für Kinder:

- Milchreis
- Bauernfrühstück
- Linseneintopf mit Brot

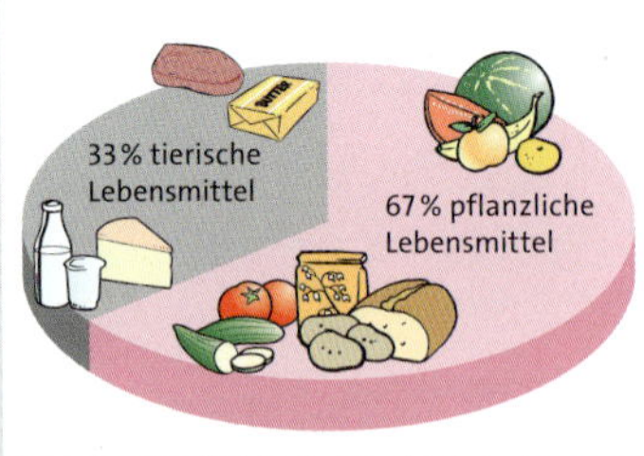


Empfohlene Eiweißbedarfsdeckung

In einem Insekten-Burger können mehr als 20 g Eiweiß stecken:
Durchschnittliche Nährwerte pro 100 g

- Energie 1180,0 KJ/282 kcal
- Fett 19,0 g davon gesättigte Fettsäuren 2,1 g
- Kohlenhydrate 4,5 g davon Zucker 1,4 g
- Eiweiß 20,8 g
- Salz 1,6 g

Sie kommt für Menschen mit schweren Nierenerkrankungen sogar als Diät in Frage, da sie nur sehr wenig (und deshalb hochwertiges) Eiweiß aufnehmen dürfen. Insgesamt gilt eine Deckung des Eiweißbedarfs zu zwei Dritteln durch pflanzliche und zu einem Drittel durch tierische Lebensmittel als empfehlenswert.

Der menschliche Körper erneuert seine Zellen regelmäßig. Ein rotes Blutkörperchen zum Beispiel hat eine Lebensdauer von 120 Tagen. Neben diesem Eiweiß für die Erhaltung des Körpers ist der Nährstoff zum Beispiel auch für das Wachstum von Haaren und Fingernägeln oder für die Wundheilung wichtig. Deshalb benötigen auch Erwachsene täglich Eiweiß: 0,8 Gramm pro Kilogramm Körpergewicht; das sind für einen 70 Kilo schweren Mann 56 Gramm pro Tag.

| Empfohlene Eiweißzufuhr | | |
|---|---|---|
| | g/kg KG/Tag | g/Tag |
| Säuglinge | 1,3 | 8–11 |
| 1–3 Jahre | 1,0 | 14 |
| 4–6 Jahre | 0,9 | 18 |
| 15–18 Jahre | 0,8–0,9 | 48–62 |
| Erwachsene | 0,8 | 48–57 |

Kinder brauchen insgesamt weniger Eiweiß, aber im Verhältnis zu ihrem geringeren Körpergewicht mehr. Denn Kinder und Jugendliche im Längenwachstum bauen noch neue Körpersubstanz auf.

## Fleisch und Wurstwaren

Der Begriff Fleisch umfasst alle verzehrbaren Teile von Säugetieren und Vögeln, die für die Ernährung des Menschen geeignet sind. Dazu gehört nicht nur das Muskelgewebe, sondern auch Fett- und Bindegewebe sowie bestimmte Innereien wie Leber, Herz und Nieren.

Neben Eiweiß liefern Fleisch und Wurstwaren dem Menschen auch besonders gut verfügbares **Eisen**, das er für den Sauerstofftransport mithilfe von Hämoglobin im Blut benötigt (s. S. 90). B-Vitamine sind ebenfalls reichlich vorhanden. Da der Nährstoffgehalt der Fleischarten unterschiedlich ist, gilt eine abwechslungsreiche Verwendung von Schwein, Rind und Geflügel als empfehlenswert. Fettreiche und stark gesalzene Produkte sollte man eher selten verzehren. Innereien wie Leber können wichtige Beiträge zur Vitaminversorgung leisten, aber auch mit unerwünschten Stoffen belastet sein. Aus ökologischer Sicht ist die Verwertung des ganzen Tieres sinnvoll. Insgesamt empfiehlt die DGE einen Verzehr von nicht mehr als 300 bis 600 Gramm Fleisch und Wurstwaren pro Woche, Für Kinder unter drei Jahren lautet die Empfehlung 245 g Fleisch und fettarme Wurst und 35 g Seefisch wöchentlich.

Fleisch ist durch seinen hohen Wasser- und Eiweißgehalt empfindlich für den Verderb durch Mikroorganismen. Viele traditionelle Verarbeitungsformen wie Pökeln oder die Herstellung von Würsten haben neben dem Genuss auch mit der verbesserten Haltbarkeit zu tun. Frisches Fleisch trägt als abgepacktes Produkt ein **Verbrauchsdatum**. Ist dieses überschritten, sollte das Fleisch nicht mehr verzehrt werden. Lose verkauft sollte Hackfleisch noch am selben Tag zubereitet oder verzehrt werden, größere Fleischstücke halten sich bei 0 bis 4 Grad im Kühlschrank bis zu vier Tage. Ebenfalls aus hygienischen Gründen ist rohes Fleisch immer abzudecken und sorgfältig getrennt von anderen Lebensmitteln zu lagern und zu verarbeiten.

### Fisch

Bei den Fischen unterscheidet man zwischen Süß- und Salzwasserfischen einerseits sowie mageren und Fettfischen andererseits. Dabei enthalten Magerfische weniger als zwei Prozent Fett, Fettfische jedoch auch nur 11 bis 15 Prozent, Buttermakrele 23 und Aal 24,5 Prozent Fett.

Das Fett von Fischen enthält wertvolle **Omega-3-Fettsäuren**, die zurzeit als „Schlaumacher“ für Kinder hoch gehandelt werden. Richtig ist, dass diese mehrfach ungesättigten Fettsäuren (s. S. 103) für die Entwicklung des Gehirns und den Sehvorgang bereits im Mutterleib unerlässlich sind. Neben fetten Seefischen wie Hering, Lachs und Makrele liefern aber auch hochwertige Pflanzenöle aus Walnuss, Soja, Leinsamen oder Raps Omega-3-Fettsäuren.

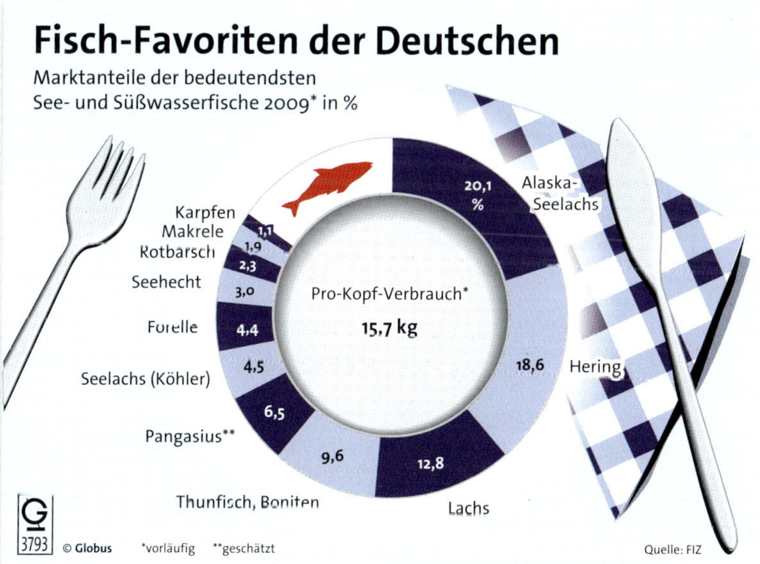


Der Handel bietet inzwischen auch Zuchtfische (beispielsweise Lachs, Forelle, Karpfen, Shrimps) an, die nach den Richtlinien des ökologischen Landbaus zertifiziert sind (s. S. 133).

**Fischauflauf**

1 kg Seefisch in eine gefettete Auflaufform geben

Soße aus 1 gewürfelten Zwiebel, 4 EL Tomatenmark, Saft einer halben Zitrone, viel Rosenpaprika und einem Bund gehackter Petersilie, ¼ l Sahne sowie Salz und Pfeffer kalt anrühren und darüber geben. 100 g geriebenen Käse darüber verteilen und ca. 40 Minuten bei 180 Grad überbacken.

Dazu schmecken selbst schon den Kleinsten Salzkartoffeln und Möhrenrohkost.

Das Spurenelement **Jod** benötigt der menschliche Körper vor allem für die Schilddrüse. Dieses schmetterlingsförmige Organ liegt unterhalb des Kehlkopfes und reguliert mit seinen Hormonen vor allem den Energiestoffwechsel, Herzrhythmus und Blutdruck, Wachstum und die Gehirnentwicklung. Die DGE empfiehlt zur Jodversorgung 1–2 Portionen Seefisch pro Woche sowie ausreichend Milch und Milchprodukte zu verzehren. Im Haushalt, aber auch beim Einkauf von Brot und Wurstwaren oder beim Essen in Kita und Schule sollte auf den Einsatz von jodiertem (und fluoridiertem) Speisesalz geachtet werden. Schwangere und Stillende können ihren erhöhten Jodbedarf kaum durch Lebensmittel und Jodsalz allein decken. Deshalb sind bei ihnen Jodtabletten angeraten.

Der Marine Stewardship Council ist eine internationale unabhängige Organisation, die der Überfischung vieler Fischbestände entgegentreten will. Das von ihr verliehene MSC-Siegel weist auf nachhaltigen Fischfang hin. Das heißt, zertifizierte Fischereien und fischverarbeitende Unternehmen schützen die Fischbestände sowie deren Lebensraum. Umweltorganisationen kritisieren diese Standards als zu schwach und empfehlen nur noch wenige Fischarten aus bestimmten Fanggebieten zum uneingeschränkten Genuss.

ZERTIFIZIERTE NACHHALTIGE FISCHEREI MSC www.msc.org/de

## Eier

Sich mit Eiern zu beschäftigen, bietet sich gerade in der Osterzeit an. Entwickeln Sie Spiel- und Lernangebote für Kinder rund um Eier. Wie können Sie dabei der Vermehrung von Salmonellen entgegen wirken?

Hühnereier gehören zu den nährstoffreichsten Lebensmitteln. Sie enthalten Vitamine, auch fettlösliche, Mineralstoffe sowie hochwertiges Eiweiß. Der Eidotter ist aber auch reich an Fett und Cholesterin. Daher empfehlen Ernährungswissenschaftler, nicht mehr als drei Eier pro Woche zu verzehren, inklusive der verarbeiteten in Kuchen, Keksen und Aufläufen. Eier von anderen Vögeln wie Gänsen oder Enten eignen sich ebenfalls zum Verzehr.

Viele Verbraucher achten darauf, dass die Legehennen möglichst artgerecht gehalten werden. Der **Erzeugercode** weist das Haltungssystem an erster Stelle aus:
0 = Eier aus ökologischer Produktion:
Freilandhaltung mit Futter aus ökologischem Anbau
1 = Freilandhaltung
2 = Bodenhaltung
3 = Kleingruppenhaltung

Der Code gibt Aufschluss über das Herkunftsland bis hin zum einzelnen Stall, in dem das Ei gelegt wurde.

Die Eischale schützt das Ei, sodass Hühnereier auch ungekühlt haltbar sind. Zuhause lagert man sie jedoch im Kühlschrank, meist in der Tür, wo es weniger kühl ist als zum Beispiel auf der Glasplatte. Aus hygienischen Gründen ist auch ein Abstand zu pflanzlichen und zubereiteten Lebensmitteln zu empfehlen, da Eier mit Salmonellen belastet sein können.

Zwischen Legezeitpunkt und Mindesthaltbarkeitsdatum liegen immer 28 Tage. Danach sollten Eier nur noch durchgegart, also vollständig gekocht oder gebacken, verzehrt werden. Sie sind für viele Gerichte wie Kuchen und Frikadellen als Bindemittel wichtig. Ein frisches Ei hat nur eine kleine Luftblase und sinkt daher in Wasser ab, während ein älteres Ei aufsteigt. Aufgeschlagen zeigt ein frisches Ei zwei abgegrenzte Eiklarfraktionen, ein älteres nur eine. Backergebnis und Eischnee gelingen bei frischen Eiern besser.

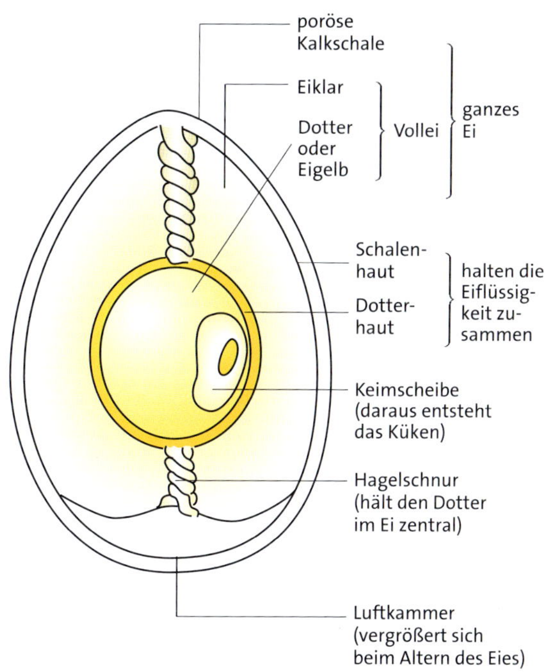


## Wochenspeiseplan

Noch vor wenigen Jahrzehnten gab es für jeden Wochentag typische Tätigkeiten und Gerichte. Am Samstag zum Beispiel stand ein Eintopf oder ein anderes Restegericht auf dem Tisch und die Familie hat gebadet. Heutzutage duschen viele Menschen täglich und manche wechseln beim Essen nur noch zwischen Nudeln, Burger und Tiefkühlpizza ab. Aus gesundheitlicher Sicht, aber auch für das seelische Wohlbefinden ergibt es Sinn, bestimmte Traditionen einzuhalten. Die Lebensmittelauswahl folgt einfachen Regeln und ist meist abwechslungsreicher. Vielfalt ist vor allem bei den eiweißreichen Mahlzeitenbestandteilen, aber auch bei den sogenannten Sättigungsbeilagen (Kohlenhydratlieferanten) und der Obst oder Gemüsekomponente gesundheitsförderlich, denn kein Lebensmittel liefert allein alle notwendigen Nährstoffe. Daneben können Menschen die Esskultur und besondere Festtage so mit allen Sinnen erfahren. Eine wiederkehrende Tages- und Wochenstruktur erhöht das Gefühl von Sicherheit, aber auch die Vorfreude auf das Besondere. Kinder, Menschen mit Behinderungen und alte Menschen profitieren sehr davon.

Checkliste zur Gestaltung eines Wochenspeiseplans

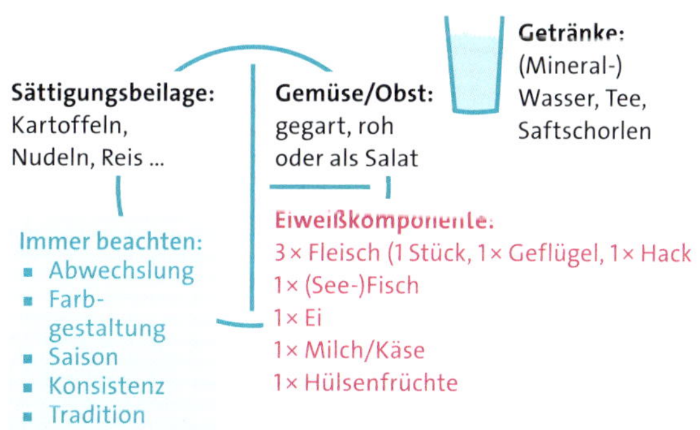

### Wochenspeiseplan

In Deutschland ist es üblich, die warme Mahlzeit mittags einzunehmen und zum Frühstück und Abendessen Brot zu essen. Abends warm zu essen kann jedoch praktischer und genauso gut sein. Der Wochenspeiseplan konzentriert sich auf die warme Mahlzeit. Wie beim Tageskostplan (s. S. 64) ist der Teller in drei Teile eingeteilt. Die Sättigungsbeilage liefert dem Körper Energie in Form von Kohlenhydraten und bildet damit das größte Tellersegment. Hier wechseln sich Kartoffeln, Reis und Nudeln ab, es kann aber je nach Gericht auch einmal Brot oder andere Getreideprodukte wie Bulgur, Hirse oder Couscous geben. Besonders vorteilhaft sind fettarme Zubereitungen, z. B. Salzkartoffeln, und Vollkornprodukte wie Naturreis. Obst oder Gemüse gehört ebenfalls zu jeder Mahlzeit. Neben den vielfältigen Sorten bringen hier Variationen der Zubereitung Abwechslung: Roh, als Salat, gedünstet, im Eintopf oder überbacken – lecker zubereitet essen die meisten Menschen Gemüse gern.

Die Eiweiß liefernden Lebensmittel unterscheiden sich in ihrem Nährstoffgehalt so stark, dass hier besonders auf Abwechslung zu achten ist. Die Angabe der Häufigkeit pro Woche ist zwar nur ein Anhaltspunkt, kommt jedoch den Verzehrsgewohnheiten entgegen und unterstützt die gesunde Vielfalt. In der vollwertigen Mischkost gibt es drei Mal pro Woche Fleisch. Meist am Sonntag gibt es traditionell ein Stück Braten, ein gebratenes Schnitzel oder eine Roulade. Auch Geflügel als meist fettarmes Fleisch sollte einmal in der Woche seinen Platz finden. Hackfleisch ist in vielen Küchen eine kostengünstige, aber auch vielfältig einsetzbare Alternative. Fisch gibt es in christlich geprägten Gesellschaften meist am Freitag. Samstags, oft auch am Anfang der Woche kocht man typischerweise ein Resteessen: Eintöpfe oder Pfannengerichte wie Risotto. Als Eintopf bietet sich zum Beispiel auch ein Gericht mit Hülsenfrüchten an. Erbsen, Bohnen und Linsen gehören bei der Wochenspeiseplanung (ausnahmsweise!) in die eiweißliefernde Lebensmittelgruppe. Milchprodukte und Eierspeisen werden gern süß gegessen, etwa als Milchreis mit Kirschen oder als Apfel-Pfannkuchen. Mit Käse überbackene Speisen bieten jedoch ebenfalls eine pikante Alternative zu Fleischgerichten.

Im Tellermodell erhalten Streich- und Zubereitungsfette keine eigene Portion. Viele, die ein leckeres Gericht vor Augen haben, suchen die Stelle für Soße. **Soßen** werden aus Fett und (Gar-)Flüssigkeit hergestellt. So liefern sie viel Energie, viel Geschmack, aber auch Vitamine und Mineralstoffe, die sonst verworfen würden. Käsesoßen können aber auch als Milchkomponente gelten, Kräuter und Gemüseanteile verbessern die Nährstoffdichte.

## Essen mit allen Sinnen

„Über Geschmack lässt sich nicht streiten", heißt es. Dass Essen schmecken soll, steht natürlich außer Frage. Eine genussvolle Mahlzeit bietet jedoch auch für die anderen Sinne Anregungen. Neben der Zunge ist auch die Nase für die Wahrnehmung des vollen Aromas verantwortlich. Ein Geschmackstest mit zugehaltener Nase zeigt nicht nur Kindern, wie schwierig das Erkennen von Lebensmitteln mit dem Mund allein ist. Auf das Ohr nehmen die meisten Köche zwar keine Rücksicht, aber Chips und Cornflakes, die nicht knuspern ...? Der Tastsinn spielt ebenfalls eine wichtige Rolle: das Mundgefühl von zart schmelzender Schokolade, ein saftiges Knackwürstchen, ein cremiger Nachtisch ... Und schließlich „isst auch das Auge mit".

Für andere ein leckeres Essen zuzubereiten, will gut geplant sein. Denn Abwechslung und Vielfalt auf dem Teller sieht nicht nur besser aus:

- Speisenkomponenten mit **unterschiedlicher Farbe** kombinieren (weißer Reis mit Blumenkohl und gedünstetem Fischfilet wäre ein Negativbeispiel)
- Form und Beschaffenheit **abwechseln**: zu Kartoffelbrei mit weich gekochtem Kohlrabi nicht auch noch Hackfleisch anbieten
- **Aromenvielfalt:** keine Spargelsuppe vor dem Hauptgericht mit Spargel, keine Hühnerbrühe vor dem Frikassee im Reisrand ...
- mit Liebe **garnieren**: etwas Petersilie auf dem (sauberen!) Tellerrand, ein paar Tomatenspalten, eine Zitronenscheibe zum Fisch ...
- passendes und sauberes (ggf. vorgewärmtes) **Anrichtegeschirr** und Vorlagebesteck auswählen

### AUFGABEN

1. Erfragen Sie in den Praktikumseinrichtungen und bei erfahrenen Müttern, wie sie Kinder zum Gemüse essen bewegen. Diskutieren Sie diese Vorschläge und gestalten Sie die besten als „Geheimtipp".
2. Erstellen Sie in arbeitsteiligen Gruppen kindgerechte Wochenpläne mit saisonalem Obst und Gemüse für die vier Jahreszeiten.
3. Tauschen Sie sich untereinander aus: Welche Esskultur gibt es bei Ihnen zu Hause?
4. Befragen Sie Ihre Großeltern oder Eltern ausländischer Kinder: Welche typischen Wochenspeisepläne gab oder gibt es in den Herkunftsfamilien? Wie unterschieden sie sich in den Jahreszeiten?
5. Suchen Sie Rezepte für bestimmte Festtagsspeisen in der christlichen oder in anderen Traditionen heraus: Ostergebäcke, Martinsgans, Ma'moul und Mansaf zum Zuckerfest ...

## Vegetarier – Es geht auch ohne Fleisch

Im Vegetarismus geht es meist nicht nur um eine eingeschränkte Lebensmittelauswahl, sondern auch um eine Weltanschauung. Gesundheitsaspekte spielen ebenso eine Rolle wie ethische Überlegungen zur Herkunft von Lebensmitteln und das Tierwohl (s. Tabelle).

In Deutschland sind etwa zehn Prozent der Einwohner Vegetarier, mehr als ein Prozent Veganer (1,3 Mill. Menschen, www.vebu.de). In Indien ernähren sich traditionell immer noch (trotz wachsendem Lebensstandard) 30 bis 40 Prozent der Menschen vegetarisch. Allen vegetarischen Kostformen gemeinsam ist das Meiden von Nahrungsmitteln, die von getöteten Tieren stammen, wie Fleisch und Fisch. Unterschiede zeigen sich bei der Einbeziehung von Lebensmitteln, die vom lebenden Tier stammen, wie Eier, Milch und Honig.

Über ein Drittel der Getreideernte weltweit wird als Futter eingesetzt, um Fleisch und Fleischwaren sowie Milch und Eier zu produzieren. Pflanzliche Lebensmittel können direkt verzehrt mehr Menschen mit Energie und Nährstoffen versorgen als nach der „Veredelung“ über tierische Produkte:

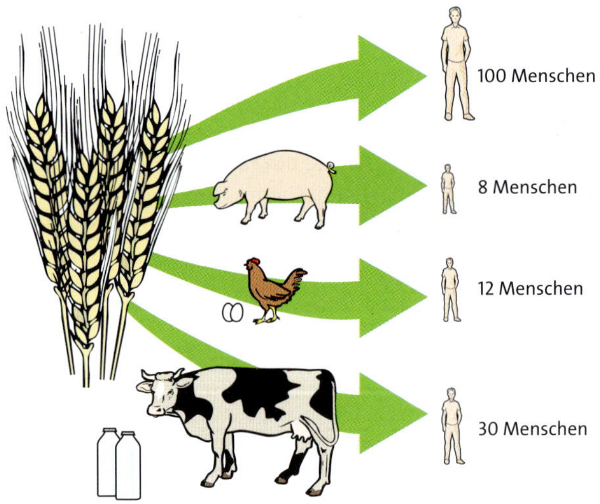


Zum Butterbrot eine Möhre knabbern – lecker und so sinnvoll!

Bei einer vegetarischen Ernährung ist besonders auf eine ausreichende Zufuhr von Eisen und Jod zu achten. Eisenreiche pflanzliche Lebensmittel wie Haferflocken, Getreide, Hirse, Fenchel, Bohnen, Erbsen und Linsen mit leckeren Vitamin-C-haltigen Nahrungsmitteln kombiniert verbessert die Eisenaufnahme im Körper.

**Ovo-lakto-Vegetarier** verzichten auf Fleisch und Fisch in jeder Form, verzehren aber Lebensmittel vom lebenden Tier wie Eier und Milchprodukte sowie pflanzliche Lebensmittel.

**Lakto-Vegetarier** vermeiden zusätzlich Eier.

**Veganer** essen ausschließlich pflanzliche Lebensmittel wie Getreideprodukte, Hülsenfrüchte und Nüsse, Obst und Gemüse in roher und gegarter Form.

Bei einer rein pflanzlichen Ernährung ist eine ausreichende Versorgung mit Nährstoffen (Vitamin $B_{12}$, unentbehrliche Eiweißbausteine, langkettige Omega-3-Fettsäuren, Vitamin $B_2$, D, Calcium, Eisen, Jod, Zink, Selen) nicht sicher. Für Schwangere, Stillende, Säuglinge, Kinder und Jugendliche ist vegane Ernährung deshalb nicht zu empfehlen. Erwachsene benötigen umfangreiche Kenntnisse, um Mängeln durch gezielte Speiseplangestaltung vorzubeugen.

Bei einer streng veganen Ernährung kann es zu einem Defizit an Vitamin $B_{12}$ (Cobalamin) kommen, welches dringend zugeführt werden muss, um körperliche und geistige Entwicklungsstörungen zu vermeiden.

Ein paar Zahlen: Die Zahl der neu erschienenen veganen Kochbücher steigt: 2010 waren es 3, 2013 bereits 50, 2014 schon 77 und 2015 119 Kochbücher. Und es stehen zunehmend mehr vegane Lebensmittel in den Supermarktregalen.

## AUFGABEN

1. Lebens- und Ernährungsstile sind von Werten beeinflusst. Neben Gesundheit und Genuss unterliegt die Lebensmittelauswahl auch ökologischen und individuellen Entscheidungen. Bio-Lebensmittel, Paleo-Diät, vegetarische und andere alternative Lebensformen ... Eltern wünschen sich, dass nicht nur medizinisch notwendige Diäten und religiöse Ernährungsregeln, sondern auch solche Kostformen in der Kita berücksichtigt werden. Erfragen Sie in Ihrer Praktikumseinrichtung, wie man dort mit verschiedenen Diäten und Lebensstilen umgeht. Überlegen Sie, wie Sie entscheiden würden und welche Lösungen Sie sehen.
2. Erstellen Sie eine Sammlung von vegetarischen, lacto-vegetarischen und veganen Rezepten für Ihre Einrichtung.

| „Tierische Produkte gehören dazu, weil ..." | „Vegetarismus ist besser, weil ..." |
|---|---|
| ▪ sie hochwertiges Eiweiß enthalten<br>▪ sie gut sättigen<br>▪ sie wichtige Vitamine und Mineralstoffe enthalten (Calcium in Milchprodukten, Eisen in Fleisch). Insbesondere für Kleinkinder ist vegane Ernährung ungeeignet!<br>▪ es sonst sehr schwierig ist, den Vitamin-$B_{12}$ (Cobalamin)-Bedarf zu decken (Es kommt ausschließlich in tierischen Lebensmitteln und in Mikroorganismen vor.)<br>▪ sie gut schmecken und zu Abwechslung und Vielfalt beitragen | ▪ pflanzliche Lebensmittel in Kombination ebenfalls eine hohe biologische Wertigkeit haben<br>▪ pflanzliche Lebensmittel wie Vollkornprodukte und Hülsenfrüchte alle Nährstoffe liefern können<br>▪ Tiere über die Nahrungskette Schadstoffe anreichern<br>▪ tierische Lebensmittel viel Fett und Cholesterin enthalten, was zu Übergewicht und Herz-Kreislauf-Erkrankungen betragen kann<br>▪ Fleisch(-waren) Purine enthalten, die im Übermaß zu Gicht führen<br>▪ die Tiere nicht artgerecht, sondern in Massentierhaltung leben<br>▪ die Futtermittel-Produktion zur Ausbeutung der Entwicklungsländer beiträgt<br>▪ pflanzliche Lebensmittel viel weniger Anbaufläche, Trinkwasser und Energie verbrauchen als tierische<br>▪ Rinderwahnsinn, Vogelgrippe und Salmonellen ekelerregend und nicht komplett beherrschbar sind<br>▪ Tierproduktion die Umwelt belastet (z. B. Gülle, Klimagase) |

## 5.10 Fette und Öle

**AUFGABE**

Suchen Sie in der Nährwerttabelle für jede Lebensmittelgruppe fettarme und fettreiche Beispiellebensmittel heraus. Ergänzen Sie durch Überlegungen zur Zubereitung. Welche davon verzehren Sie häufig, welche selten? Welche sollte für Kinder verwendet werden?

Fett hat keinen guten Ruf: Fett macht fett, heißt es. Gleichzeitig sind fettreiche Lebensmittel wie Pommes, Eis und Schokolade für viele Menschen eine unwiderstehliche Versuchung. Das liegt auch daran, dass Aromen sich gut in Fett lösen: Fett ist ein Geschmacksträger. Fett ist jedoch nicht gleich Fett, und in Maßen genossen sind Fette sogar lebensnotwendig. Zu den Lipiden gehören neben den sogenannten Neutralfetten auch noch andere Stoffe, die sich nicht in Wasser lösen, wie das Cholesterin.

### Aufgaben und Besonderheiten der Fette

Fett ist mit 37 Kilojoule (9 kcal) pro Gramm der energiereichste Nährstoff: Viel Energie auf geringem Raum. Als langfristiger Energiespeicher ist das Depotfett im Unterhautfettgewebe und zwischen den Organen also ideal. Zwischen den Mahlzeiten und vor allem während längerer Fastenzeiten mobilisiert der Körper diese Reserven: Muskeln und andere Zellen nutzen dann Energie aus Fett.

Außerdem umgibt Fettgewebe die inneren Organe und schützt sie damit vor Druck und Stoß. Das Unterhautfettgewebe dient zusätzlich als Isoliermaterial gegen Kälte. In wesentlich geringerem Umfang ist Fett jedoch auch Baustoff für die Membranen aller Zellen im Körper. Als Wirkstoff bilden Fettsäuren zum Beispiel die Basis für Gewebshormone, die Heilungs- und Entzündungsprozesse regulieren.

Bestimmte Fettsäuren sind essenziell, das heißt, der Körper kann sie nicht selbst aufbauen und ist deshalb auf eine Zufuhr über die Nahrung angewiesen. Wie bei Vitaminen und Mineralstoffen entstehen Mangelerscheinungen, wenn nicht ausreichend essenzielle Fettsäuren aufgenommen werden. Die fettlöslichen Vitamine A, D, E und K gelangen zudem nur in Anwesenheit von Fetten durch die Darmwand über die Lymphe ins Blut.

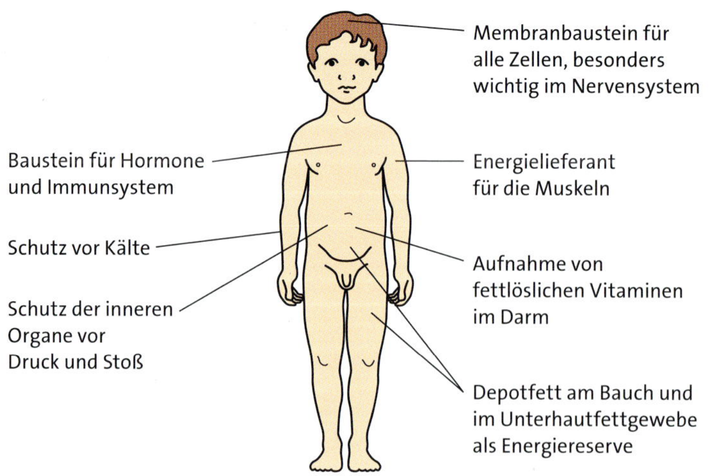


Die Aufgaben der Fette im Körper

Fette sind bei der Verdauung auf Gallensäuren angewiesen, die die Fette zu kleinen verdaubaren Tröpfchen zerteilen. Die Gallenflüssigkeit entsteht in der Leber und wartet in der Gallenblase, bis fettreiche Nahrung in den Zwölffingerdarm gelangt (s. S. 59). Eine weitere Besonderheit ist, dass langkettige Fette nicht direkt ins Blut aufgenommen werden, sondern einen Umweg über die Lymphbahn nehmen. Im Blut sind sie nur mithilfe vom Lipoproteinen löslich.

## Fettaufbau

Fette heißen chemisch **Triglyzeride**, denn sie sind aus einem Teil Glyzerin und drei Fettsäuren zusammengesetzt. Es gibt viele verschiedene **Fettsäuren**. Sogar innerhalb eines Fettmoleküls können sie sich unterscheiden. Das erklärt zum Beispiel auch, warum Fette und Öle als Lebensmittel so unterschiedliche Eigenschaften besitzen.

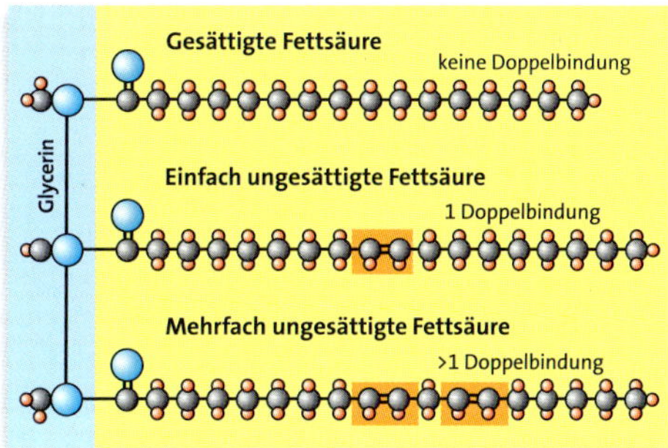


Einteilung der Fettsäuren nach der Anzahl der Doppelbindungen

Nach der Anzahl der Kohlenstoffatome unterteilen sie sich in kurz-, mittel- und langkettige Fettsäuren. Je kürzer die **Kettenlänge** ist, desto weicher ist das Fett: Kokosfett hat beispielsweise eine wesentlich festere Beschaffenheit als Butter. Fette mit kurzkettigen Fettsäuren wie Milchfett sind auch besser verdaulich, denn sie sind besser löslich und können unabhängig von Gallensäuren verarbeitet werden. Diäten bei bestimmten Stoffwechselerkrankungen machen sich die bessere Verdaulichkeit von kurz- und mittelkettigen Fettsäuren zunutze.

Manche Kohlenstoffatome sind nicht mit Wasserstoff gesättigt, sondern doppelt miteinander verbunden (–C=C–). Nach der Anzahl dieser Doppelbindungen ist zwischen

- gesättigten Fettsäuren ohne Doppelbindung
- einfach ungesättigten Fettsäuren mit einer Doppelbindung
- mehrfach ungesättigten Fettsäuren mit zwei oder mehr Doppelbindungen

zu unterscheiden. Doppelbindungen führen zum Abknicken des Fettsäuremoleküls und damit zu veränderten Eigenschaften. So sind die mehrfach ungesättigten Fettsäuren für den menschlichen Körper unentbehrlich, also essenziell.

Fette und Öle

Nüsse sind fetthaltig

Fettprobe mit Butterbrotpapier: Fettreiche Lebensmittel hinterlassen Fettflecken auf Papier – ein Experiment für kleine Lebensmitteldetektive

### Fettreiche Lebensmittel

Die Herkunft von Nahrungsfetten ist einerseits tierisches Fettgewebe, das noch eine gewisse Bedeutung in Form von Speck, Schweine- oder Gänseschmalz oder Fischölkapseln als Nahrungsergänzung besitzt. Fleisch und Wurstsorten haben je nach Sorte einen unterschiedlichen Fettgehalt. Außerdem zeigt sich das Milchfett zum Beispiel im Fettgehalt von Butter, Sahne und Käse. Grundsätzlich enthalten tierische Fette überwiegend gesättigte Fettsäuren.

Die meisten Fette und Öle sind jedoch pflanzlicher Herkunft und werden aus fettreichen Früchten und Samen gewonnen. Feste Pflanzenfette sind reich an gesättigten Fettsäuren, während Öle überwiegend einfach und mehrfach ungesättigte Fettsäuren enthalten.

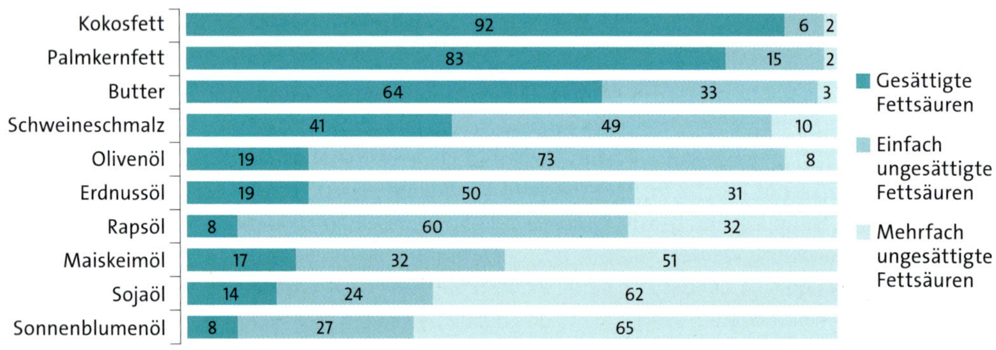


| Fett | Verwendungszweck | | | | |
|---|---|---|---|---|---|
| | kalte Küche | Backen | Braten | Kurzbraten | Frittieren |
| Pflanzenfett | – | +++ | +++ | +++ | +++ |
| Olivenöl, kaltgepresst | +++ | – | + | + | + |
| Rapsöl, kaltgepresst | +++ | – | + | + | + |
| Rapsöl, raffiniert | +++ | – | +++ | +++ | ++ |
| High-oleic-Pflanzenöl | ++ | – | +++ | +++ | +++ |
| Pflanzencremes | + | +++ | ++ | ++ | |
| Butter | – | +++ | + | ++ | – |
| Erdnussöl | + | + | +++ | +++ | +++ |
| Distelöl | +++ | – | – | – | – |
| Schmalz | – | +++ | +++ | +++ | +++ |

– ungeeignet + weniger geeignet ++ geeignet +++ sehr gut geeignet

In Deutschland werden meist zu viele gesättigte Fettsäuren verzehrt. Gerade in der kalten Küche sind deshalb hochwertige Pflanzenöle mit mehrfach ungesättigten Fettsäuren zu bevorzugen. Für das Braten und Frittieren bei hohen Temperaturen eignen sich dagegen besser Fette mit gesättigten oder einfach ungesättigten Fettsäuren, weil sie besser hitzebeständig sind (s. Tabelle S. 104).

Als Faustregel gilt: Je mehr ungesättigte Fettsäuren ein Fett enthält, desto flüssiger ist es. Sonnenblumenöl ist beispielsweise flüssig und Kokosfett fest.

## AUFGABEN

1. Gestalten Sie eine Tabelle der unterschiedlichen Fettsäuren und ordnen Sie ihnen die im Kapitel besprochenen Eigenschaften zu:

| | Gesättigte Fettsäuren | Einfach ungesättigte Fettsäuren | Mehrfach ungesättigte Fettsäuren |
|---|---|---|---|
| Anzahl der Doppelbindungen | | | |
| Vorkommen in Lebensmitteln | | | |
| Zufuhrempfehlungen | | | |
| Gesundheitliche Bewertung | | | |
| Hitzestabilität | | | |
| ... | | | |

2. Welche Fette und Öle sollten zur Basisausstattung eines Haushalts gehören? Begründen Sie.

### Wie viel Fett darf es sein?

Je nach Körpergröße, Gewicht und körperlicher Aktivität darf ein Mensch mehr oder weniger Fett verzehren. Deshalb bezieht sich die Empfehlung von 30 Prozent auf den Gesamtenergiebedarf. Das sind für einen Erwachsenen etwa 60 bis 80 Gramm am Tag, bei 4- bis 6-jährigen Kindern sind das etwa 45 Gramm. Die meisten Deutschen überschreiten diese Menge deutlich, aber auch die Qualität des Fettverzehrs lässt bei Vielen zu wünschen übrig. Gesättigte Fettsäuren haben einen zu großen Anteil, mehrfach ungesättigte einen zu geringen.

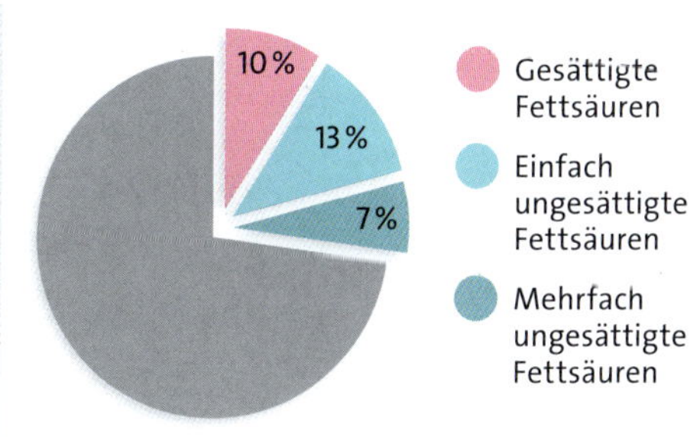


Fettbedarfsdeckung bezogen auf den Gesamtenergiebedarf

Aufgrund ihrer unterschiedlichen Wirkungen auf den Blutcholesterinspiegel und damit auf die Entstehung von Herz-Kreislauf-Erkrankungen empfiehlt die DGE eine ausgewogene Fettsäurezusammensetzung von

- bis zu 10 Prozent des Gesamtenergiebedarfs aus gesättigten Fettsäuren,
- etwa 7 Prozent aus mehrfach ungesättigten Fettsäuren und
- 13 Prozent aus einfach ungesättigten Fettsäuren.

**Omega-3-Fettsäuren**
eine besondere Form der mehrfach ungesättigten Fettsäuren mit positiver Wirkung auf Entzündungsprozesse, Gehirn und Nerven, Herz-Kreislauf-Erkrankungen; kommen vor allem in fettreichen Seefischen vor, aber auch in grünem Blattgemüse, Lein-, Raps- und Sojaöl.

Im Alltag ist es jedoch einfacher, sich an Lebensmittelportionen zu orientieren. Dabei lassen sich die sogenannten sichtbaren und versteckten Fette unterscheiden. Als **sichtbare Fette** gelten Streich-, Gar- und Zubereitungsfette, die im Haushalt meist selbst als Fett verwendet werden. Dazu gehören Butter oder Margarine als Streichfett, Pflanzenöl zum Braten und das hochwertige Salatöl für die kalte Küche (s. S. 104). Wer sich fettarm ernähren möchte, sollte aber gerade das Salatöl nicht einsparen. Denn es enthält viele mehrfach ungesättigte (essenzielle) Fettsäuren.

Von den sichtbaren Fetten sind in der Lebensmittelpyramide zwei Portionen pro Tag erlaubt. Bei Erwachsenen entspricht das insgesamt 30 bis 40 Gramm Fett oder zwei Portionen zu jeweils 1,5 bis 2 Esslöffeln Fett.

Problematisch sind vielmehr die **versteckten Fette**, die in Lebensmitteln vorkommen. Das können Lebensmittel wie Nüsse sein, die von Natur aus fettreich sind. Verantwortlich für den zu hohen Fettverzehr sind jedoch hauptsächlich verarbeitete Lebensmittel wie Milchprodukte, Wurstwaren, Süßigkeiten und Snacks. Erwachsene dürfen 30 bis 40 Gramm versteckte Fette pro Tag aufnehmen, das ist nicht viel. Deshalb rät die DGE, auf magere Produkte umzusteigen: Milch und Joghurt mit nur 1,5 Prozent Fett, fettarme Käse- und Wurstsorten, fettfreie Süßigkeiten wie Gummibärchen ...

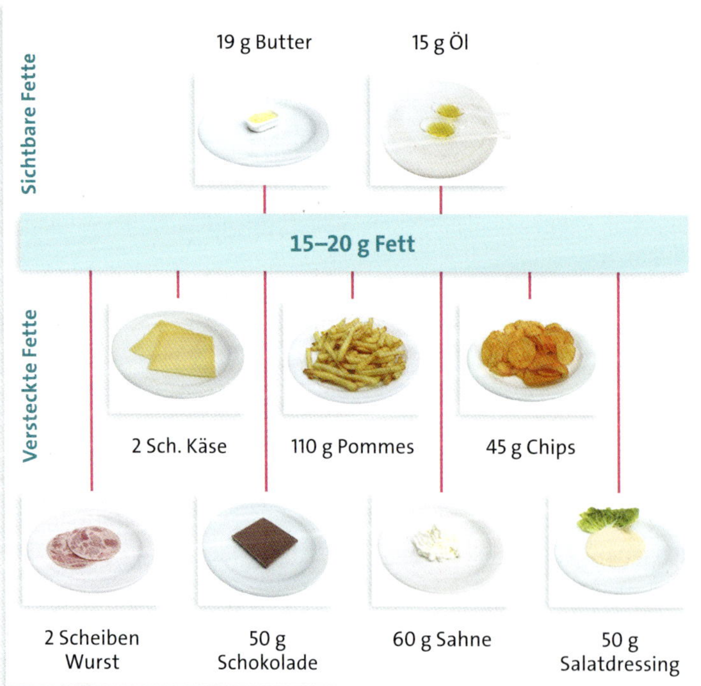

## Cholesterin

Zu den wasserunlöslichen Lipiden gehört auch das Cholesterin, ein wichtiger Baustein der Zellmembranen und der Gallensäuren, von Vitamin D und der Steroidhormone. Cholesterin ist kein essenzieller Nährstoff, da die Leber es in ausreichender Menge selbst herstellt. Wird es mit der Nahrung aufgenommen, vermindert die Leber die körpereigene Produktion. Bei Fettstoffwechselstörungen kann es jedoch sinnvoll sein, die Cholesterinaufnahme zu reduzieren.

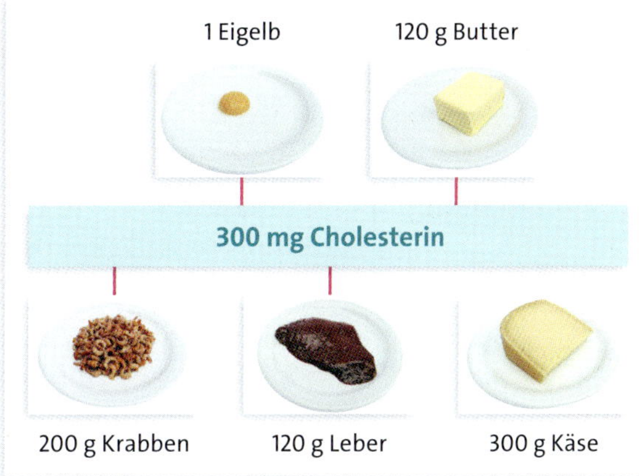


Die DGE empfiehlt Erwachsenen pro Tag nicht mehr als 300 Milligramm Cholesterin zu verzehren. Für Kinder gilt ein Richtwert von 80 Milligramm/1000 Kilokalorien pro Tag. Ein Hühnerei enthält bereits etwas mehr als 300 Milligramm. Innereien wie Leber, Herz und Niere sowie Meeresfrüchte und fettreicher Fisch haben ebenfalls einen hohen Cholesteringehalt. Bei Fleisch- und Milchprodukten kommt es auch vor, nicht jedoch in pflanzlichen Lebensmitteln.

Empfohlene Cholesterinaufnahme/Tag für Kinder: 80 mg pro 1000 Kilokalorien

Beispiel Zoe:
5,2 Jahre
nicht sehr lebhaft
Energiebedarf 1300 kcal:
80 mg × 1300 kcal/1000 mg = 120 mg Cholesterin pro Tag

Im höheren Alter und vor allem bei Übergewicht wird ein erhöhter Blutcholesterinspiegel zu einem wesentlichen Risikofaktor für Herz-Kreislauf-Erkrankungen, Herzinfarkt oder Schlaganfall.

## Fettbewusst essen – mediterrane Ernährung

Große Bevölkerungsstudien haben gezeigt, dass die Menschen in den Mittelmeerländern deutlich weniger an Herz-Kreislauf-Erkrankungen leiden als Nordeuropäer oder Nordamerikaner mit ihrer sogenannten westlichen Lebensweise. Das war zumindest solange der Fall, wie Griechen, Italiener und Spanier ihre typische Ernährungs- und Lebensweise beibehielten. Neben landestypischen Speisen und Getränken gehören nämlich auch körperlich schwere Arbeit und eine entspannte Lebenseinstellung zu den vorbeugenden Einflussfaktoren. Kinder früh an eine solche Ernährungs- und Lebensweise zu gewöhnen, ist das Ziel. Damit bleiben auch Pizza und Pasta auf dem Speiseplan:

- Reichlich Getreideprodukte, Gemüse, Hülsenfrüchte, Salate und Obst mit vielen Vitaminen und Mineralstoffen sowie sekundären Pflanzenstoffen (schützen die Gefäße) und Ballaststoffen (binden Cholesterin)
- Bevorzugen von Olivenöl mit einfach ungesättigten Fettsäuren
- seltener Verzehr von rotem Fleisch wie Lamm, Hammel und Schwein (wenig gesättigte Fettsäuren, Cholesterin)
- Fisch, Geflügel und Käse (Mozzarella, Feta) als tierische Lebensmittel (Omega-3-Fettsäuren)
- frische Zubereitung von Produkten der Saison (geringer Verarbeitungsgrad)

## AUFGABEN

1. Machen Sie für typische Frühstücke, Mittagsmahlzeiten, Abendessen und Zwischenmahlzeiten Vorschläge
   a) zum abwechslungsreichen und bewussten Verzehr von gesättigten und ungesättigten Fettsäuren
   b) zur Einsparung von versteckten Fetten
2. Finden Sie eine Nährwerttabelle, die Angaben zu Cholesterin macht, und vergleichen Sie die Werte. Achten Sie dabei auf die übliche Portionsgröße. Erarbeiten Sie Empfehlungen zur Cholesterineinsparung.
3. Suchen Sie Rezepte aus den Mittelmeerländern, überprüfen Sie ihren Gesundheitswert und ihre Eignung für Kinder, passen die Zutaten falls nötig an und planen Sie eine Aktivität mit Kindern wie Pizza backen, Spaghetti kochen ...
4. Befragen Sie Mitschüler/-innen, Eltern oder Menschen in Ihrer Umgebung, wie die Ernährung in den Mittelmeerländern heute ist. Vergleichen Sie mit den Kriterien im Text.

## 5.11 Süßes und Snacks

Kuchen, Süßigkeiten und salziges Knabberzeug enthalten oft reichlich Zucker und Fett, aber kaum Vitamine und Mineralstoffe. Darum sollten sie nur einmal am Tag verzehrt werden. Im Rahmen einer ansonsten vollwertigen Kinderernährung sind Naschereien also in geringen Mengen erlaubt. Kinder müssen es lernen, maßvoll mit Süßigkeiten und Snacks umzugehen. Zum Teil kann die Lust auf Süßes auch durch süße Nachspeisen oder Zwischenmahlzeiten aufgefangen werden. Auf keinen Fall sollten Kinder vor den Mahlzeiten Süßigkeiten bekommen, da sie sich so den Appetit auf das normale Essen verderben. Nach dem Naschen schützt gründliches Zähneputzen vor Karies.

Wer im Alltag ein **Süßungsmittel** braucht, verwendet in der Regel Haushaltszucker. Dieser Doppelzucker aus Glucose und Fruktose (s. S. 82) wird aus Zuckerrüben hergestellt. Er ist streufähig, vielseitig einsetzbar, besitzt keinen Eigengeschmack, sondern fördert (in Maßen) sogar das Aroma anderer Lebensmittel. Die Lebensmittelindustrie setzt vielfach auch Glucosesirup ein, der sich zum Beispiel aus Mais günstig herstellen lässt.

Wer es natürlicher mag, bevorzugt (Roh-)Rohrzucker, Zuckersirup, Honig, Ahornsirup oder Dicksäfte aus verschiedenen Früchten. Sie enthalten 12 bis 60 Prozent Zucker als Saccharose, Glucose oder Fruktose. Entsprechend ist ihre Süßkraft und ihr Energiegehalt unterschiedlich.

|  | Süßkraft* | Kariogenität** |
|---|---|---|
| Fruktose | 120 % | wie Zucker |
| Sorbit | 50 % | vermindert |
| Xylit | 100 % | keine |
| Mannit | 30-50 % | vermindert |
| Isomalt | 50-60 % | vermindert |
| Maltit | 90-100 % | vermindert |
| Saccharin | 500 fach | keine |
| Cyclamat | 30 fach | keine |
| Acesulfam | 200 fach | Keine |
| Stevia | 300 fach | Keine |

* im Vergleich zu Haushaltszucker (Saccharose)
** Kariogenität = Karies fördernde Wirkung

**Zuckeraustauschstoffe** beeinflussen den Blutzuckerspiegel nicht und wurden früher für Diabetiker eingesetzt. Sie entstammen natürlichen Rohstoffen und süßen etwa genauso stark wie Zucker. Ihr Kaloriengehalt ist um 40 Prozent geringer im Vergleich zu Haushaltszucker und sie sind weniger schädlich für die Zähne. In der Verarbeitung sind sie dem Zucker ähnlich. Zu den Zuckeraustauschstoffen gehören die Fruktose sowie sieben Zuckeralkohole: Sorbit, Xylit, Mannit, Isomalt, Maltit, Lactit, Erythrit. Wer zu viel davon verzehrt, kann Verdauungsbeschwerden wie Blähungen und Durchfall bekommen. Denn sie gelangen nur langsam aus dem Darm ins Blut und wirken stark Wasser anziehend.

**Süßstoffe** sind natürlicher oder synthetischer Herkunft und süßen 30 bis 13 000 mal stärker als Zucker. Sie liefern keine oder nur sehr wenig Kalorien und kommen deshalb in diätetischen Lebensmitteln (zum Abnehmen oder für Diabetiker) zum Einsatz. Für die Zähne sind sie unschädlich (s. Zahnmännchen S. 8). Das Angebot an Tafelsüßen umfasst: Tabletten, flüssige Süßstoffe und Streusüßen.

Während Süßstoffe für Erwachsene als unbedenklich gelten, sind sie für Säuglinge und Kinder nicht zu empfehlen. Wegen ihres geringeren Körpergewichts, ihrer höheren Stoffwechselaktivität und ihres „süßen Appetits" könnten sie die empfohlenen Höchstmengen zu schnell überschreiten.

**Stevia** ist ein Extrakt aus südamerikanischen Kräutern, der 300 Mal so süß wie Zucker schmeckt. Da nicht alle natürlichen Stoffe automatisch unschädlich sind, ist nach der Novel-food-Verordnung bisher nur der Extrakt aus Steviolglykosiden als Süßstoff in Lebensmitteln zugelassen.

## AUFGABEN

1. Diskutieren Sie den Einsatz kalorienreduzierter Lebensmittel und zahnschonender Süßigkeiten bei Kindern. Welche Strategie würden Sie in der Ernährungserziehung verfolgen?
2. Formulieren Sie Regeln zum Naschen.

**Vorschlag für einen Vierwochenspeiseplan nach FITKID**

| | Montag | Dienstag | Mittwoch | Donnerstag | Freitag |
|---|---|---|---|---|---|
| **Woche 1** | Marinierte Putenbrustfilets, bunter Gemüsereis<br><br>(Erbsen, Champignons, Tomaten, Mais) | Vollkorn-Rigatoni mit Bolognese und Parmesan<br><br>(Soße aus Rinder Hackfleisch mit Knollensellerie und Karotten),<br><br>Kopfsalat mit Zitronendressing | Kichererbsen-Brokkoli Pfanne,<br><br>Vollkornbrötchen<br><br>Brombeer-Bananen Milchshake | Gebackenes Seelachsfilet,<br><br>Kartoffeln,<br><br>Paprika-Mais Feta-Salat | Spinat-Champignon-Pizza<br><br><br><br>Birnenkompott |
| **Woche 2** | Überbackenes Fischfilet mit<br><br>Tomaten-Zucchini-Füllung,<br><br>Kartoffelpüree | Rotes Linsengemüse<br><br>(rote Linsen, Karotten, Pastinake),<br><br>Spätzle,<br><br>Mandarinen-Eisbergsalat | Kartoffel-Gemüse-Hackauflauf<br><br>(Kohlrabi, Erbsen, Rinderhackfleisch),<br><br>Gurkensalat | Vollkornnudeleintopf mit Paprika, Möhren und Mais<br><br>Rote Grütze (Brombeeren, Johannisbeeren, Erdbeeren) | Spinat-Reis-Auflauf<br><br>Apfelkompott |
| **Woche 3** | Bandnudeln,<br><br>Blumenkohl-Brokkoli-Gemüse,<br><br>Béchamelsoße<br><br>Quark mit Äpfeln | Gemüse-Rindfleischgulasch<br><br>(Karotten, Kohlrabi, Zucchini, Paprika, Champignons, Tomaten),<br><br>Kartoffeln,<br><br>Chinakohlsalat | Fruchtiges Fischcurry<br><br>(Lachs in einer Möhren-Apfel-Curry-Soße),<br><br>Reis<br><br>Radieschensalat | Orangen-Eisbergsalat<br><br>Hirseauflauf mit Äpfeln | Blumenkohlbratling,<br><br>Tomatensoße,<br><br>Kartoffel-Käsepüree |
| **Woche 4** | Gnocchi, Spinat-Frischkäse-Soße<br><br>Apfel-Kiwi-Kaltschale<br><br> | Lachs auf Tomatenreis,<br><br>Fenchel-Orangen-Rohkost | Kartoffel-Karotteneintopf,<br><br>Putenwürfel<br><br>Himbeerjoghurt | Spaghetti, Gemüsesoße<br><br>(Paprika, Zucchini, Zuckermais)<br><br>Bananen-Pflaumen-Quark | Kartoffelgratin mit Erbsen-Möhren-Gemüse |

# 6 Kinder gesund ernähren

Kinder haben besondere Bedürfnisse an Essen und Trinken: Ihre Vorlieben sind teilweise speziell und auch ihr körperlicher Nährstoffbedarf verdient besondere Aufmerksamkeit. Die Qualität von Lebensmitteln und Ernährungsweisen lässt sich daran messen, inwieweit sie diese individuellen Ansprüche erfüllen. Neben Gesundheit und Genuss gehören auch Sicherheitsaspekte, praktische und ideelle Fragen zu den Kriterien.

Dieses Kapitel erklärt, wie sich die Versorgung vom Säugling bis zum jugendlichen Erwachsenen bedürfnis- und bedarfsorientiert gestalten lässt. Sogar Lernerfolge bei Kindern hängen mit der Anzahl der gemeinsamen Mahlzeiten zusammen. Das liegt nicht nur daran, dass auch Lebensmittel zum kindlichen Forschungsobjekt werden können

Die Hauswirtschaftskraft in der Kita Sonnenschein geht in den Ruhestand. Im Team der pädagogischen Fach- und Ergänzungskräfte beginnt eine engagierte Diskussion:

„Wir haben sowieso immer zu wenig Personal. Lass uns doch einfach einen Lieferanten mit dem Mittagessen beauftragen und stattdessen eine Kinderpflegerin einstellen."

„Frisch und liebevoll zubereitetes Essen ist total wichtig nicht nur wegen der Gesundheit."

„Ich finde sogar, wir sollten mit den Kindern gemeinsam frühstücken. Sie lernen doch auch durch Vorbild!"

„Wenn du jetzt auch noch Bio vorschlagst, können sich die Eltern das doch gar nicht mehr leisten."

Für die Verpflegung von Kindern in Tageseinrichtungen gibt es einen hilfreichen Qualitätsstandard nach Kriterien der Deutschen Gesellschaft für Ernährung. Kitas können sich nach diesem Standard zertifizieren lassen und mit dem Fit-Kid-Logo nach außen präsentieren. Entsprechende Schulungen unterstützen die (hauswirtschaftlichen) Fachkräfte.

## 6.1 Qualität von Lebensmitteln beurteilen

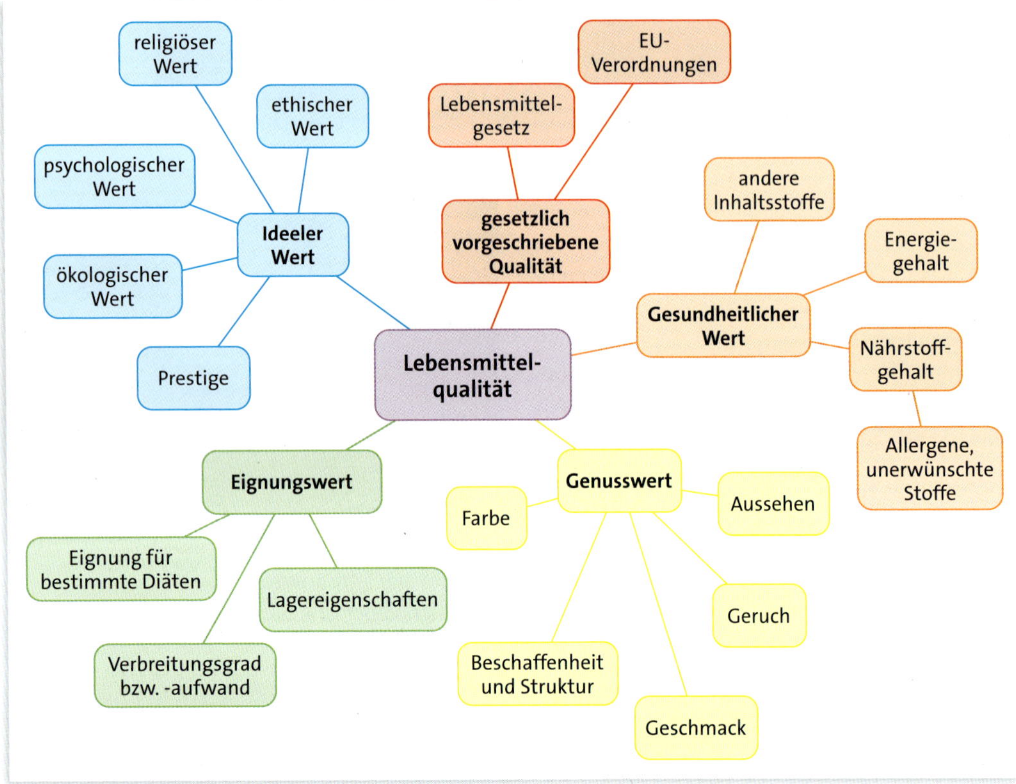


Sprechen Sie doch einmal mit Kindern über Bauchhunger, Augen- oder Nasenhunger ...

Essen ist Geschmacksache und die Auswahl von Lebensmitteln folgt nicht nur vernünftigen Gesichtspunkten. Hunger ist beispielsweise das Bedürfnis den Magen zu füllen und den Körper mit Energie zu versorgen. Appetit hingegen ist von äußeren Reizen gesteuert.

Wissenschaftler unterscheiden fünf Kategorien für den Wert eines Lebensmittels in der menschlichen Ernährung. Zunehmend achten Verbraucher auch auf die Qualität im Verarbeitungsprozess, das heißt, wie die Landwirtschaft Rohstoffe und Futtermittel erzeugt und Tiere hält, welchen Aufwand an Verarbeitung, Transport und Handel das Lebensmittel hinter sich hat oder wie sich Verpackung oder Abfälle entsorgen lassen.

### AUFGABEN

1. Finden Sie zu den Ästen des Mindmaps jeweils Beispiele für gute oder schlechte Qualität, begründen Sie.
2. Diskutieren Sie, welche Äste in der Ernährung für Kinder besonders bedeutsam sind.

## 6.2 Säuglingsernährung

Auf den ersten Blick erscheint es logisch, dass ein Säugling Milch bekommt. Denn für feste Nahrung fehlen ihm die Zähne und auch die anderen Verdauungsorgane sind noch nicht voll ausgereift. Gleichzeitig braucht das Baby besonders viele Nährstoffe, um zu wachsen. Eine Zeit lang wurde Müttern jedoch vom Stillen abgeraten, da die Muttermilch zu stark mit Umweltgiften belastet war. Heute ist diese Belastung mit Schadstoffen so weit zurück gegangen, dass die Deutsche Gesellschaft für Ernährung wieder uneingeschränkt zur Brusternährung rät.

Auch in diesem Kapitel steht das Stillen mit seinen Vorteilen an erster Stelle. Für eine professionelle Betreuerin darf allerdings auch das Thema Flaschennahrung nicht zu kurz kommen. Denn gerade wenn die Mutter nicht selbst für das Kind sorgen kann, übernehmen Kinderpflegerinnen, Tageseltern oder Sozialassistenten die Versorgung. Die Frage, wann das Baby welchen Brei bekommt, beantwortet der dritte Teil dieses Kapitels. Unter dem Strich ist die richtige Ernährung des Säuglings zwar einfach, aber trotzdem sehr wichtig, denn sie kann die Weichen für das ganze Leben stellen.

### Brusternährung

Im Mutterleib erhält das ungeborene Kind durch die Nabelschnur alles, was es für seine gesunde Entwicklung benötigt. Nach der Geburt ist es auf die Ernährung durch den Mund und den Verdauungstrakt angewiesen. Die natürlichste Nahrung eines Säuglings ist die Muttermilch. Die Mutter sollte ihr Baby über vier bis sechs Monate möglichst ausschließlich stillen, denn Stillen hat viele Vorteile:

**Muttermilch**
**= Frauenmilch**
**= Humanmilch**

Muttermilch enthält Kohlenhydrate, Eiweiß und Fett sowie Vitamine und Mineralstoffe in der optimalen Zusammensetzung. Dieser Nährstoffgehalt verändert sich sowohl über die Wochen der Stillzeit als auch innerhalb einer einzigen Brustmahlzeit. Die erste Milch nach der Geburt heißt Kolostralmilch. Sie ist für die gesunde Entwicklung des Kindes besonders wichtig. Die Inhaltsstoffe der Milch passen sich exakt an die Bedürfnisse des Säuglings an. Nach zwei Wochen erhält er die sogenannte reife Muttermilch.

**Kolostrum**
= Kolostralmilch
= Vormilch

Innerhalb der Stillmahlzeit ist die Milch zuerst dünnflüssig und deckt den Flüssigkeitsbedarf des Kindes. Nach und nach steigt dann der Nährstoffgehalt, macht das Baby satt und liefert ihm Energie und Baustoffe für das Wachstum. Durch das Saugen an der Brust, produziert die Milchdrüse die notwendige Menge an Muttermilch. Gestillte Babys sind dadurch selten überernährt.

Gestillte Säuglinge erkranken deutlich seltener an Magen-Darm-Infektionen und Allergien ebenso wie an Neurodermitis und ähnlichen Krankheiten. Denn die Muttermilch enthält Abwehrstoffe des mütterlichen Immunsystems. Wenn ein Elternteil oder Geschwisterkind unter allergischen Erkrankungen leidet, sollte das Baby möglichst sechs Monate voll gestillt werden, also keine anderen Lebensmittel bekommen.

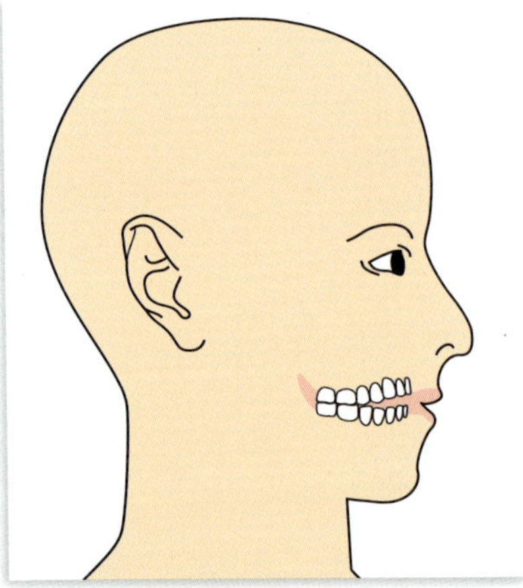

Zahnfehlstellung durch Flaschenernährung (Oberkiefer verformt)

Durch das Saugen an der Brust entwickeln sich Kiefer und Gebiss des Kindes besser als beim Trinken aus der Flasche. Dadurch treten Fehlstellungen der Zähne seltener auf und die Sprachentwicklung wird begünstigt.

Während des Stillens haben Mutter und Kind einen innigen Kontakt. In einer ruhigen Atmosphäre kann sich die Mutter ihrem Baby aufmerksam und geduldig zuwenden. Bestimmte Hormone regeln die Milchbildung und den Milchfluss, sie fördern die emotionale Bindung zwischen Mutter und Kind.

Im Vergleich zur Flaschenkost ist Muttermilch sehr einfach und praktisch zu handhaben. Sie steht immer in der richtigen Temperatur zur Verfügung, ist hygienisch einwandfrei und noch dazu kostenlos.

Die Entscheidung nicht zu stillen, sollte der Außenstehende jedoch immer respektieren. Keine Frau sollte sich für das Stillen oder nicht Stillen rechtfertigen müssen. Es gibt sogar Situationen, in denen eine Frau nicht stillen sollte. Viele Stoffe gehen aus dem mütterlichen Blut in die Muttermilch über. Frauen, die drogenabhängig oder schwer krank sind und die Medikamente einnehmen müssen, geben ihrem Kind daher lieber nicht die Brust. Welche Arzneimittel für stillende Mütter geeignet sind, wissen die Ärztin oder der Apotheker.

**Laktation**
= Stillzeit

Hier ist Rauchverbot

Zurückhaltung ist auch bei Genussmitteln geboten. Alkoholische Getränke sollte die Mutter während der Stillzeit möglichst gar nicht, koffeinhaltige nur in Maßen zu sich nehmen. Rauchen schädigt das Kind sowohl in der Schwangerschaft als auch danach, unter anderem weil Nikotin in die Muttermilch gelangt.

Manche Mütter beobachten, dass von ihnen verzehrte Speisen oder Getränke das Wohlbefinden des Säuglings beeinträchtigen. Säurehaltige Obst- und Gemüsesorten wie Zitrusfrüchte können zum Beispiel einen wunden Po begünstigen. Kohl, Zwiebeln oder Hülsenfrüchte führen manchmal zu Blähungen. Diese Lebensmittel sollte die Mutter aber erst dann meiden, wenn sie sicher ist, dass das Baby auf ihre Ernährung reagiert.

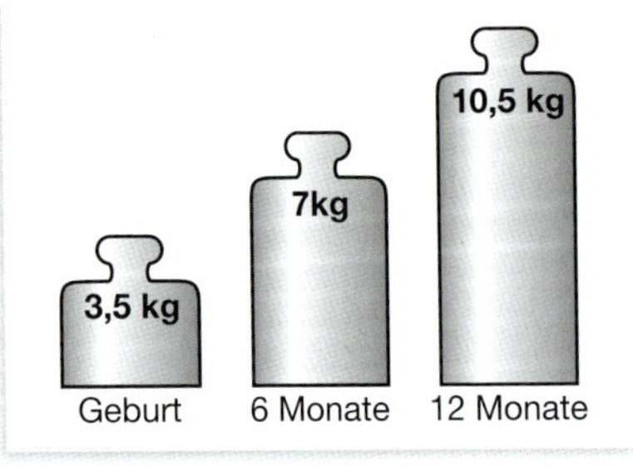


Das Geburtsgewicht eines Neugeborenen sollte sich bei einer gesunden Entwicklung nach einem knappen halben Jahr verdoppelt und nach einem Jahr ungefähr verdreifacht haben. Pro Woche entspricht das einer Gewichtszunahme von 150 bis 200 Gramm in den ersten Monaten, im zweiten halben Jahr noch etwa 100 Gramm.

## Muttermilch in Einrichtungen

Die Kinder erwerbstätiger Mütter sollten die Möglichkeit haben, Muttermilch zu trinken, auch wenn sie bereits eine Kindertageseinrichtung besuchen. Allerdings können sich in dieser unbehandelten Milch sehr schnell unerwünschte Krankheitserreger vermehren. Ein striktes Einhalten von Hygieneregeln bei den Eltern und in der Einrichtung kann dieses Risiko beherrschbar machen. Bis zur Annahme der Milch in der Kita sind die Eltern verantwortlich:

- Frische Muttermilch ist am selben Tag oder am Vortag abgepumpt worden.
- Sie gelangt gekühlt oder gefroren (nicht auf- oder angetaut!) in die Einrichtung.
- Zur Abgabe geeignet ist Muttermilch, die sich in einer sauberen und verschlossenen Babyflasche zwischen mehreren Kühlelementen in einer sauberen Kühltasche befindet.

Frische Muttermilch lagert in der Einrichtung bei unter fünf Grad Celsius, gefrorene bei –18 bis –22 Grad im Tiefkühlgerät. Auftauen kann sie auch im Kühlschrank. Direkt vor dem Verfüttern wird frische oder gefrorene Muttermilch unter fließend warmem Wasser oder im Flaschenwärmer auf Trinktemperatur (37 Grad Verzehrtemperatur) gebracht und darf nicht warmgehalten oder wieder erwärmt werden. Nicht verzehrte (aufgetaute) Muttermilch ist am Ende des Kita-Tages zu verwerfen.

| Säuglingsmilchnahrungen im Überblick | |
|---|---|
| Pre | Säuglingsanfangsnahrung/ Säuglingsmilchnahrung Zusammensetzung ist der Muttermilch sehr ähnlich<br>bis 12 Monate |
| 1 | Säuglingsanfangsnahrung; enthalten neben Milchzucker auch sättigende Stärke<br>bis 12 Monate |
| 2 | Folgenahrung im Beikostalter können neben Milchzucker und Stärke auch andere (überflüssige) Zuckerarten und Aromen enthalten<br>ab 5. Monat möglich |
| HA (hypoallergen) | für allergiegefährdete Säuglinge (als Pre, 1 oder 2) |

## Umgang mit Fertigmilch

Die **Säuglingsmilchnahrung** ersetzt die Muttermilch, wenn das Stillen nicht möglich ist. Das richtige Zubereiten des Fläschchens schützt den Säugling dabei vor gesundheitlichen Nachteilen.

Mit etwa 37 Grad Celsius hat die Säuglingsmilch die richtige **Temperatur**. Ein Probetropfen Milch auf dem Handrücken oder der Innenseite des Unterarms fühlt sich hierbei weder warm noch kalt an. Im Zweifelsfall gibt ein Thermometer Sicherheit. In der Mikrowelle erwärmte Milch kann in der Mitte der Flasche erheblich wärmer sein als außen. Sorgfältiges Schütteln und Überprüfen der Temperatur verhindert hierbei, dass das Baby sich verbrüht!

Trinkwasser zählt in Deutschland zu den am besten kontrollierten Lebensmitteln. Nur in sehr wenigen Regionen überschreitet es die Grenzwerte für Schadstoffe wie Nitrat, Blei oder Kupfer. In diesen Gegenden oder bei Reisen ins Ausland kann die Verwendung von Mineralwässern von Vorteil sein, die laut Etikett „geeignet für die Zubereitung von Säuglingsnahrung“ sind.

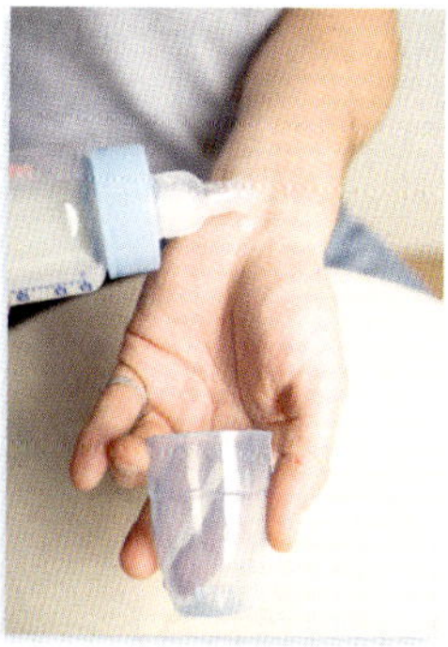

Temperaturprobe

**10 Regeln der Fläschchen-Hygiene**

1. Wasserqualität bei Hausbrunnen überprüfen lassen
2. Säuglingsmilch immer frisch zubereiten (Reste nicht wieder erwärmen, sondern entsorgen)
3. Leitungswasser ablaufen lassen, bis es kalt aus der Leitung fließt
4. auf Wasserfilter verzichten
5. Wasser auf 30–40 °C erwärmen (nicht warm aus der Leitung nehmen)
6. Flaschen und Sauger nach jeder Mahlzeit gründlich spülen und sorgfältig reinigen
7. Gummisauger gelegentlich auskochen (bei Silikon nicht nötig)
9. Flaschensauger nicht selbst „sauber" lecken oder daran probieren (Übertragung von Kariesbakterien)
10. älteren Babys nicht die Plastiksaugflasche in die Hand geben (Kariesgefahr durch Dauerkontakt zu süßen Getränken).

Die Öffnung des Saugers muss die richtige Größe haben. Bei einer zu kleinen Öffnung muss sich das Baby zu sehr anstrengen oder bekommt zu wenig Milch. Ist das Loch zu groß, kann es sich verschlucken. Aus einer schräg gehaltenen Flasche sollten pro Sekunde ein bis zwei Tropfen fallen.

**Achtung:**
In der Kita hat jedes Kind eine eigene Babyflasche und eine eigene Portion Brei mit eigenem Löffel! Reste erwärmter Produkte werden immer entsorgt!

## Brei als Beikost

Muttermilch oder Säuglingsmilch reicht ab dem fünften bis siebten Lebensmonat nicht mehr aus, um den Energie- und Nährstoffbedarf des Kindes zu decken. Das Baby lernt zu sitzen und vom Löffel zu essen, während der Saugreflex zurückgeht. Zusätzlich zur Muttermilch bekommt der Säugling nun die ersten Breie, die sogenannte Beikost. Wird der Gemüse-Kartoffel-Fleisch-Brei gut vertragen, kann im nächsten Monat der Milch-Getreide-Brei eine weitere Mahlzeit ersetzen usw. (s. Abbildung). Mit Beginn der Gabe von Beikost braucht der Säugling zusätzliche Flüssigkeit. Am besten wird der Wasserbedarf mit energiefreien Getränken wie Wasser und verschiedenen Tees gedeckt.

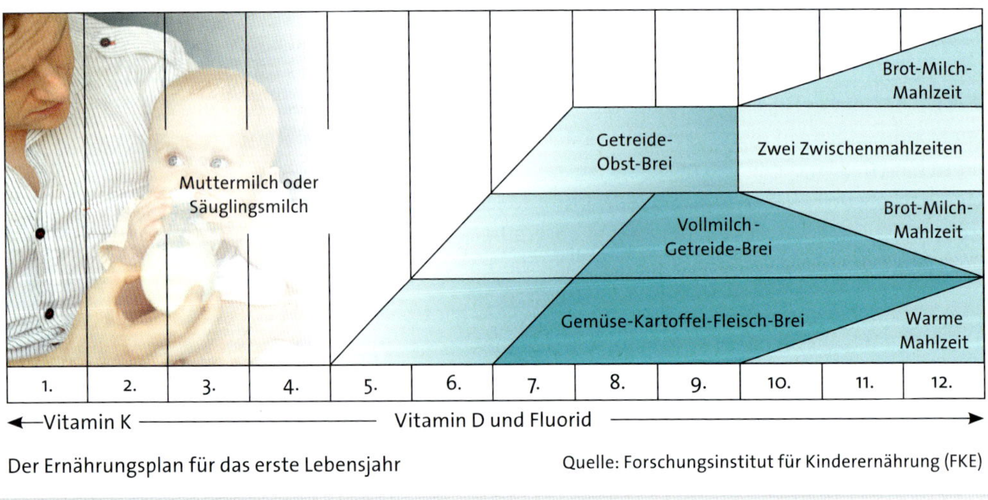


Der Ernährungsplan für das erste Lebensjahr

Um Allergien vorzubeugen sollte man die Lebensmittel in der Beikost Schritt für Schritt anbieten. Anstatt mögliche Allergene wie Kuhmilch oder Weizen zu vermeiden, gehören sie von Anfang an in kleinen Mengen dazu. Ab dem zehnten Monat können Säuglinge am Familienessen teilnehmen. Stückchen von festen Lebensmitteln können sie in der Regel mit dem Kiefer zerdrücken, auch wenn sie erst wenige Zähne haben.

### Gemüse-Kartoffel-Fleisch-Brei

Gemüse abwechseln

| | |
|---|---|
| 100 g Gemüse (z. B. Blumenkohl, Karotte, Zucchini) | putzen, schälen und in kleine Stücke schneiden |
| 50 g Kartoffen | Schälen und in kleine Stücke schneiden |
| 30 g Lamm- oder Geflügelfleisch | In kleine Stücke schneiden und mit Gemüse und Kartoffeln in wenig Wasser 10 Minuten garen |
| ½ TL Rapsöl | Alles zusammen pürieren und Öl hinzufügen |

Kartoffeln können auch gegen Vollkornnudeln ausgetauscht werden

Einmal pro Woche das Fleisch durch Fisch ersetzen

### Milch-Getreide-Brei

| | |
|---|---|
| 200 ml Milch (keine Roh- oder Vorzugsmilch) | in einen Topf geben |
| 20 g Getreideflocken oder Grieß | in kalte Milch<br>in kochende Milch einrühren, aufkochen und etwa 3 Minuten quellen lassen |
| 2 EL Fruchtsaft/ zerdrücktes/ geriebenes Obst | unterheben |

### Nudeln mit Gemüsesauce

| | |
|---|---|
| 200 g Vollkornnudeln | kochen und abgießen, |
| 3 Möhren | schalen und |
| 1 kleine Zucchini | dazugeben, dünsten, |
| Dose Tomaten | hinzufügen und aufkochen, |
| Kräuter nach Wahl | dazugeben. |

Pro Portion eine Tasse Nudeln und zwei Tassen Gemüsesauce pürieren.

Laut Zufuhrempfehlungen der DGE benötigen ein- bis dreijährige Kinder 1 g Eiweiß pro kg Körpergewicht pro Tag. Studien haben gezeigt, dass eine höhere Eiweißzufuhr im Alter von 12 bis 18 Monaten dazu führen kann, dass die Kinder mit 7 Jahren einen höheren BMI (s. S. 140) und einen höheren Körperfettanteil haben (s. a. S. 102).

## AUFGABEN

1. Welche persönlichen Gründe könnten gegen das Stillen sprechen? Gestalten Sie ein Rollenspiel, in dem Sie eine Schwangere überzeugen, die nicht stillen möchte.
2. Suchen Sie Adressen von örtlichen Laktationsberaterinnen oder Stillgruppen heraus. Führen Sie eine Expertenbefragung durch.
3. Gestalten Sie ein weiteres Rollenspiel, in dem Sie einer Mutter, die nicht stillen kann, die Vorzüge von Flaschennahrung erläutern.
4. Besorgen Sie sich verschiedene Säuglingsnahrungen. Untersuchen und vergleichen Sie:
   a) Welche Inhaltsstoffe sind in Muttermilch ebenfalls enthalten, welche nicht? Begründen Sie.
   b) Untersuchen Sie kritisch die aufgedruckten Werbeaussagen.
   c) Bereiten Sie die Säuglingsnahrung nach Vorschrift zu und probieren Sie.
   d) Überschlagen Sie den Preis für sechs Monate Säuglingsanfangsnahrung bei verschiedenen Produkten.
5. Suchen Sie Rezepte für Babybreie heraus und probieren Sie diese im Vergleich zur industriell hergestellten Gläschenkost. Sammeln Sie Vor- und Nachteile für beides und vergleichen Sie den Preis.
6. HA-Nahrungen schmecken aufgrund der Aufspaltung des Kuhmilcheiweißes etwas bitter. Würden Sie Zucker oder Süßstoff zugeben? Überlegen Sie sich Gegenargumente.
7. Recherchieren Sie und nehmen Sie Stellung zu der nebenstehenden Studie aus den USA, die an 19 000 Babys durchgeführt wurde.

**Ankerlebensmittel**

Vor allem in der Eingewöhnungsphase von Kleinkindern aus anderen Kulturen können Anker-Lebensmittel ein Stress reduzierendes Mittel darstellen. In einer neuen Umgebung auch noch fremde Speisen angeboten zu bekommen, kann Kinder überfordern. Wenn das Kind bei mehreren Mahlzeiten am Tag nichts oder sehr wenig isst, ihm verschiedene Komponenten einer Mahlzeit vergeblich angeboten worden sind und es offensichtlich Hunger hat, kann die Betreuungsperson ein Ankerlebensmittel anbieten. Über positiv besetzte Sinneswahrnehmungen, vertraute Geruchs- und Geschmackserlebnisse kann das Ankerlebensmittel dem Kind ein Gefühl von Vertrautheit geben. Welche Lebensmittel das sind – Apfel, Banane, Zwieback oder Grießbrei –, muss die Betreuungsperson im Gespräch mit den Eltern herausfinden. Der Einsatz von Ankerlebensmitteln soll die Ausnahme bleiben und nicht dazu führen, dass ein Kind immer wieder sein Ersatzessen fordert, andere Kinder ebenfalls einen Zwieback verlangen oder/und, ein emotionales Bedürfnis unabhängig vom Hunger mit Nahrungszufuhr verknüpft wird. Das heißt, Ankerlebensmittel sind ein einfaches Mittel, Kindern in Stresssituationen zu helfen, aber auch nur dann.

## 6.3 Kinderernährung

Die Kapitelüberschrift legt es nah: Kinder brauchen eine andere Ernährung als Erwachsene. Bei der Vielzahl an speziellen Kinderlebensmitteln könnte man meinen, dass diese für Kinder besonders gut geeignet seien. Die meisten von ihnen sparen nicht mit gesundheitsbezogenen Werbeaussagen. Können Grundnahrungsmittel hier wirklich nicht mithalten?

### Kinderlebensmittel

In fast jeder Lebensmittelgruppe gibt es Produkte, die auf Grund besonderer Zusammensetzung, Aufmachung oder Werbeaussagen als Kinderlebensmittel gelten können: Die Verpackung ist besonders bunt, manchmal sind Spielzeuge beigefügt, kleine Portionen sind für Kinder interessant und noch dazu praktisch für die Kindergarten- oder Schultasche. Kinder kennen die Produkte meist aus der Werbung und wünschen sich bestimmte Marken. Eltern bezahlen den oft höheren Preis, weil sie den gesundheitsbezogenen Werbeaussagen glauben. Für die einen oder den anderen ist es sicher auch angenehm, das Quengeln beim Essen zu vermeiden.

**Kinderlebensmittel und Werbung**
Die Werbung für Kinderlebensmittel richtet sich an Kinder und Erwachsene gleichermaßen. Kinder lassen sich anlocken von der bunten Verpackung, Tier- und Comicfiguren und Sammelbildchen. Die Erwachsenen geben nach, weil sie sich von „der Extraportion Milch“ oder „natürlicher Süße“ vom gesunden Zusatznutzen überzeugen lassen. Der Gesundheitswert von Minijoghurts und -puddingen, Milchcremeschnitten und Schokoprodukten erweist sich jedoch als sehr gering: Sie sind häufig reich an Zucker und Fett und arm an natürlichen Zutaten wie Früchten. Zugesetzte Vitamine und Mineralstoffe sind in einer ausgewogenen Ernährung überflüssig.
Der Medienkonsum führt nicht nur durch den Bewegungsmangel von Kindern und Jugendlichen zu Übergewicht. Auf den entsprechenden Kanälen läuft zielgruppengerecht die Werbung für süße, kalorienreiche und nährstoffarme Produkte.

Die Gesundheitsaussagen halten nicht immer, was sie versprechen. Die „Extra-Portion Milch“ in einer Milchschnitte kommt an den Nährstoffgehalt von einem Glas Milch bei Weitem nicht heran. Statt dessen enthält sie reichlich Zucker und Fett, aber kaum wertvolle Inhaltsstoffe wie Vitamine, Mineralstoffe oder Ballaststoffe. Eine Kinderschnitte sieht einem selbst geschmierten Pausenbrot zwar ähnlich, in Sachen Gesundheit schneidet sie jedoch wesentlich schlechter ab.

Kindermilchprodukte mit Fantasienamen wie „Obstzwerge“ können ebenfalls nicht mit den ursprünglichen Lebensmitteln Obst und Jogurt mithalten. Sie enthalten zwar relativ viel Calcium, der Fett- und Zuckeranteil ist jedoch viel höher als etwa in normalem Fruchtjogurt.

Der Fruchtgehalt beläuft sich auf magere sechs Prozent. Das entspricht etwa einer halben Erdbeere auf 100 Gramm. Die „Süße aus Früchten“ ist eine Art Sirup, der isolierten Frucht- und Traubenzucker enthält. Der Vorteil gegenüber Haushaltszucker: gering. Aufgrund ihres hohen Zucker- und Fettgehaltes müssen sowohl Kinderschnitten als auch Obstzwerge als Süßigkeiten und Snacks gelten und damit der Spitze der Ernährungspyramide zugeordnet werden.

Fertiggerichte für Kinder sind stark verarbeitete Produkte. Wie die meisten Fertigprodukte enthalten sie viel Salz, meist eine fettreiche Soße, aber wenig Gemüse. Es lohnt sich also nicht, den höheren Preis zu bezahlen. Süßigkeiten oder Säfte, die mit Vitaminen oder Mineralstoffen angereichert wurden, sind in der Ernährung überflüssig: Wer sich abwechslungsreich von Grundnahrungsmitteln wie Brot, Kartoffeln, Gemüse und Obst ernährt, bekommt automatisch alle wichtigen Nährstoffe in der richtigen Menge. Kinder sind da keine Ausnahme. Grundnahrungsmittel liefern ihnen alles, um gesund groß zu werden.

**Obstzwerg Zutatenliste:** Frischkäse, Rahm, Zucker, 6 % Erdbeeren[1], 6 % Aprikosen[2], 6 % Bananen[3], Calciumcitrat, färbende Konzentrate Schwarze Karotte[1,2] Zitronensaftkonzentrat, natürliches Aroma, Vitamin D.

[1] bei Sorte Erdbeere,
[2] bei Sorte Aprikose,
[3] bei Sorte Banane

Frisches Obst der jeweiligen Jahreszeit mit ungesüßtem Naturjoghurt stellt eine leckere Alternative dar.

| Nährwerte pro 100g im Vergleich | Obstzwerge | Naturjoghurt mit Aprikosen |
|---|---|---|
| Brennwert (kJ/kcal) | 290/92 | 190/44 |
| Fett (g) | 2,5 | 1,2 |
| davon gesättigte Fettsäuren (g) | 1,6 | 0,7 |
| Kohlenhydrate (g) | 11,1 | 8,0 |
| davon Zucker (g) | 10,4 | 7,5 |
| Eiweiß (g) | 6,3 | 4,2 |
| Salz (g) | 0,09 | 0,13 |
| Calcium (mg) | 180[1)] | 83,7 |
| Vitamin D (µg) | 1,25[1)] | 0,02 |

[1)] als Zusatz

- Ausgewiesene Kinderlebensmittel sind in einer ausgewogenen Ernährung überflüssig. Vielmehr brauchen Kinder Grundnahrungsmittel in Form von abwechslungsreichen und leckeren Gerichten.
- Zudem erhöhen die Kleinpackungen und die oft beigesteuerten Spielzeuge den Abfallberg und sind keinesfalls als nachhaltig einzustufen.
- Belohnungen für Kinder sehen anders aus und fühlen sich anders an: Zeit nehmen und sich mit dem Kind beschäftigen.
- Die für eine Kindertagesstätte aufgestellten Regeln zu mitgebrachten Süßigkeiten sollten „Kinderlebensmittel“ mit einschließen.

## OptimiX

Das Forschungsinstitut für Kinderernährung in Dortmund hat das Konzept der „optimierten Mischkost", kurz OptimiX entwickelt. OptimiX berücksichtigt die DGE-Empfehlungen für die Nährstoffzufuhr bei Kindern und Jugendlichen. Es deckt also den Bedarf an allen Nährstoffen wie Vitaminen und Mineralstoffen, die sie brauchen.

OptimiX kann aber noch mehr: Die ausgewogene Lebensmittelauswahl nach den im Folgenden beschriebenen Kriterien schützt nicht nur vor Nährstoffmangel, sondern auch vor den hierzulande stark verbreiteten Erkrankungen von Herz und Kreislaufsystem, Osteoporose (Knochenschwund), Zuckerkrankheit (Diabetes mellitus), Karies und vielen Krebsarten.

Leckeres Tellergericht für Kinder

Außerdem orientiert sich OptimiX an der in Deutschland üblichen Lebensmittelauswahl. Das heißt, Familien können in der Regel weiter essen wie bisher, sollten jedoch die Mengenverhältnisse und die Qualität ihrer Lebensmittel und Speisen überprüfen und entsprechend anpassen.

Kinder brauchen

- jeden Tag reichlich pflanzliche Lebensmittel und Getränke
- ausreichend tierische Lebensmittel
- sparsam fettreiche Lebensmittel

Kinder dürfen

- naschen (in Maßen!)

## Reichlich pflanzliche Lebensmittel und Getränke

Getränke bilden die Basis der Ernährungspyramide, denn ohne Wasser könnte der Körper auch mit den anderen Nährstoffen nichts anfangen. Zu den fünf Mahlzeiten des Tages gibt es idealerweise je ein energiearmes Getränk sowie eine sechste Trinkportion zwischendurch. Getreideprodukte und Kartoffeln liefern reichlich Kohlenhydrate in Form von Stärke. Diese bilden die Hauptenergiequelle für Erwachsene und Kinder gleichermaßen. In der Umsetzung heißt das eine Sättigungsbeilage in Form von Kartoffeln, Reis oder Nudeln zur warmen Mahlzeit und drei bis vier Portionen Brot oder Getreideflocken.

Vitamine und Mineralstoffe stecken vor allem in Obst und Gemüse, das in gegarter Form, aber möglichst oft auch roh in die tägliche Ernährung gehört. Obst, Gemüse, Brot und Stärkebeilagen enthalten kaum Fett, es sei denn, sie werden mit Öl oder Butter zubereitet (z. B. Pommes frites).

## Ausreichend tierische Lebensmittel

Tierische Lebensmittel wie Milchprodukte, Fleisch, Fisch und Eier enthalten Fett. Da die meisten Deutschen zu viel Fett verzehren und viele bereits übergewichtig sind, muss in diesen Lebensmittelgruppen besonders auf den Fettgehalt geachtet werden. Ein Begleitstoff von tierischen Fetten ist auch das Cholesterin, das Herz-Kreislauf-Erkrankungen begünstigt. Eine bestimmte Menge an tierischen Lebensmitteln ist jedoch notwendig, um den Bedarf an wichtigen Nährstoffen zu decken. Ohne den Verzehr von Milch und Milchprodukten ist es zum Beispiel kaum möglich, ausreichend Calcium aufzunehmen. Alle Menschen, die Milch vertragen, sollten täglich drei Portionen in Form von Milch, Jogurt, Buttermilch, Dickmilch oder Käse verzehren. Fleisch liefert von allen Lebensmitteln das am besten verfügbare Eisen, das für die Blutbildung notwendig ist. Außerdem enthalten Fleisch, Geflügel und Fisch reichlich B-Vitamine. Seefisch ist eine wertvolle Quelle von Jod, das für die gesunde Entwicklung von Kindern unersetzlich ist. Alle tierischen Lebensmittel in dieser Gruppe enthalten hochwertiges Eiweiß, den wichtigsten Baustoff des wachsenden und erwachsenen Menschen. Über die Woche verteilt empfiehlt das Forschungsinstitut für Kinderernährung drei Fleischmahlzeiten, drei Mal Wurst aufs Brot, zwei Eier sowie zwei Mal Seefisch.

Bei einer veganen Ernährung fehlen wichtige Nährstoffe von tierischen Lebensmitteln – vor allem Vitamin $B_{12}$-Cobalamin (s. S. 101) und müssen in anderer Form zugeführt werden, zum Beispiel in angereicherten Pflanzendrinks oder als Nahrungsergänzungsmittel.

## Wenig fettreiche Lebensmittel

Speisefette und Öle bestehen aus Fett. Daher liefern sie uns sehr viel Energie und können Übergewicht fördern. Öle und Fette sind aber auch notwendig, denn sie sind reich an mehrfach ungesättigten Fettsäuren, die der Körper braucht. Außerdem brauchen die fettlöslichen Vitamine A, D, E und K Fett, damit sie aus der Nahrung aufgenommen werden können. Zu empfehlen sind daher hochwertige Pflanzenöle für die Herstellung von Salatdressings. Möglichst wenig Fett sollte man zum Zubereiten (Braten, Dünsten und Schmoren) einsetzen. Auch Butter und Margarine sollten nur dünn aufs Brot gestrichen werden. Fettreiche Lebensmittel wie Schokolade, Käse, Wurst, Chips und Kuchen enthalten die sogenannten „versteckten Fette“. Weil man ihnen den Fettgehalt nicht unbedingt ansieht, ist hier besondere Vorsicht geboten. Fett ist ein wichtiger Geschmacksträger, deshalb schmecken fettreiche Lebensmittel meist besonders gut.

| **Altersgemäße Lebensmittelverzehrsmengen in der optimierten Mischkost** (nach Forschungsinstitut für Kinderernährung) | | | | | | | | |
|---|---|---|---|---|---|---|---|---|
| Alter (Jahre) | | 1 | 2–3 | 4–6 | 7–9 | 10–12 | 13–14 | 15–18 |
| Energie | kcal/Tag | 950 | 1100 | 1450 | 1800 | 2150 | 2200/2700 | 2500/3100 |
| Empfohlene Lebensmittel (90 % der Gesamtenergie) | | | | | | | w/m | w/m |
| **reichlich** | | | | | | | | |
| Getränke | ml/Tag | 600 | 700 | 800 | 900 | 1000 | 1200/1300 | 1400/1500 |
| Gemüse | g/Tag | 120 | 150 | 200 | 220 | 250 | 260 /300 | 300 /350 |
| Obst | g/Tag | 120 | 150 | 200 | 220 | 250 | 260 /300 | 300 /350 |
| Kartoffeln(Nudeln,Reis) | g/Tag | 120 | 140 | 180 | 220 | 270 | 270 /330 | 300 /350 |
| Brot, Getreide | g/Tag | 80 | 120 | 170 | 200 | 250 | 250 /300 | 280 /350 |
| **mäßig** | | | | | | | | |
| Milch, -produkte | ml(g)/Tag | 300 | 330 | 350 | 400 | 420 | 425 /450 | 450 /500 |
| Fleisch, Wurst | g/Tag | 30 | 35 | 40 | 50 | 60 | 65 /75 | 75 /85 |
| Eier | St./Woche | 1–2 | 1–2 | 2 | 2 | 2–3 | 2–3/2–3 | 2–3/2–3 |
| Fisch | g/Woche | 50 | 70 | 100 | 150 | 180 | 200 /200 | 200 /200 |
| **sparsam** | | | | | | | | |
| Öl, Margarine, Butter | g/Tag | 15 | 20 | 25 | 30 | 35 | 35 /40 | 40 /45 |
| Geduldete Lebensmittel (10 % der Gesamtenergie) | kcal/Tag | 90 | 110 | 150 | 180 | 220 | 220 /270 | 250 /310 |

Es lohnt sich, auf die Ernährung von Kindern besonders zu achten, damit diese sich optimal entwickeln können. Kinderlebensmittel sind dafür nicht erforderlich. Vielmehr brauchen Kinder Grundnahrungsmittel in Form von abwechslungsreichen und leckeren Gerichten.

## Kinder wollen Spaß am Essen

Was Kinder essen sollen, ist leicht zu erklären. Die besten Absichten und die geschickteste Lebensmittelauswahl nützen aber nichts, wenn das Kind die angebotenen Mahlzeiten ablehnt. Gesundheit ist für Kinder keine unmittelbare Motivation. Kinder wollen Spaß beim Essen.

In erster Linie kommt es dabei auf das gemeinsame Essen in angenehmer Atmosphäre an. Ermahnungen, Streitereien und unerfreuliche Themen gehören nicht an den Esstisch.

Kein Lebensmittel ist als „gesund" zu bezeichnen – das schreckt viele Kinder ab. Wenn ein Nahrungsmittel als „lecker" bezeichnet wird, ist es attraktiver.

Soweit wie möglich sollten Kinder mitbestimmen und mitmachen dürfen. Was sie selbst vorbereitet haben, verzehren sie in der Regel auch gern. Auch die Lieblingsgerichte der Kleinen finden einen Platz im abwechslungsreichen Speiseplan. Zudem ist es wichtig, dass Kinder selbst entscheiden, wie viel sie essen wollen und was ihnen schmeckt.

Wissenschaftliche Studien beweisen: Kinder mögen, was sie kennen. Was zu Hause regelmäßig auf den Tisch kommt, werden sie zum großen Teil irgendwann mitessen. Auch Lebensmittel, die sie ablehnen, sollten immer mal wieder angeboten und probiert werden. Ein vielseitiges Angebot an Speisen und Getränken ist die Voraussetzung dafür, dass Kinder sich ausgewogen und abwechslungsreich ernähren.

Sprechen Sie sich mit den anderen Betreuungspersonen oder Familienmitgliedern bei einer Mahlzeit ab und „stibitzen" sich ausnahmsweise neue oder bisher abgelehnte Lebensmittel gegenseitig vom Teller. Das erweckt Neugier.

## AUFGABEN

1. Schreiben Sie die wesentlichen Eigenschaften spezieller Kinderlebensmittel heraus und überprüfen Sie diese anhand von Beispielen.
2. Diskutieren Sie in Gruppen über sinnvolle Regeln rund um das Naschen für Kinder sowie deren Eltern und Betreuer. Formulieren Sie „die süßen sieben Tipps".
3. Welche Ratschläge können Sie Eltern geben, die mit folgenden Klagen zu Ihnen kommen:
   Mein Kind mag keine Milch. – Mein Kind will immer nur Fastfood. –
   Mein Kind mag kein Gemüse. – Mein Kind hat keinen Appetit. –
   Mir fehlt die Zeit zum Kochen. – Mein Kind mag nur „Nudeln ohne alles".
4. Diskutieren Sie die These, dass das Verweigern von einzelnen Lebensmitteln auch ein „Auf-sich aufmerksam-machen"- oder „Kümmere-dich-um-mich"-Hinweis sein könnte.
5. Entwickeln Sie Ideen für die kindgerechte Gestaltung von Mahlzeiten und gesunden Snacks. Überlegen Sie dazu, welche Werbetricks der Hersteller von Kinderlebensmitteln Sie auf selbst zubereitete Speisen übertragen können.
6. Entwickeln Sie einen Fragebogen für Ihre Mitschüler.
   Erfragen Sie, was diese als Kinder über das Essen gelernt haben:
   Welche Essregeln gab es zu Hause? Wie oft durften sie naschen? Usw.
7. Sammeln Sie Informationen zu dem Begriff „Extrawust".

Beispiele für Reaktionen der Eltern und Betreuungspersonen können sein:

- Gar nicht reagieren: jegliche Reaktion wäre Zuwendung und Aufmerksamkeit und kann das Verhalten verstärken.
- Ignorieren, aber wieder anbieten: das Kind hat keinen Erfolg erlebt, kann also wieder alles mitessen.
- Vorbild sein und das als „lecker" (nicht gesund) empfundene Essen so bezeichnen und dem Kind wegnaschen.
- Zuwendung und Aufmerksamkeit an anderer Stelle vermehrt einfließen lassen.

Kinder experimentieren häufig beim Essen und nehmen sehr genau die Erwachsenen wahr. Von der Reaktion der betreuenden Person hängt ab, ob die erstmalige Verweigerung eines Lebensmittels zu mäkeligem Essen führt.

**Besonderheiten für U3-Kinder**

Kleine Kinder können scharfkantige oder harte Lebensmittel noch nicht kauen. Kleinstückige wie Nüsse können sie verschlucken → besser vermeiden.

Vollkornbrot (mit Rinde) trainiert das Kauen → in Stückchen schneiden

Honig kann Spuren des Bakteriengiftes Botulinustoxin enthalten → erst ab dem ersten Geburtstag verwenden

Kuhmilch zum Trinken gibt es erst zum Ende des ersten Lebensjahres → im Brei ist Milch erlaubt und erwünscht

Vorsicht mit schwer verdaulichen Lebensmitteln (Hülsenfrüchte, Zwiebeln und Lauch)! → schrittweise einführen

Kleinkinder brauchen Unterstützung beim Essen. Je nach Fähigkeiten und Interesse essen sie mehr oder weniger selbstständig. → Eine U3-Mahlzeit braucht liebevolle Begleitung und Zeit.

## 6.4 Lebensmittel einkaufen, lagern und zubereiten

Ein Lebensmittel bringt von seiner Produktion bis zur fertigen Speise einen langen Weg hinter sich. Selbst wenn man die Produktion und Ernte in der Landwirtschaft außer Acht lässt, sind eine Fülle von Entscheidungen und Möglichkeiten mit dem Einkauf, der Lagerung und der Zubereitung von Lebensmitteln verbunden. Denn schließlich haben Menschen höchst individuelle Vorlieben, welche Produkte sie wie zubereitet wann und wo mögen.

### Clever einkaufen

Manche Werbung lässt heute vermuten, dass geschickt einzukaufen heißt: möglichst viel Ware für möglichst wenig Geld. Sparsamkeit ist ein wichtiger Faktor, aber entscheidend ist vielmehr die **Qualität**. Wie bei allen Waren muss die Lebensmittelqualität in einem vernünftigen Verhältnis zum Preis stehen. Schließlich übt der Verbraucher mit seinem Einkauf auch Einfluss auf das Angebot aus.

Beispiel für Allergenkennzeichnung mithilfe von Icons

Bei verpackten Lebensmitteln geben die aufgedruckten Informationen Hinweise auf die Lebensmittelqualität. Dazu ist es interessant, welche dieser Angaben glaubwürdig sind. Vorgeschriebene **Kennzeichnungselemente** auf Verpackungen sind:

1. **Bezeichnung:** Was ist drin? Fantasie-Namen sind z. B. genauer zu erklären. So kann der Käufer nachlesen, ob „Traumschnitte" etwa einen Kuchenriegel oder ein Avocado-Sandwich meint.
2. **Hersteller,** Verpacker oder Verkäufer mit Adresse: wichtig z. B. für Beschwerden, wenn der Händler nicht weiterhilft.
3. **Zutatenverzeichnis:** nennt in absteigender Reihenfolge der zugefügten Menge alle Zutaten außer Wasser; manche nur als zusammengesetzten Bestandteil z. B. „Fruchtzubereitung"; besonders typische oder beworbene Zutaten mit Prozentangabe. Allergene – zurzeit sind 14 Lebensmittel-/bestandteile – müssen in der Zutatenliste optisch hervorgehoben oder ausdrücklich benannt werden (s. S. 155). Einige Hersteller informieren zusätzlich durch Icons.
4. **Mindesthaltbarkeitsdatum** (MHD): gibt an, bis wann die typischen und wertgebenden Eigenschaften des Produkts erhalten bleiben, aber nur in ungeöffneter Verpackung und unter den angegebenen Lagerbedingungen, z. B. „gekühlt". Ein Verbrauchsdatum ersetzt das MHD bei leicht verderblichen Lebensmitteln wie Frischfleisch; nach Ablauf des Verbrauchsdatums sollte das Produkt nicht mehr verwendet werden.
5. **Füllmenge:** Wie viel Ware enthält die Verpackung in Stück, Gewicht in g oder kg oder nach Volumen in ml oder l?
6. **Preis:** auf oder neben dem Produkt, zusätzlich als Preis pro Kilogramm, pro Liter usw., damit verschiedene Verpackungsgrößen vergleichbar sind
7. **Nährwertdeklaration** ist in Deutschland und Europa Pflicht. Der Energiegehalt sowie sechs Nährstoffe („big seven": Fett, gesättigte Fettsäuren, Kohlenhydrate, Zucker, Eiweiß und Salz) müssen korrekt pro 100 g oder 100 ml angegeben werden. Zusätzlich wird häufig der Ballaststoffgehalt angegeben. Angaben pro Portion oder zur prozentualen Bedarfsdeckung (GDA) sind freiwillig und beziehen sich teilweise auf (geringere Standard-)Zufuhrempfehlungen oder auf einen „Durchschnittserwachsenen", nicht aber auf Kinder.

| Durchschnittliche Nährwerte je 100 g: | |
|---|---|
| Energie | 390 kJ / 93 kcal |
| Fett | 2,9 g |
| davon gesättigte Fettsäuren | 2,0 g |
| Kohlenhydrate | 12,1 g |
| davon Zucker | 12,1 g |
| Ballaststoffe | 0,6 g |
| Eiweiß | 3,5 g |
| Salz | 0,13 g |

Auf lose angebotenen Waren gibt es weniger Pflichtangaben. Dafür gelten für bestimmte Lebensmittel weitere Vorgaben: Alkoholgehalt, Gebrauchsanleitung, Ursprungsland ...

**Gesundheitsbezogene Angaben**, sogenannte Health Claims, dürfen zwar nicht ganz frei erfunden sein. Sie müssen sich auf wissenschaftliche Daten stützen und sind nur zulässig, wenn das Produkt ein entsprechendes Zulassungsverfahren durchlaufen hat. Der Verbraucher sollte sie allerdings immer kritisch hinterfragen. Teilweise ist der gesundheitsfördernde Effekt nicht bewiesen und den höheren Preis nicht wert.

**AUFGABE**

„Zuckerfreier Kaugummi hilft, die Zahndemineralisierung zu verringern. Die Zahndemineralisierung ist ein Risikofaktor bei der Entstehung von Zahnkaries"

Wie beurteilen Sie zuckerfreie Kaugummis in der Kinderernährung?

Zuckerfreier Kaugummi

## Zusatzstoffe: die Zutaten mit dem großen E

Zusatzstoffe verbessern bestimmte Eigenschaften von Lebensmitteln: die Haltbarkeit, den Geschmack, das Aussehen und die technische Handhabung in der Industrie oder die Aufbereitung zu Hause und in der Einrichtung. Das Gesetz erlaubt nur solche Zusatzstoffe, die

- unbedenklich für die Gesundheit sind,
- den Verbraucher nicht täuschen und die
- für die Produktion notwendig sind.

Beispiele für Zusatzstoffe: E 500 ist zum Beispiel einer der insgesamt 320 zugelassenen Zusatzstoffe: Backpulver. Es lässt Kuchen- und Plätzchenteige aufgehen und gibt ihnen eine lockere Struktur. Ebenfalls zugelassen ist das Verdickungsmittel „Carrageen", es trägt die E-Nummer 407 und ist vielen Milchprodukten, Sahne und Wurstwaren zugesetzt.

Manche Menschen reagieren mit einer sogenannten Pseudoallergie auf bestimmte Zusatzstoffe, das heißt, sie entwickeln allergische Symptome ohne Beteiligung des Immunsystems. Wie alle Allergiker müssen sie die Zutatenliste besonders sorgfältig lesen (s. S. 126).

Vitamine und Mineralstoffe in sogenannten angereicherten Lebensmitteln gehören nicht zu den Zusatzstoffen. Diese Zusätze sind genauso wie Nährstoffe in Tablettenform unnötig, solange jemand gesund ist und sich vollwertig ernährt. Die unkontrollierte Zufuhr solcher Nährstoffe kann sogar schädlich sein.

## Preiswert einkaufen

Ob Privathaushalt oder Einrichtung für Kinder: Wer beim Lebensmitteleinkauf sparen will, muss vergleichen. Nicht immer bietet der Discounter die gewünschte Auswahl, nicht immer ist das Markenprodukt den Mehrpreis auch wert. Einige Tipps können helfen:

- Eine Einkaufsliste hilft, überflüssige Spontankäufe zu vermeiden,
- Einkaufstasche oder -korb spart die teure Plastiktüte und schont die Umwelt,
- Grundpreise pro Kilogramm etc. vergleichen,
- Sonderangebote nutzen, allerdings nicht die Menge erhöhen, da sonst Reste entstehen,

Wussten Sie, dass in Deutschland 11 Millionen Tonnen Lebensmittel im Wert von etwa 25 Milliarden Euro im Müll landen? Wie lässt sich diese Menge reduzieren? Wie vermitteln Sie Kindern den Wert von Lebensmitteln?

- Fertiggerichte sind meist teurer als Grundnahrungsmittel,
- Obst und Gemüse der Saison kaufen,
- bei haltbaren Lebensmitteln größere Mengen kaufen und im Blick behalten,
- Portionspackungen vermeiden z. B. Mini-Joghurts.
- Die Lagerdauer beachten.

### Zu gut für die Tonne!

Schon früh können Kinder auf den Wert von Lebensmitteln und die Folgen ihrer Verschwendung aufmerksam gemacht werden.

Die Betreuungsperson ist Vorbild:
- nur so viel auf den Tisch stellen, wie gegessen wird (Was auf dem Tisch war, muss in professionellen Haushalten verworfen werden.)
- Reste abdecken, zügig herunter kühlen und nach sorgfältiger Kontrolle für ein leckeres Restegericht verwenden, z. B. Aufläufe aus Gemüse und Kartoffeln oder Nudeln, Bratkartoffeln ...
- aber: den Kindern kein schlechtes Gewissen machen und sie zum Aufessen nötigen!

Internetforen oder auch Apps wie die *Zu gut für die Tonne!*-App können helfen, das richtige Rezept für übrig gebliebene Zutaten zu finden.

Die Initiative *„Zu gut für die Tonne!"* (www.zugutfuerdietonne.de) und das Nationale Qualitätszentrum für Ernährung in Kita und Schule (www.nqz.de) bieten weitere Informationen zu diesem Thema.

## AUFGABEN

1. Welche Möglichkeiten gibt es, unverdorbene Lebensmittelreste zu verwerten? Besprechen Sie Ihre Ideen auch mit den etwas größeren Kindern.
2. Sammeln Sie Rezepte, die auf zwei aufeinanderfolgenden Tagen zubereitet werden, sodass die Reste des Vortages mitverarbeitet werden.
3. Trotz gezielter Vorratshaltung kann es zu Engpässen kommen: Der Joghurt mit der Lieblingsfrucht ist nicht mehr vorrätig und es stehen auch nicht mehr alle Obstsorten zur Verfügung. Formulieren Sie dies kindgerecht und erproben Sie Ihre Erklärung in der Praxis.
4. Ein derzeitiger Trend ist, sein angerichtetes Essen zu fotografieren und in den sozialen Medien zu teilen (Foodporn). Ist auch der Blick in den Lebensmittelabfalleimer einer Kita ein Foto wert? Würden Sie dieses „posten"?

Selbst fotografiertes Essen vor dem Verzehr

## Lebensmittel lagern

| Vorratshaltung nach Lagerdauer | | | |
|---|---|---|---|
| | Dauer | Lagerort | Beispiele |
| kurzfristige Lagerung | etwa eine Woche | Kühlschrank bei 2–8 °C | frische, leicht verderbliche Lebensmittel wie Milchprodukte, Aufschnitt, Obst und Gemüse außer Exoten und Nachtschattengewächse wie Tomaten |
| mittelfristige Lagerung | mehrere Monate | Tiefkühlprodukte bei mindestens *** (–18 °C); Vorratsraum, -keller | Tiefkühlprodukte, Öle, Kartoffeln |
| langfristige Lagerung | ein Jahr und länger | Schränke und Regale 15–20 °C, geringe Luftfeuchtigkeit, dunkel | lagerfähige und haltbar gemachte Vorräte wie Konserven, Trockenvorräte |

Zwar sind heutzutage die meisten Produkte jederzeit verfügbar. Trotzdem ist es praktisch, bestimmte haltbare Grundnahrungsmittel „für alle Fälle" einzukaufen. So lassen sich Speisen und Gerichte flexibler und unabhängig vom Einkauf planen. Wie viel und was ein Haushalt oder eine Einrichtung bevorratet, hängt von den individuellen Vorlieben sowie den Einkaufs- und Lagermöglichkeiten ab.

Obst und Gemüse lassen sich selbst **haltbar machen**, indem man sie einfriert, einkocht oder zu Konfitüre verarbeitet.

Viele Kinder lieben frisch gekochtes Apfelmus und helfen auch gern bei der Zubereitung. Heiß abgefüllt in Marmeladengläser lassen sich so die Äpfel noch mehrere Wochen genießen.

→ Rezepte mit Apfelmus s. S. 180

**Kühlen oder tiefkühlen** verzögert den Verderb, weil Mikroorganismen sich langsamer oder nicht mehr vermehren. Erhitzen tötet Verderbs- und Krankheitserreger ab (vgl. Kap. Hygiene)

Zum **Auftauen** bleiben tiefgekühlte Lebensmittel, die sich nicht sofort verarbeiten lassen (wie Gemüse und kleinere Fleisch- und Fischportionen), am besten im Kühlschrank. Was einmal aufgetaut ist, eignet sich nicht mehr zum wieder Einfrieren.

In den **Kühlschrank** gehören nur Vorräte, die kälteverträglich (s. Tabelle), verpackt oder abgedeckt und die vorher abgekühlt (gegarte Lebensmittel und Reste) sind. Gekühlte oder tiefgekühlte Lebensmittel, die nicht unmittelbar verbraucht werden, dürfen sich zwischen Einkauf und Verbrauch nicht erwärmen. Isoliertaschen und -boxen helfen, die Kühlkette geschlossen zu halten.

| Gefrierfächer – das sagen die Sterne | | |
|---|---|---|
| ohne | 0 °C | eignet sich nur für Eiswürfel |
| * | –6 °C | eingefrorene Lebensmittel halten sich bis zu einer Woche |
| ** | –12 °C | eingefrorene Lebensmittel halten sich bis zu drei Wochen |
| *** | –18 °C | eingefrorene Lebensmittel halten sich über Monate |
| **** | –18 °C | eignet sich zum Einfrieren von Lebensmittel und zum Lagern über mehrere Monate (je nach Lebensmittel) |

Beim Einlagern von Vorräten hat sich das FIFO-Prinzip (**First in, first out**) bewährt. Frischere Produkte mit längerem Haltbarkeitsdatum werden dabei hinter den älteren eingeordnet. Was zuerst da war, wird so automatisch zuerst verbraucht. Das Abdecken der Speisen ist wichtig und, dass Rohes immer getrennt von gekochten Speisen gelagert wird.

1. Tiefkühlwaren
2. Käse und Aufschnitt, angebrochene Packungen
3. Milchprodukte
4. Vakuumverpackte Frischwaren
5. Verpackte Fleischwaren
6. Butter
7. Eier
8. Öl, Saucen, Dressing
9. Milch und geöffnete Säfte
10. Gemüse

Einige Gemüse wie z. B. Tomaten behalten ihr Aroma besser, wenn sie außerhalb des Kühlschrank gelagert werden.

Ausnahmsweise darf in den Kühlschrank:
- Brot – bei feucht-warmer Witterung
- Konserven – wenn deren Reste in ein Gefäß mit Deckel umgefüllt sind

**Kälteempfindliches Obst und Gemüse bitte nicht in den Kühlschrank!**

| Obst | | Gemüse | |
|---|---|---|---|
| ▪ Ananas | ▪ Orangen | ▪ Aubergine | ▪ Paprika |
| ▪ Avocado | ▪ andere Exoten | ▪ Grüne Bohnen | ▪ Tomaten |
| ▪ Banane | ▪ Zitrusfrüchte | ▪ Gurke | ▪ Zucchini |
| | | ▪ Kürbis | |

und außerdem Brot, Kartoffeln

## Lebensmittel vor- und zubereiten

Das Zubereiten von Lebensmitteln kann geschmackliche, gesundheitliche und hygienische Vorteile haben. So werden beim Vorbereiten durch Waschen, Schälen und Putzen nicht nur ungenießbare Bestandteile entfernt. Durch das Garen werden manche Lebensmittel wie Kartoffeln und grüne Bohnen erst verdaulich. Zudem sterben Krankheitserreger durch Erhitzen ab.

Je stärker Lebensmittel jedoch verarbeitet werden, desto mehr machen sich auch Nachteile bemerkbar. Wertvolle Nährstoffe können mit der Garflüssigkeit verloren gehen oder durch Wärme zerstört werden, beim Kochen zum Beispiel über 30 Prozent.

Schon bei der Lebensmittelvorbereitung und in der kalten Küche gibt es zahlreiche Möglichkeiten, die wertvollen Nährstoffe zu erhalten:

- beim Einkauf auf Frische und Qualität achten
- Lebensmittel unzerkleinert und kurz unter fließendem Wasser waschen (empfindliche Lebensmittel in stehendem Wasser)
- Einweichwasser z. B. von Hülsenfrüchten beim Garen mitverwenden
- beim Putzen und Schälen von Obst und Gemüse die ungenießbaren Teile sparsam entfernen (ggf. Sparschäler einsetzen)
- Lebensmittel erst kurz vor der Weiterverarbeitung zerkleinern
- Rohkostsalate direkt in das Dressing raspeln

Beim Garen von Lebensmitteln kommt es an erster Stelle auf das geeignete Garverfahren (s. S. 132) an. Um Nährstoffe zu schonen, kann man weiterhin:

- möglichst wenig Garflüssigkeit verwenden (dünsten)
- Kochstelle richtig einstellen: mit höchster Leistung ankochen, zum Fortgaren zurückschalten
- Gemüse möglichst kurz (bissfest) garen, Fleisch und Geflügel aus hygienischen Gründen „durch“ garen
- im Mikrowellengerät Garzeiten exakt einhalten
- Kochtopf mit fest schließendem Deckel und in der richtigen Größe passend zur Herdplatte auswählen
- gegarte Speisen sofort servieren
- Speisen nicht warmhalten, sondern besser abkühlen und wieder erwärmen
- Reste schnell abkühlen und im Kühlschrank lagern
- Kräuter und Frisches als Garnitur verbessern (geringfügig) den Nährstoffgehalt

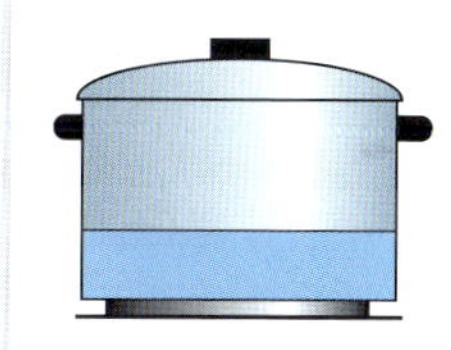

falscher Topf zur Herdplatte

passender Topf zur Herdplatte

| Garverfahren in Wasser | | | | |
|---|---|---|---|---|
| | **Kochen**  | **Garziehen**  | **Dämpfen**  | **Dünsten**  |
| Definition | Garen in reichlich siedender Flüssigkeit | Garen in viel Flüssigkeit | Garen im Wasserdampf-Luft-Gemisch | Garen in wenig Flüssigkeit/im eigenen Saft (meist mit geringer Fettzugabe) |
| Temperatur | 100 °C | 80–95 °C | 100 °C | 100 °C |
| Gargeschirr | hoher Topf mit fest schließendem Deckel | Topf mit großem Durchmesser und Deckel zum Ankochen | Topf mit Siebeinsatz und fest schließendem Deckel, Dampfgarer | flacher Topf mit fest schließendem Deckel |
| geeignete Lebensmittel | ▪ Suppen, Eintöpfe , Brühen, Soßen, bei denen ein Auslaugen von Nähr- und Geschmacksstoffen erwünscht ist<br>▪ **Quellen** von Getreide, Nudeln, Hülsenfrüchten, die Flüssigkeit aufnehmen sollen | ▪ Fisch<br>▪ leicht zerfallende Lebensmittel wie Klöße<br>▪ leicht platzende Lebensmittel wie Würstchen | ▪ Lebensmittel, die ihre Form behalten sollen, z. B. Fisch, Hefeklöße<br>▪ großstückiges Gemüse wie Blumenkohl<br>▪ **Druckgaren** im Dampfdrucktopf bei bis zu 120 °C für Lebensmittel mit langer Garzeit | ▪ zarte, bindegewebsarme Lebensmittel z. B. kleinstückiges Gemüse, Fisch, zartes Fleisch, Pilze, Obst<br>▪ **Mikrowellengaren** für wasserhaltige Lebensmittel/Speisen bis 500 g in metallfreien Gefäßen |

| Garverfahren in trockener Hitze | | | | |
|---|---|---|---|---|
| | **Kurzbraten**  | **Grillen**  | **Schmoren**  | **Frittieren**  |
| Definition | Garen unter Bräunung mit oder ohne Fett | Garen unter Bräunung durch Strahlungs- und Kontaktwärme | Kombination aus<br>a) Braten (Anbraten unter Bräunung) und<br>b) Dünsten (Schmorphase mit wenig Flüssigkeit) | Garen unter Bräunung in viel heißem Fett |
| Temperatur | 140–200 °C | 250 °C | a) 160–200 °C<br>b) 100 °C | 140–190 °C |
| Gargeschirr | Bratpfanne mit/ohne Deckel | Strahlungsgrillen im Backofen/auf dem (Holzkohle-)Grill oder Heizfläche eines Kontaktgrills | flacher Bratentopf oder Pfanne mit fest schließendem Deckel | Fritteuse oder Frittiertopf mit Siebeinsatz |
| geeignete Lebensmittel | bindegewebsarme Fleischscheiben, Würstchen, Fisch, Gemüse, Getreide- und Eierspeisen<br>**Langzeitbraten:** bei großen Bratenstücken oder Geflügel im Ganzen z. B. auch im Backofen | ungepökeltes, bindegewebsarmes Fleisch, Würstchen, Fisch, Obst, Gemüse, Kartoffeln | festes, bindegewebsreiches Fleisch, Schmorgemüse, gefülltes Gemüse | kleinstückige Lebensmittel, z. B. Fisch, Fleisch, Obst, Gemüse, Kartoffeln, Teige |

## 6.5 Nachhaltig einkaufen: Bio, regio, fair

Nachhaltig entscheiden, heißt Verantwortung dafür zu übernehmen, wie Produkte angebaut, verarbeitet und transportiert werden.

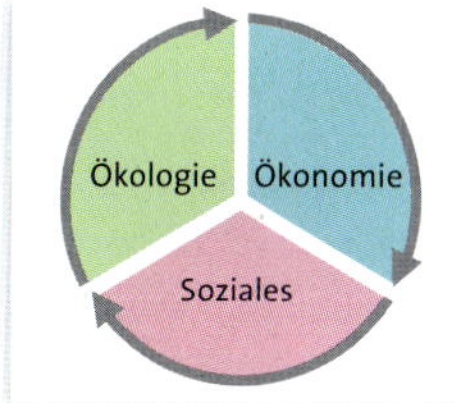


Die Ernährungsökologie berücksichtigt neben den drei Nachhaltigkeitsfaktoren Umwelt, Gesellschaft und Wirtschaft auch und vor allem die Gesundheit a12ls gleichberechtigten Faktor.

**Eine nachhaltige Entwicklung befriedigt die Bedürfnisse der Gegenwart, ohne die der künftigen Generationen zu gefährden.**

Alle Lebensmittel mit dem Zusatz Bio oder Öko stammen aus **kontrolliert biologischer Landwirtschaft.** Diese Form der Landwirtschaft verzichtet auf chemische Dünge- und Pflanzenschutzmittel, auf Gentechnik sowie bei der Lebensmittelverarbeitung auf die meisten Zusatzstoffe. Zudem achtet sie auf artgerechte Tierhaltung. Die Erträge sind geringer und mit mehr Arbeitseinsatz verbunden, sodass die Preise für Bio-Lebensmittel meist etwas höher liegen.

**Fair gehandelte Produkte** garantieren den Bauern in den Erzeugerländern in Afrika, Asien oder Südamerika einen existenzsichernden Verdienst sowie ein Minimum an Arbeitsschutz. Kaffee, Tee und Kakao, aber auch Bananen und Orangensaft sind Produkte, die viele Supermärkte aus fairem Handel anbieten.

Das Siegel für Fairen Handel.

**Regionale Produkte** zu kaufen unterstützt die Landwirtschaft in der unmittelbaren Umgebung. Außerdem schont es die Umwelt umso mehr, je weniger Transportkilometer auf Straße und Schiene notwendig sind.

Der Markt für biologisch erzeugte Lebensmittel wächst. Immer mehr Menschen kaufen sie, denn Bio genießt ein besonderes Vertrauen. Was genau bedeutet kontrolliert ökologischer Landbau und welche gesundheitlichen, ökologischen, ökonomischen und sozialen Vorteile sind damit verbunden?

### bio(logisch) – öko(logisch)

Alle Lebensmittel, die mit diesen Wortteilen beworben werden, müssen aus kontrolliert ökologischer Produktion stammen (EG-Öko-Verordnung), zu mindestens 95 Prozent bei verarbeiteten Produkten.

Die Anbauverbände wie Bioland, Demeter und Naturland vergeben eigene Zeichen. Sie garantieren die Einhaltung von Regeln, die die europäischen Mindeststandards weit übertreffen. Diese Zeichen umfassen also weit mehr als das EU-Bio-Logo und das nationale Bio-Siegel.

Der ökologische Landbau will eine möglichst geschlossene Kreislaufwirtschaft verwirklichen: Wenn ein Hof Pflanzenbau und Tierhaltung betreibt, kann er die tierischen Ausscheidungen als Dünger auf die Felder ausbringen und so auf chemisch-synthetische Düngemittel verzichten. Vielseitige Fruchtfolgen und robuste Sorten erhalten zusätzlich die Bodenfruchtbarkeit und machen Pflanzenschutzmittel überflüssig. Leguminosen wie Lupinen oder Klee machen Stickstoff aus der Luft für den Boden verwertbar.

**Auch konventionell erzeugte Lebensmittel dürfen keine gesundheitlichen Gefahren bergen.**

**Begriffe wie integriert, kontrolliert oder umweltschonend sind dagegen nicht geschützt!**

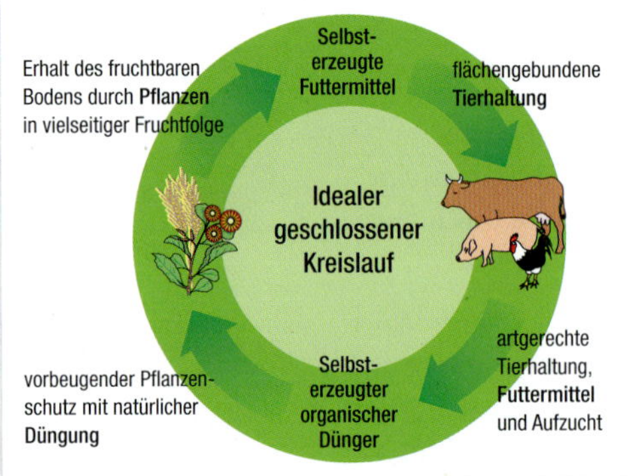


Die Tiere zur ökologischen Produktion von Fleisch, Milch und Eiern müssen möglichst artgerecht gehalten werden. Sie haben Auslauf ins Freie und deutlich mehr Platz als konventionell gehaltene Tiere. Bio-Tiere erhalten nur Antibiotika, wenn sie krank sind. Das macht Bio-Lebensmittel aus:

- Salat und Gemüse enthält weniger Nitrat
- pflanzliche Bio-Lebensmittel sind weniger mit Rückständen und Schimmelpilzgiften belastet
- durch den geringeren Wassergehalt, sind Biogemüse und -obst reicher an Vitaminen, Mineralstoffen und sekundären Pflanzenstoffen
- Milch und Fleisch enthalten durch die Weidefütterung ein günstigeres Fettsäuremuster
- bei der Herstellung von Bio-Lebensmittel sind von 300 zugelassenen Zusatzstoffen nur 50 erlaubt
- Farbstoffe, Süßstoffe, Stabilisatoren und Geschmacksverstärker sind grundsätzlich verboten. Andere Lebensmittelzusatzstoffe sind nur dann erlaubt, wenn die Lebensmittel ohne diese Zusatzstoffe nicht hergestellt oder haltbar gemacht werden können.

Gentechnik ist in der gesamten biologischen Lebensmittelproduktion verboten.

Neben der artgerechteren Tierhaltung und den gesundheitlichen Aspekten punktet der Ökolandbau vor allem bei Umwelt und Klima. Vom Verzicht auf Mineraldünger und Pflanzenschutzmittel profitieren Gewässer und Artenvielfalt, die Bodenfruchtbarkeit bleibt erhalten. Für eine bestimmte Menge an Lebensmitteln braucht der Ökolandbau im Vergleich zur konventionellen Produktion nur ein Viertel bis ein Drittel der Energie, es wird weniger Kohlendioxid frei.

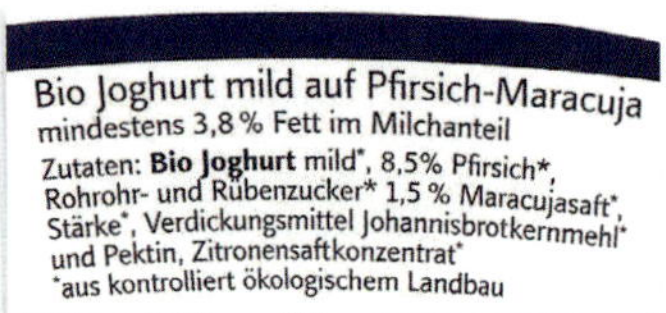
Bio Joghurt mild auf Pfirsich-Maracuja
mindestens 3,8 % Fett im Milchanteil
Zutaten: **Bio Joghurt** mild*, 8,5% Pfirsich*, Rohrohr- und Rübenzucker* 1,5 % Maracujasaft*, Stärke*, Verdickungsmittel Johannisbrotkernmehl* und Pektin, Zitronensaftkonzentrat*
*aus kontrolliert ökologischem Landbau

Vergleichen Sie diese Zutaten mit denen eines herkömmlichen Joghurts

Im direkten Vergleich sind Bio-Lebensmittel um etwa 50 Prozent teurer. Das hat u. a. mit dem höheren Aufwand und geringeren Erträgen im Ökolandbau zu tun. Der umwelt- und gesundheitsbewusste Verbraucher kann diesen Mehrpreis im Vergleich zur herkömmlichen Mischkost jedoch durch einen geringeren Fleischanteil und weniger Fertigprodukte ausgleichen.

## AUFGABEN

1. Besuchen Sie mit den Kindern ein landwirtschaftliches Unternehmen und informieren Sie sich und die Kinder, wo diese Produkte zu kaufen sind.
2. Viele glauben, Bio ist gesünder! Finden Sie begründete Beispiele für und gegen diese Ansicht.
3. Erkundigen Sie sich, wo der nächste Betrieb ist, der landwirtschaftliche Produktion betreibt. Wenn möglich, besuchen Sie diesen mit den Kindern. Informieren Sie sich und die Kinder, wie lang die Transportwege sind, die die dort hergestellten Produkte zurücklegen.
4. Einige Wochenmarktstände zeigen die zurückgelegten Kilometer an, die z. B. ein Apfel oder eine Kiwi zurückgelegt hat. Vergleichen Sie mit den Kindern nach einem Besuch dieses Marktes.
5. Machen Sie einen Geschmackstest mit den Kindern: eine konventionell angebaute Möhre und eine aus Ökoanbau. Lassen Sie die Kinder beschreiben.

# 7 Kranke Kinder versorgen

Vor vielen Krankheiten kann eine vollwertige Ernährung und gesunde Lebensweise schützen. Bei anderen Krankheiten lassen sich durch die Einhaltung einer Diät die Beschwerden lindern oder sogar die Ursachen bekämpfen. **Diät** meint dabei die Ernährung von Kranken, wobei Reduktionskost bei Übergewicht nur ein Beispiel ist.

Kinder können oft nicht genau beschreiben, wo es weh tut. Sie klagen auch bei Erkältungskrankheiten über Bauchweh und fallen der geübten Betreuerin zunächst durch Quengeln, glasige Augen, Blässe oder gerötete Haut auf. Sie sollte aufmerksam werden, wenn

- das Kind schreit und ungewöhnlich viel Nähe sucht
- das Kind schwer atmet
- das Kind berührungsempfindlich oder schreckhaft reagiert
- apathisch wirkt (nicht ansprechbar ist und kaum Blickkontakt hält)
- hohes Fieber oder mehrmaliges Erbrechen und Durchfall hinzukommen.

Bei Fieber und Durchfall ist darauf zu achten, dass Wasser und Mineralien wie Natrium und Kalium ersetzt werden, die durch Schwitzen oder die Ausscheidungen verloren gehen. Dehydratation kann für Säuglinge lebensbedrohlich sein.

## 7.1 Den kranken Körper entlasten – Leichte Vollkost

Die leichte Vollkost ist nicht energiereduziert, sondern deckt den Bedarf an allen Nährstoffen und Energie. Sie bildet die diätetische Basis bei allen Erkrankungen des Verdauungstraktes, wird aber auch bei fiebrigen Infekten angewendet. Leicht ist diese Kostform hinsichtlich ihrer Bekömmlichkeit: Sie beugt Beschwerden wie Völlegefühl, Bauchschmerzen, Übelkeit, Blähungen und Durchfällen vor. So belastet sie den krankheitsgeschwächten Körper weniger, liefert aber dennoch alle Nährstoffe. Bauchweh, „verdorbener Magen" und Magen-Darm-Infekte sowie grippale Infekte kommen bei Kindern häufig vor.

Nährstoffe, deren Vorhandensein für die Vorbeugung und Heilung von Infektionen wichtig sein kann wie Vitamin C bei Erkältungen, sollten besondere Berücksichtigung finden.

Grundsätzlich lässt sich das beschriebene Unwohlsein vermeiden, wenn der Patient auf folgende Lebensmittel verzichtet:

- fette Speisen
- grobes und sehr frisches Brot vor allem aus Vollkorn
- blähende Gemüsearten wie Kohlgemüse, Zwiebel- und Lauchsorten – insbesondere in roher Form – sowie Hülsenfrüchte
- scharfe Gewürze
- zucker- und salzreiche Speisen
- kohlensäurehaltige Getränke
- zu heiße und zu kalte Speisen

Fünf bis sechs kleinere Mahlzeiten sind größeren vorzuziehen. Es ist von Vorteil, diese in Ruhe einzunehmen und gründlich zu kauen.

Entsprechend ist auf fettreiche Garverfahren wie braten, schmoren und frittieren zu verzichten. Fettarme und schonende Zubereitungen durch dünsten, dämpfen, kochen, grillen, garen in Folie oder in der Mikrowelle sind in der leichten Vollkost empfehlenswert. Rohkost lässt sich durch sehr feines Reiben bekömmlicher anbieten (s. Abb.).

| Anteil der Betroffenen mit Unverträglichkeiten auf Speisen und Getränke (%) | | | | | |
|---|---|---|---|---|---|
| Hülsenfrüchte | 30,1 | süße und fette Backwaren | 15,8 | zu stark gewürzte Speisen | 7,7 |
| Gurkensalat | 28,6 | Zwiebeln | 15,8 | zu heiße/kalte Speisen | 7,6 |
| frittierte Speisen | 22,4 | Wirsing | 15,6 | Süßigkeiten | 7,6 |
| Weißkohl | 20,2 | Pommes frites | 15,3 | rohes Stein-, Kernobst | 7,3 |
| $CO_2$-haltige Getränke | 20,1 | hartgekochte Eier | 14,7 | Nüsse | 7,1 |
| Grünkohl | 18,1 | frisches Brot | 13,6 | Sahne | 6,8 |
| fette Speisen | 17,2 | Kohlsalat | 12,1 | paniert Gebratenes | 6,8 |
| Paprikagemüse | 16,8 | Mayonnaise | 11,8 | Pilze | 6,1 |
| Sauerkraut | 15,8 | Kartoffelsalat | 11,4 | Lauch | 5,9 |
| Rotkraut | 15,8 | Geräuchertes | 10,7 | Birnen | 5,6 |

**Abwarten und Tee trinken – Die Wirkung von Kräutertees**

**Brennnessel:** entwässernd, harntreibend, stärkend, belebend, nicht bei Nierenerkrankungen!

**Fenchel:** entkrampfend bei Blähungen, Krämpfen, Übelkeit, Bauchschmerzen, entzündungshemmend und appetitanregend.

**Ingwer:** beruhigt den Magen-Darm-Trakt z. B. bei Reisekrankheit, schmerzstillend, fiebersenkend und krampflösend bei Erkältungen.

**Kamillenblüten:** entzündungshemmend, krampflösend, antibakteriell und antimykotisch (gegen Pilze) bei Problemen des Verdauungssystems, Reizungen der oberen Atemwege, Zahnfleischentzündungen, bei Stirnhöhlenvereiterung auch als Dampfbad; beruhigend.

**Pfefferminze:** gut gegen Blähungen, Krämpfe, Übelkeit, Bauchschmerzen; entzündungshemmend, bei Zahnschmerzen, beruhigend, wohltuend bei Erkältungen.

**Salbei:** desinfizierend, entzündungshemmend, krampflösenden und schweißhemmend bei Entzündungen im Mund- und Rachenraum für Spülungen.

## AUFGABEN

1. Tauschen Sie sich über Ihre eigenen Erfahrungen als Kind aus: Was haben Sie bei Krankheit zu essen bekommen?
2. Wie beurteilen Sie vor dem Hintergrund der Leichten Vollkost das Hausmittel „Cola und Salzstangen" für Kinder?
3. Appetitlosigkeit ist ein häufiges Begleitsymptom von Krankheiten. Es ist jedoch wichtig, möglichst viel Lebensqualität zu erhalten. Wie können Sie Kindern die Leichte Vollkost schmackhaft machen?

## 7.2 Verdauung stabilisieren

Ein funktionierendes Verdauungssystem basiert auf einem empfindlichen Zusammenspiel von äußeren Faktoren, der Darmflora im Dünn- und Dickdarm sowie inneren Zuständen wie Stress. Dass einem etwa Ärger „auf den Magen schlägt" ist sprichwörtlich. Von außen wirken Ernährung und Medikamente auf den Magen-Darm-Trakt ein. Die Einnahme eines Antibiotikums führt häufig zum Absterben auch nützlicher Darmbakterien und zu Durchfall.

**Probiotika** sind z. B. Milchprodukte mit gesundheitlichem Zusatznutzen. Sie enthalten lebensfähige Mikroorganismen, meist Milchsäurebakterien, die bei täglicher Anwendung die (Darm-) Gesundheit des Menschen unterstützen sollen. Diese vorteilhafte Wirkung gegenüber konventionellen Milchprodukten ist erst zum Teil für einige Bakterienstämme nachgewiesen.

### Verstopfung

Amelie ist sechs Jahre alt. Sie ist neu in der Stadt und hat bisher nur wenige Spielgefährten. Zum Kindergarten fährt sie ihre Mutter mit dem Auto. Die Mutter hat ihr Büro zu Hause und kocht nicht gern. Zum Mittag gibt es oft Nudeln oder Pizza aus dem Tiefkühlfach. Abends möchte Amelie am liebsten Schokoladenaufstrich auf ihr Toast. Nachmittags schaut sie viel fern, einmal pro Woche fährt ihre Mutter sie zum Musikunterricht.

Gelegentlich klagt Amelie über Bauchschmerzen, fühlt sich unwohl und schlapp. Zuerst führt ihre Mutter das auf den Umzug zurück, dann fahren sie aber doch zur Kinderärztin. Diese tastet den Bauch ab und erkundigt sich dann nach den Ernährungsgewohnheiten. Wie viel Amelie trinke, will sie wissen. Sie weiß es nicht und vergisst das Trinken wohl auch oft.

Die Ärztin vermutet Verstopfung, medizinisch „Obstipation". So nennt man es, wenn der Darm nicht mindestens alle drei Tage einmal geleert wird. Der Stuhl wird dann fest und dunkel, und beim Stuhlgang tut das „Drücken" weh. Ein Abführmittel will die Ärztin aber nicht verschreiben, da der Darm sich daran gewöhnt und dann noch schlechter arbeitet. Stattdessen rät sie zur Ernährungsumstellung: Ballaststoffreiche Lebensmittel sollen jetzt häufig auf dem Speiseplan stehen. Die wirken aber nur, wenn Amelie auch ausreichend trinkt. Auch Bewegungsmangel führe zu Verstopfung, Amelie solle nicht so viel herumsitzen.

Amelies Mutter ist beschämt. Auf dem Rückweg hält sie am Supermarkt. „Amelie", sagt sie, „jetzt kaufen wir uns etwas Gesundes!"

→ Ballaststoffe s. S. 83

### AUFGABEN

1. Erzählen Sie das Fallbeispiel zu Ende. Welche Veränderungen nehmen Amelie und ihre Mutter in Angriff und wie geht es ihnen damit?
2. Tauschen Sie sich aus und recherchieren Sie gemeinsam: Welche Hausmittel helfen gegen Verstopfung?
3. Folgen von Verstopfung können Hämorrhoiden oder Divertikel sein. Recherchieren Sie!

Viel trinken unterstützt die Verdauung

**Erbrechen** ist ein Schutzreflex des Körpers. Das Brechzentrum des Gehirns löst es aus und steuert den Vorgang, sobald es Reizungen aus dem Verdauungstrakt wahrnimmt – etwa durch Alkohol oder Entzündungen. Übelkeit ist meist Vorbote des Erbrechens. Beides kann aber auch durch einen gestörten Gleichgewichtssinn oder das Nervensystem stimuliert werden (Gerüche, Angst, Ekel ...). Oft gehen Blässe, Schweißausbrüche, Speichelfluss und Schwindel dem Erbrechen voraus. Beim Erbrechen selbst befördert ein Anspannen des Zwerchfells den Mageninhalt zurück nach außen. Der Atem wird angehalten, Luftröhre und Nasenzugang verschließen sich.

Zur Behandlung von Erbrechen gibt es Medikamente, sogenannte Antiemetika, die auch gegen Übelkeit wirken. Zunächst sollte jedoch immer die Ursache abgeklärt werden. Oftmals genügt es auch, vorübergehend nur Tee zu trinken und wieder mit Leichter Vollkost zu beginnen.

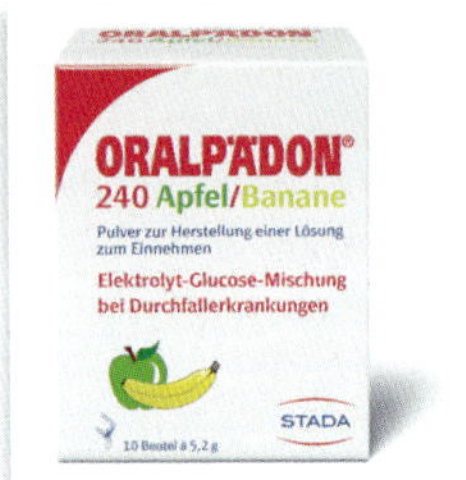


Diarrhö ist der Fachbegriff für **Durchfall** und bezeichnet einen Stuhl, der mehr als dreimal täglich in größerer Menge und dünner Beschaffenheit auftritt. Bei Säuglingen und Kleinkindern ist die Spannbreite größer. Weltweit sind infektiöse Darmerkrankungen die zweithäufigsten Krankheiten nach den Atemwegsinfekten. Starker Durchfall erfordert insbesondere bei Kindern den Ersatz der verloren gegangenen Flüssigkeit und der Mineralstoffe. Trinklösungen aus der Apotheke liefern hier die perfekte Mischung aus Glucose, Kochsalz (Natriumchlorid), Zitronensäure und Kalium.

**Ursachen von Durchfall**

| Diarrhö-Form | Erklärung | Mögliche Ursachen |
|---|---|---|
| sekretorische Diarrhö | Die Darmschleimhaut gibt aktiv Wasser oder Mineralstoffe ab, denen Wasser folgt. | chronisch entzündliche Darmerkrankungen, Lebensmittelvergiftung, Abführmittel |
| osmotische Diarrhö | nicht resorbierte Nahrungsbestandteile oder Medikamente ziehen Wasser ins Darminnere | Laktoseintoleranz, Zöliakie (s. S. 154), Abführmittel, Zuckeraustauschstoffe |
| exsudative Diarrhö | Entzündungen führen zur Anreicherung des Stuhls mit Schleim und Blut | chronisch entzündliche Darmerkrankungen, Bakterien-/Parasiteninfektionen, Krebs |
| hypermotile Diarrhö | gesteigerte Darmbewegung führt zu einer erniedrigten Passagezeit des Stuhls, sodass nicht genug Wasser entzogen werden kann | Reizdarmsyndrom, Schilddrüsenüberfunktion, diabetische Nervenschädigung |
| Steatorrhö | zu geringe Menge an Enzymen und Gallensäuren führt zu einer ungenügenden Spaltung und Aufnahme von Fetten | fehlende Bauchspeichelenzyme, Entfernung der Gallenblase |

Einen Hinweis auf die Ursache gibt die Tabelle. Der Arzt befragt den Patienten oder dessen Begleitpersonen sorgfältig und kann dann eine Stuhluntersuchung veranlassen. Manche Darminfektionen sind meldepflichtig. Antibiotika verschreibt er nur bei schweren Verläufen von Darminfektionen durch Bakterien, nicht bei den (bei Kindern häufigen) Infektionen durch Viren.

**Blähungen** sind häufige und schmerzhafte Begleiterscheinungen von Darminfekten und anderen Durchfallerkrankungen. Die Darmgase entstehen im (übermäßigen) Bakterienstoffwechsel, zum Beispiel wenn nicht verdaute oder resorbierte Nahrungsbestandteile in den besiedelten Darmbereich gelangen. Der größte Teil der Gase wird ins Blut abgegeben und ausgeatmet, der Rest entweicht über den Darmausgang. Die Hauptverdächtigen unter den Lebensmitteln hinsichtlich Blähungen sind übrigens Kohl, Hülsenfrüchte und Zwiebelgemüse.

Kinder finden Pupsen meist weniger peinlich als Erwachsene, sondern lustig und spannend.

Durchfall, Erbrechen, Fieber, starkes Schwitzen oder Nierenerkrankungen können bei kleinen Kindern rasch zu einer Dehydrierung führen. Anzeichen für Dehydrierung sind:

- eingesunkene Fontanelle (Knochenlücke im Schädeldach) beim Säugling
- wenige Windelwechsel
- dunkler Urin
- Antriebslosigkeit
- trockener Mund
- Weinen ohne Tränen
- tiefliegende Augen mit dunklen „Ringen“
- kalte Füße und Hände, trockene Haut
- Schwindel, Kopfschmerzen und Müdigkeit

**Elektrolytlösung selbst gemischt**

- 1 l stilles Mineralwasser oder abgekochtes kaltes Leitungswasser
- 1 TL Kochsalz
- 7–8 TL Traubenzucker oder Haushaltszucker

Zur schnellen Rehydrierung stehen Elektrolytlösungen zur Verfügung, die dem Kind wichtige Mineralstoffe und Zucker liefern (vor allem auch Kalium und Zitrat!). Der Geschmack ist meist besser als selbst gemischte Zucker- und Salzgemische.

## 7.3 Das Gewicht in Balance halten

„So dick war Deutschland noch nie!“ titelt die DGE im Ernährungsbericht. Demnach sind 59 Prozent der Männer und 37 Prozent der Frauen übergewichtig. Dieses Zuviel an Körperfettmasse ist nicht nur ein kosmetisches Problem, sondern verursacht auch Folgeerkrankungen wie Diabetes Typ 2 (s. S. 148) und Herz-Kreislauf-Erkrankungen, den Haupttodesursachen in Deutschland. Kinder sind erst zu etwa zehn Prozent übergewichtig, eine leicht rückläufige Zahl. Vieles spricht trotzdem für eine frühzeitige Vorbeugung und Behandlung. Im Folgenden geht es um die Ursachen und Behandlungsmöglichkeiten bei Krankheiten im Zusammenhang mit dem Energiestoffwechsel.

**AUFGABE**

„Groß werden“ ist für Kinder wichtig und interessant. Sie lassen sich meist gern messen, malen die Umrisse ihrer Hände und Füße und sie hantieren auch mit der Waage.

Diskutieren Sie: Würden Sie das Thema „zu dick, zu dünn, zu groß oder zu klein“ mit Kindern besprechen? In welchen Fällen? Warum?

## Energiebilanz und Body-Mass-Index

| BMI | Beurteilung bei Erwachsenen |
|---|---|
| < 18 | Untergewicht |
| 18,1 – 24,9 | Normalgewicht |
| 25 – 29,9 | Übergewicht |
| > 30 | Adipositas (Fettsucht) |

Der Begriff Energiebilanz beschreibt das Verhältnis zwischen Energieaufnahme und Energieverbrauch. Die Energiebilanz ist positiv, wenn der Körper mehr Energie aufnimmt, als er verbraucht. Dann speichert er diese Energie und nimmt auf Dauer an Gewicht zu. Eine negative Energiebilanz führt entsprechend zu Gewichtsabnahme. Ein stabiles Körpergewicht lässt auf eine ausgeglichene Bilanz schließen.

Ob jemand im Verhältnis zu seiner Körpergröße normal-, unter- oder übergewichtig ist, beurteilen Wissenschaftler heute meist mit dem Body-Mass-Index (BMI, Körpermassenindex).

**BMI = Körpergewicht in kg/(Körpergröße in m)$^2$**

Bei richtiger Rechnung ergeben sich Werte von unter zwanzig bis über dreißig. Zur Beurteilung dienen die nebenstehenden Grenzwerte. Überschätzt, das heißt fälschlich als übergewichtig bewertet, werden sehr muskulöse Menschen. Denn ihr hohes Gewicht ist nicht durch Fett, sondern durch Muskelmasse bedingt. Bei Kindern gelten die Grenzwerte nicht, da ihre Körperproportionen sich im Wachstum stark verändern (s. S. 35). Stattdessen trägt man das Ergebnis in ein spezielles Somatogramm ein, verfolgt die Perzentilenkurven nach rechts oben und liest ab: Ein Wert zwischen der 10. und 90. Perzentile gilt als normal. Als übergewichtig gilt ein Kind ab der 90-sten BMI-Perzentile, ab der 97-sten als adipös und damit behandlungsbedüftig.

→ Perzentilenkurven für Kinder von 1 bis 5 Jahren s. S. 37

| **Alter** (Jahre) | BMI-Perzentile Mädchen | |
|---|---|---|
| | Adipositas P97,0 | Extreme Adipositas P99,5 |
| 5,0 bis < 6,0 | 19,4 | 21,7 |
| 6,0 bis < 7,0 | 20,0 | 22,8 |
| 7,0 bis < 8,0 | 20,9 | 24,3 |
| 8,0 bis < 9,0 | 22,0 | 26,0 |
| 9,0 bis < 10,0 | 23,0 | 27,5 |
| 10,0 bis < 11,0 | 24,0 | 28,8 |
| 11,0 bis < 12,0 | 25,0 | 29,9 |
| 12,0 bis < 13,0 | 25,9 | 30,8 |
| 13,0 bis < 14,0 | 26,7 | 31,5 |
| 14,0 bis < 15,0 | 27,3 | 31,8 |
| 15,0 bis < 16,0 | 27,8 | 32,2 |
| 16,0 bis < 17,0 | 28,3 | 32,8 |
| 17,0 bis < 18,0 | 29,3 | 34,3 |

| **Alter** (Jahre) | BMI-Perzentile Jungen | |
|---|---|---|
| | Adipositas P97,0 | Extreme Adipositas P99,5 |
| 5,0 bis < 6,0 | 19,2 | 21,5 |
| 6,0 bis < 7,0 | 19,8 | 22,4 |
| 7,0 bis < 8,0 | 20,6 | 23,8 |
| 8,0 bis < 9,0 | 21,6 | 25,5 |
| 9,0 bis < 10,0 | 22,8 | 27,3 |
| 10,0 bis < 11,0 | 23,9 | 29,2 |
| 11,0 bis < 12,0 | 25,0 | 30,6 |
| 12,0 bis < 13,0 | 25,9 | 31,7 |
| 13,0 bis < 14,0 | 26,6 | 32,5 |
| 14,0 bis < 15,0 | 27,3 | 32,8 |
| 15,0 bis < 16,0 | 27,8 | 33,0 |
| 16,0 bis < 17,0 | 28,2 | 33,1 |
| 17,0 bis < 18,0 | 28,8 | 33,6 |

## Essstörungen

Etwa fünf Prozent aller Mädchen und jungen Frauen leiden an einer Essstörung, nur etwa ein Zehntel der Essgestörten ist männlich. Essstörungen sind ernst zu nehmende und lebensbedrohliche psychosomatische Erkrankungen, die schon im Kindergartenalter auftreten können. Die häufigsten sind Magersucht, Ess-Brech-Sucht und Binge-Eating-Störung. Diesen Erscheinungen ist gemeinsam, dass die Betroffenen ihren Körper zu kritisch beurteilen, ihre Körpersignale und Gefühle nicht gut wahrnehmen können und sich minderwertig fühlen.

Schon Kleinkinder nehmen Gesprächsfetzen aus ihrer Umwelt auf: „Dass esse ich nicht, das macht dick." „Nein, ich mache gerade Diät." „ Ich bin zu dick, ich muss Diät halten." Ein sensibler Umgang mit Aussagen dieser Art ist schon bei Kleinkindern wichtig.

Einer der Bildungsaufträge in der Kita besteht darin, mit den Kindern ein ausgewogenes Ernährungsverhalten mit einem natürlichen Hunger- und Sättigungsgefühl zu üben. Was könnte das für den Alltag in der Kita bedeuten?

Die klassischen Essstörungen Anorexie und Bulimie ähneln sich stark und können ineinander übergehen. Der Hauptunterschied besteht im Vorkommen von Heißhungerattacken bei der Bulimie. Die unangemessenen Gegenmaßnahmen wie Erbrechen oder der Missbrauch von Abführmitteln können auch bei der Anorexie vorkommen. Je nach Ausprägung des Gewichtsverlustes und des selbst herbeigeführten Erbrechens entstehen Folgen und zum Teil bleibende Schäden wie Osteoporose (s. S. 88). Bei der Binge-Eating-Disorder fehlen nach den Essanfällen die gegenregulierenden Maßnahmen, sodass hier in der Regel Übergewicht oder Adipositas vorliegt.

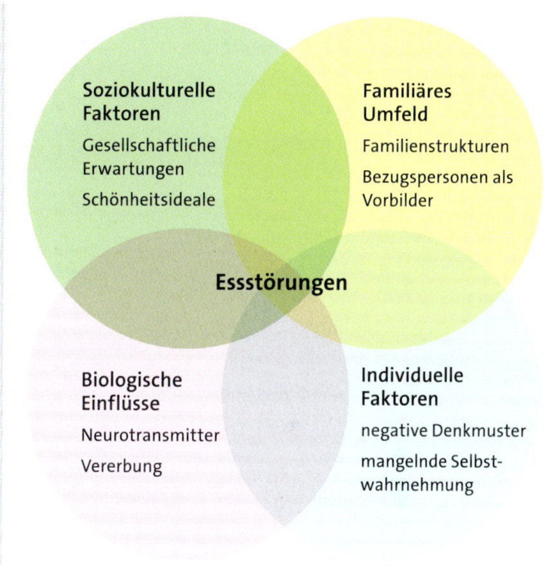

**Selbsttest: Habe ich eine Essstörung?**

Wer eine oder mehrere der folgenden Verhaltensweisen über längere Zeit an sich beobachtet, sollte sich professionelle Hilfe holen:

- Essen ist mit Ängsten verbunden.
- Essen bestimmt das Körpergefühl.
- Essen hilft gegen Stress und Frust.
- Essen beherrscht das Denken.
- Essen wird streng kontrolliert.

| | Magersucht – Anorexia nervosa | Ess-Brech-Sucht – Bulimie | Fresssucht – Binge Eating Disorder |
|---|---|---|---|
| Merkmale | ▪ Untergewicht (BMI ≤ 17,5 kg/m² oder ≥ 15 % unter dem erwarteten Gewicht)<br>▪ selbst herbei geführter Gewichtsverlust durch Vermeidung hochkalorischer Speisen und selbst induziertes Erbrechen/Abführen, übertriebene körperliche Aktivität, Appetitzügler oder Diuretika<br>▪ Körperschemastörung: tief verwurzelte Angst dick zu werden<br>▪ hormonelle Störung<br>▪ verzögerte pubertäre Entwicklung | ▪ Normalgewicht<br>▪ andauernde Beschäftigung mit Essen<br>▪ Heißhungeranfälle mit Kontrollverlust (Energieaufnahmen bis 40 000 kJ)<br>▪ Kompensation durch meist selbst ausgelöstes Erbrechen und andere Maßnahmen<br>▪ Körperschemastörung und Gewichtsphobie | ▪ massives Übergewicht<br>▪ Heißhungeranfälle mit Kontrollverlust (Energieaufnahmen bis 40 000 kJ)<br>▪ keine kompensatorischen Maßnahmen<br>▪ Schuldgefühle, Ekel vor sich selbst |
| Folgen | ▪ Ausbleiben der Menstruation<br>▪ Schwindel, Herzrhythmusstörungen (ggf. tödlich)<br>▪ Infektanfälligkeit<br>▪ Muskel-, Knochenschmerzen, Osteoporose<br>▪ Obstipation, Diarrhöe<br>▪ Sodbrennen, Reflux, Reizung von Speiseröhre, Rachen und Zahnerosionen<br>▪ Lanugobehaarung (Flaum), Hyperpigmentation<br>▪ Kälteempfindlichkeit, Hypothermie<br>▪ Elektrolytstörungen bis hin zur Niereninsuffizienz | ▪ Obstipation, Diarrhö<br>▪ Sodbrennen, Reflux, Reizung von Speiseröhre, Rachen und Zahnerosionen, Speicheldrüsenschwellung<br>▪ Elektrolytstörungen | ▪ seelische Störungen<br>▪ Belastung von Knochen und Gelenken<br>▪ Herz-Kreislauf-Erkrankungen und Bluthochdruck<br>▪ Stoffwechselerkrankungen wie Zuckerkrankheit, Fettstoffwechselstörungen, Gicht<br>▪ erhöhte Unfallgefahr |
| Therapie | ▪ Normalisierung von Gewicht und Essverhalten (Krankheitsfolgen behandeln)<br>▪ Längere ärztliche und psychologische Behandlung mit Ursachenbewältigung<br>▪ Einbeziehung der Familie | | |

## AUFGABE

Vielfach wird das Schönheitsideal in den Medien als Ursache für Essstörungen diskutiert. Finden Sie Beispiele für schlanke Vorbilder. Welche Haltung sollte eine Betreuungsperson einnehmen, um ein krankhaftes Schönheitsideal bzw. die Stigmatisierung von davon abweichenden Kindern zu vermeiden?

## Übergewicht und Adipositas

In Deutschland sind 8,7 % der Kinder und Jugendlichen im Alter von 3 bis 17 Jahren übergewichtig, 6,3 % sind adipös. Das heißt, bei etwa 1,9 Millionen Kindern und Jugendlichen liegt das Gewicht über der 90. geschlechts- und altersspezifischen Perzentile (s. S. 36).

Eine KiGGS-Studie zeigt, dass der Anteil der Kinder mit Übergewicht bzw. Adipositas mit steigendem Alter zunimmt. Referenzdaten von 1985 bis 1999 zeigen im Vergleich zu heute, dass die Häufigkeit an Übergewicht um die Hälfte gestiegen ist.

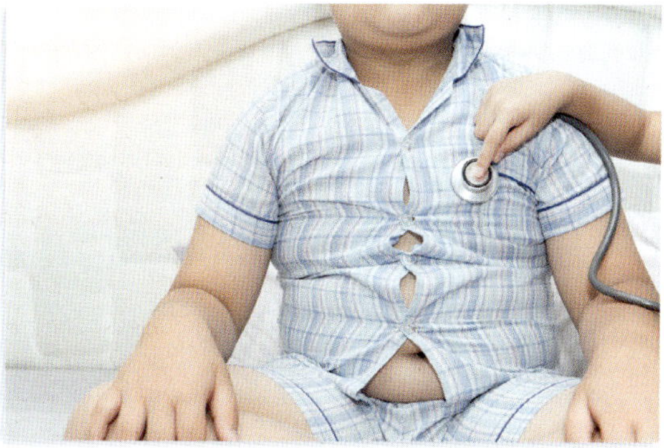

Übergewichtiges dreijähriges Kind

| Übergewichtig im Kindes- und Jugendalter: | | Adipös im Kinder- und Jugendalter: | |
|---|---|---|---|
| 3–6 Jahre: | 9 % | 3–6 Jahre: | 2,9 % |
| 7–10 Jahre: | über 15 % | 7–10 Jahre: | 6,4 % |
| 14–17 Jahre: | 17% | 14–17 Jahre: | 8,5 % |

Zahlreiche Krankheiten und Risikofaktoren sind mit Übergewicht und insbesondere mit dem Zuviel an viszeralem Fettgewebe verbunden. Dieses am Bauch angesammelte Fett ist stoffwechselaktiver. Ab einem Bauchumfang von 88 Zentimetern bei Frauen und 102 bei Männern ist das Risiko für Herz-Kreislauf-Erkrankungen und Diabetes mellitus Typ 2 (s. S. 148) stark erhöht. Ein zu hohes Gewicht belastet Knochen und Gelenke und erhöht die Gefahr für Unfälle, da Beweglichkeit und Reaktionen verschlechtert sind. Störungen im Bereich der Atemwege, Gicht, Fettleber, Gallensteine und eine erhöhte Krebsgefahr sind weitere Folgen.

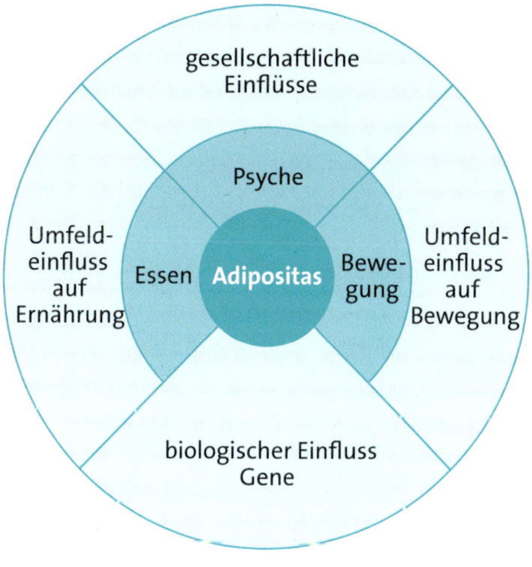


Die Entstehung von Übergewicht ist ein komplexer Vorgang, der zwar von Genen und damit Hunger- und Sättigungsregulatoren abhängig ist. Individuelle und gesellschaftliche Einflüsse sind aber die Hauptverantwortlichen für die rasante Zunahme an übergewichtigen Menschen in den jüngsten Jahrzehnten. Der westliche Lebensstil mit dem reichlichen Verzehr energiedichter Mahlzeiten und Snacks sowie hohem Medienkonsum ohne Bewegung ist ein wesentlicher Risikofaktor. Die seelische Verfassung beeinflusst das Essverhalten ebenfalls erheblich.

Gefühle und psychische Bedürfnisse, aber auch Stress verändern die Nahrungsaufnahme. Zudem erschweren gesellschaftliche Einflüsse und Umfeldfaktoren das Schlankbleiben: die ständige Verfügbarkeit von verzehrfertigen Lebensmitteln, bequem im Auto oder mit öffentlichen Verkehrsmitteln zurück gelegte Wege, (unerfüllbare) Erwartungen an Aussehen und Fitness ...

Einige Gesundheitsinitiativen bemühen sich, einen gesundheitsförderlichen Lebensstil mit bedarfsgerechter Ernährung bei eingeschränktem Verzehr von Fastfood, Alkohol und zuckerhaltigen Getränken sowie regelmäßiger körperlicher Bewegung auch gesellschaftlich attraktiver zu gestalten. Das Stillen von Säuglingen vermindert das Risiko für Übergewicht nachweislich um ein Drittel.

Menschen nehmen zu, wenn die Energiebilanz positiv ist, das heißt, wenn sie mehr Kalorien verzehren, als sie zum Beispiel durch Bewegung verbrauchen. Wer abnehmen will, muss also weniger essen und sich mehr bewegen. „Friss die Hälfte", ist jedoch keine gesunde und Erfolg versprechende Diät. Selbst wenn die Willenskraft stärker ist als der Appetit, so leidet doch die Vitamin- und Mineralstoffversorgung des Körpers. Denn der Bedarf an Mikronährstoffen bleibt gleich. Besser ist es also, energiereiche Lebensmittel durch energiearme zu ersetzen. In jeder Lebensmittelgruppe der Ernährungspyramide gibt es fett- oder zuckerärmere Alternativen.

Werden den Kleinen im Beikostalter (12 bis 18 Monate) zu viel Kuhmilch oder entsprechende Milchprodukte zugeführt, kann es laut einer Studie zu Übergewicht im Einschulungsalter kommen. Zwischenmahlzeiten wie Grießpudding, Quarktöpfchen etc. liefern bis 3,4 g Eiweiß pro 100 g – das ist dreimal so viel wie Muttermilch oder Milchnahrung fürs Fläschchen.
Bei einer hohen Eiweißzufuhr steigt die Konzentration freier Aminosäuren im Blut. Diese regen die Ausschüttung von Insulin und einem bestimmten Wachstumsfaktor an. Beide beeinflussen das Wachstum und die Gewichtszunahme.

Als besonders vorteilhaft erweisen sich pflanzliche Lebensmittel mit einem hohen Ballaststoffgehalt, da die unverdaulichen Fasern im Magen-Darm-Trakt aufquellen und daher gut sättigen. Vollkornprodukte, Obst und Gemüse sowie Hülsenfrüchte (Erbsen, Bohnen, Linsen) schmecken auch ohne viel Fett und Zucker und halten lange satt.

Übergewichtige wissen häufig nicht, wie es zu ihrer Gewichtszunahme gekommen ist. Sie müssen sich deshalb bewusst machen, was sie über den Tag hinweg essen. Ernährungsprotokolle und eine einfühlsame Beratung können zu einem besseren Ernährungsverhalten führen, das zu den Vorlieben des einzelnen passt und das er auf Dauer beibehalten kann. Denn kurzfristige Gewaltdiäten sind keine Lösung. Nach den ersten Abnehmerfolgen, fällt der Patient meist zurück in alte Gewohnheiten und nimmt wieder zu, oft über das Ausgangsgewicht hinaus. Dieser sogenannte Jo-Jo-Effekt erklärt sich dadurch, dass der Grundumsatz und damit der Energiebedarf während der Diät sinken.

Etwas dickere Kinder lieben meist Fast-Food wie Pommes, Burger und Pizza. Die energiereduzierte Mischkost mit einer verminderten Energieaufnahme kann die Pfunde purzeln lassen. Selbst hergestellte Pommes auf dem Backblech, Burger mit einem höheren Gemüse- statt Fleischanteil oder auch in Pommesform geschnittenes Gemüse kann helfen, den Verzicht auszugleichen.

Eine medikamentöse oder chirurgische Behandlung von massivem Übergewicht kommt nur beim Versagen von Ernährungs-, Bewegungs- und Verhaltenstherapie in Frage. Bei Kindern und Jugendlichen ist die Einbeziehung der Bezugspersonen von Anfang an unerlässlich.

Trotz verminderter Energieaufnahme muss der Anteil an Nährstoffen gewährleistet bleiben. Auf Eisen, Thiamin und Folsäure sollte besonderes Augenmerk gelegt werden (s. S. 70, 84, 90).

### Tipps zum Abnehmen und Gewichthalten

1. Selbstbeobachtung von Verhalten und Fortschritt (Ernährungstagebuch)
2. mehr frisches Obst und Gemüse verzehren, möglichst roh (viel auf dem Teller, wenig Kalorien)

3. reichlich energiefreie und -arme Getränke (s. S. 67)
4. Vollkornprodukte bevorzugen (Ballaststoffe sättigen lange, s. S. 82 f.)
5. „versteckte" Fette vermeiden (Süßigkeiten, Chips, bestimmte Wurst-, Käsesorten, Nüsse, Milchprodukte ...)
6. fettarme Garmethoden auswählen: Dämpfen, Dünsten, Grillen, Mikrowelle (s. S. 132)
7. langsam essen, gründlich kauen, Speisen ohne Ablenkung (z. B. durch Fernsehen) genießen
8. regelmäßig an einem festen Essplatz essen (3 bis 5 kleine Mahlzeiten am Tag mit Energiezufuhr-Pausen dazwischen)
9. Alltagstätigkeiten mit Muskelkraft erledigen: Fahrrad statt Auto, Treppe statt Aufzug, ...
10. Sport, der Spaß macht, mit netten Leuten in angenehmer Umgebung
11. Strategien zum Umgang mit Stress und Konflikten, Entspannungstechniken üben
12. bewegungsarme Zeiten reduzieren (Medien, Arbeit im Sitzen ...)
13. sich Verbündete suchen: Gruppen unterstützen und motivieren
14. Verbote vermeiden, sie führen zu Misserfolgen

Kinder beim Sport

## 7.4 Diabetes mellitus

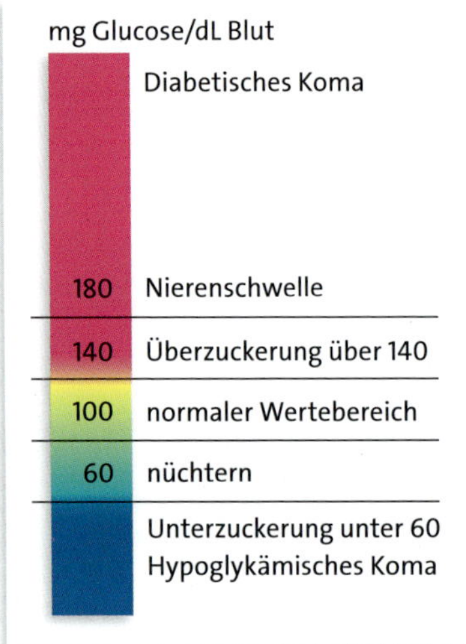


Die Zuckerkrankheit Diabetes mellitus ist tödlich. Immer mehr Menschen erkranken daran. Die Spätfolgen bei schlecht behandelten Diabetikern sind Erblindung, Nierenschädigung bis hin zur Dialyse, Durchblutungsstörungen bis hin zur Amputation von Gliedmaßen oder Herzinfarkt und Schlaganfall.

Diabetes mellitus ist griechisch und bedeutet „honigsüßes Hindurchfließen". Bevor es Teststreifen für den Blut- oder Harnzucker gab, probierten die Ärzte den Urin eines Patienten: Ein süßer Geschmack deutete auf Zucker im Urin hin.

Ursache der Erkrankung ist eine fehlende oder unwirksame Insulinproduktion in der **Bauchspeicheldrüse**. Neben ihrer exokrinen Funktion zur Bildung von Verdauungsenzymen stellt sie auch die Hormone zur Regulation des Blutzuckerspiegels her.

Nach der Verdauung der Kohlenhydrate gelangen diese vorwiegend in Form von Glucose ins Blut. Der Blutzuckerspiegel steigt. Er gibt an, wie viel Milligramm Glucose in 100 Milliliter Blut enthalten sind. Sobald dieser Wert ansteigt, schüttet die Bauchspeicheldrüse Insulin aus.

**Insulin** sorgt wie ein Schlüssel dafür, dass die Glucose aus dem Blut in die Zellen gelangt. Fehlt der Schlüssel, haben die Energie verbrauchenden Zellen zum Beispiel in Muskulatur und Gehirn zu wenig Brennstoff und der Blutzuckerspiegel steigt immer weiter an. Insulin bewirkt im Einzelnen
- eine verstärkte Verbrennung der Glucose für Muskel- und geistige Arbeit, Körperfunktionen und Wärme
- eine Speicherung von Glucose als Glykogen in Leber und Muskulatur
- den Aufbau von Fett aus Glucose
- eine Verringerung des Fettabbaus
- den Aufbau von Körpereiweiß aus Glucose

→ Kohlenhydrate s. S. 83

| | Unterzuckerung Hypoglykämie | Überzuckerung Hyperglykämie |
|---|---|---|
| Ursachen | ▪ zu geringer Kohlenhydratverzehr<br>▪ zu hohe Insulindosis<br>▪ Alkohol<br>▪ Sport | ▪ Verzehr zuckerreicher Lebensmittel<br>▪ zu geringe Insulindosis<br>▪ Infektionen, Stress |
| Symptome | ▪ Schwitzen, Unruhe, Aggressivität, Heißhunger, Zittern, Herzrasen, Ohnmacht | ▪ Durst, trockene Haut, Juckreiz, vermehrter Harndrang, Azetonatem, Apathie, Übelkeit, Bewusstlosigkeit (diabetisches Koma) |
| Erste Hilfe | ▪ Traubenzucker oder Fruchtsaft geben, Arzt rufen | ▪ Insulingabe, Flüssigkeitszufuhr, Arzt rufen |

Insulin hat also eine anabole, das heißt körperaufbauende Wirkung. Dadurch nehmen verschiedenste Zellen Glucose auf, der **Blutzuckerspiegel** sinkt. Der Blutzuckerspiegel schwankt normalerweise zwischen 80 und 120 mg/100 ml. Wenn jemand sportlich aktiv ist, sinkt der Blutzuckerspiegel wesentlich schneller, weil die Muskelzellen Glucose verbrennen.

Der Gegenspieler des Insulins ist das **Glukagon**. Im Hungerzustand bewirkt es den Abbau des Speicherkohlenhydrats Glykogen in der Leber. Glucose steht so wieder zur Verfügung.

Fehlt Insulin aufgrund von Diabetes mellitus, kann der Blutzuckerspiegel nicht ausreichend reguliert werden. Es kommt zu Über- oder Unterzuckerung. Steigt der Blutzucker über 180 mg/100 ml, die sogenannte Nierenschwelle, wird Glucose im Harn ausgeschieden.

Nach der Ursache unterscheidet man zwei Hauptformen des Diabetes mellitus: Der Typ-1-Diabetes entsteht, wenn die Insulin bildenden Zellen der Bauchspeicheldrüse (sogenannte Langerhans'sche Inseln) zerstört sind und kein Insulin mehr produzieren: Es besteht absoluter Insulinmangel. Das kann die Folge von Autoimmunreaktionen sein, dabei wenden sich die körpereigenen Abwehrzellen etwa nach einer Virusinfektion gegen die eigenen Inselzellen.

Der Typ-1-Diabetes beginnt meist plötzlich und vor dem 30. Lebensjahr. Früher wurde er deshalb als Jugenddiabetes bezeichnet. Die Symptome beim unbehandelten Typ-1-Diabetes sind

## AUFGABE

Stellen Sie die Typen des Diabetes tabellarisch gegenüber (s. S. 149)

| | Typ 1 | Typ 2 |
|---|---|---|
| typisches Alter | | |
| Ursache | | |
| Symptome | | |
| Medikamente | | |
| Diät | | |

Symptome beim unbehandelten Typ-1-Diabetes:

- starker Durst vermehrtes Wasserlassen
- Übelkeit
- Gewichtsverlust
- Schwäche bis hin zum diabetischen Koma

Typ-1-Diabetiker müssen das fehlende Insulin mehrmals täglich unter die Haut spritzen, manche haben auch eine Insulinpumpe mit einem Dauerkatheter in der Haut. Dazu ist es wichtig, dass sie den Blutzuckerspiegel regelmäßig messen. Die Kohlenhydratzufuhr muss genau zur Insulingabe passen. Dazu berechnen Diabetiker die Broteinheiten (BE) oder Kohlenhydrateinheiten (KE) ihrer Mahlzeiten. Eine BE/KE entspricht dabei zehn bis zwölf Gramm Kohlenhydraten und erhöht den Blutzuckerspiegel je nach Mahlzeitenzusammensetzung, Bewegung und Tageszeit um 25–40 mg/dl. Schnell verfügbare Kohlenhydrate wie Traubenzucker, Haushaltszucker oder Honig gilt es eher zu vermeiden. Stärke fließt nach dem Verdauungsprozess wesentlich langsamer ins Blut, was Ballaststoffe noch weiter verzögern. Vollkornprodukte sind für Diabetiker also besonders zu empfehlen. Wichtig ist auch die möglichst gleichmäßige Nahrungszufuhr über sechs bis sieben kleinere Mahlzeiten am Tag.

Der **glykämische Index** (GI) ist derzeit auch im Zusammenhang mit Reduktionsdiäten ein viel diskutierter Wert. Er beschreibt, um wie viel der Blutglucosespiegel nach dem Verzehr von 50 g Kohlenhydraten aus verschiedenen Quellen im Vergleich zu 50 g Glucose ansteigt (s. Abb.). Kohlenhydratreiche Lebensmittel mit niedrigem GI sind generell sowie nach den Empfehlungen zur Behandlung von Diabetes sowie Übergewicht eine gute Wahl.

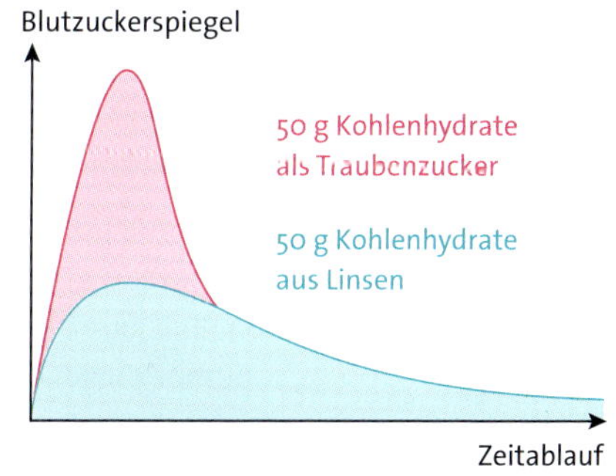

Diese gleichmäßige Kohlenhydratzufuhr ist auch bei **Typ-2**-Diabetes ratsam. Die Entstehung und Behandlung dieser Form der Zuckerkrankheit ist jedoch ganz anders. Der Diabetes Typ 2 ist die Folge von Übergewicht und tritt wesentlich häufiger auf als Typ 1. Aufgrund des Übergewichts werden die Körperzellen unempfindlich gegenüber Insulin (Insulinresistenz). Das Schloss passt nicht mehr zum Schlüssel. Wenn der Typ-2-Diabetiker sein Übergewicht abbaut, verschwinden häufig auch die Symptome. Ansonsten muss er Medikamente einnehmen, die Insulinproduktion oder -wirksamkeit fördern. Beim fortgeschrittenen Diabetes Typ 2 muss dann oftmals Insulin gespritzt werden.

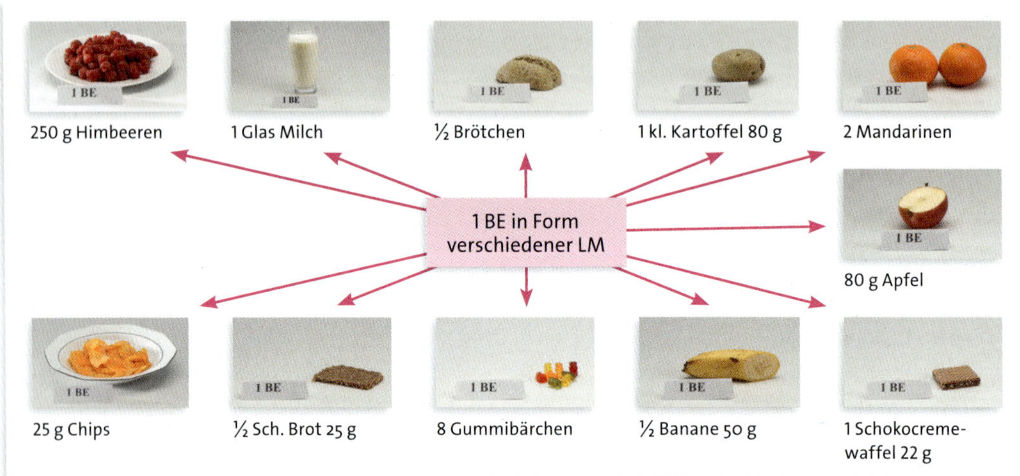


Alle Diabetiker lernen in Schulungen, wie sie ihren Blutzuckerspiegel messen und möglichst konstant halten können, damit sie von Spätschäden an Blutgefäßen, Augen, Nieren und Nerven möglichst verschont bleiben. Auch Kinder können schon früh lernen, mit der Krankheit umzugehen und wissen welche Mengen von Lebensmittel sie zu sich nehmen dürfen. Entsprechende Schulungen sind auch für Betreuungskräfte empfehlenswert.

### Diabetes bei Kindern

Kinder mit Diabetes benötigen keine anderen Lebensmittel, aber erhöhte Aufmerksamkeit.

Zeigt ein Kind diese Symptome, sollte es auf Diabetes untersucht werden:

- sehr viel Durst und Trinkmengen von mehreren Litern pro Tag
- große Urinmengen, nächtliches Wasserlassen oder Einnässen
- Leistungsschwäche und Mattheit
- Gewichtsverlust bei ständigem Heißhunger (Kinder mit Typ-1-Diabetes sind meist schlank)
- unerklärlich starke Bauchschmerzen

Typ-1-Diabetes erfordert das lebenslange Spritzen von Insulin (meist mit einem Insulin-Pen), da die Bauchspeicheldrüse selbst kein Insulin mehr herstellen kann. Vielen Kindern und Jugendlichen wird aber auch eine Insulinpumpe eingesetzt, die sich flexibel und schnell ansteuern lässt.

Es ist ideal, wenn eine Diabetes-Beraterin den Kindergarten besucht und Mitarbeiter/-innen sowie Kinder informiert. Auch wenn sie dazu nicht verpflichtet ist, sollte möglichst eine Betreuungskraft das Diabetes-Management des Kindes unterstützen:

- den Blutzucker messen mit einem Blutstropfen aus dem Finger oder mit einem Zuckersensor am Oberarm, meist vor uns nach den Mahlzeiten, vor dem Sport und immer bei Verdacht auf Unterzuckerung
- Insulin spritzen oder die Insulinpumpe bedienen vor allem zu den Mahlzeiten
- den Kohlenhydratgehalt der Mahlzeit abschätzen

Achtung: Im Notfall ist jeder Mensch verpflichtet, einem diabetischen Kind zu helfen, etwa bei Unterzuckerung! Solange keine grobe Fahrlässigkeit vorliegt, kann niemand haftbar gemacht werden.

Spielen, Sport, Ausflüge – das Kind soll ein möglichst normales Leben führen. Je nach Alter sind auch schon Kinder in der Lage, selbstständig mit ihrer Krankheit zurechtzukommen.

**So kann der diabetische „Wegbegleiter“ für die Betreuungskraft aussehen:**

Absprache mit den Eltern eines an Diabetes erkrankten Kindes

Name des Kindes und Gruppe: ______________________________

Telefonnummern der Erziehungsberechtigten und des Arztes:

______________________________________________

Blutzuckerkontrolle
a) durch das Kind ☐
b) mit Unterstützung ☐

Wenn Blutzucker unter ..., dann ... Plättchen Traubenzucker essen.

Blutzucker-Zielwert vor dem 2.Frühstück: ______________________

sonst ...

Blutzucker-Zielwert vor dem Mittagessen: ______________________

sonst ...

Bei diagnostiziertem Diabetes gilt in Ernährungssituationen: Blutzucker messen, Insulin spritzen, Unterzucker vermeiden

## AUFGABE

Erstellen Sie einen Tagesernährungsplan für ein an Diabetes Typ 1 erkranktes Kind. Worauf achten Sie besonders?

## 7.5 Lebensmittelunverträglichkeiten

Etwa ein Fünftel der Menschen in den Industrieländern klagt über eine Unverträglichkeit gegenüber bestimmten Lebensmitteln. Diese Intoleranzen sollten ärztlich abgeklärt werden, damit nicht zu viele Lebensmittel im vollwertigen Speiseplan fehlen. Für das Essen und Trinken in der Kindertagesstätte und zu Hause stellt sich dann immer die Frage, welche anderen Lebensmittel den Nährstoffbedarf decken (und das Esserlebnis ausgleichen) können oder inwieweit angereicherte Produkte und Nahrungsergänzungsmittel notwendig sind.

**Lebensmittelunverträglichkeiten**

**Allergie**
- eine überschießende, durch das Immumsystem vermittelte Reaktion (Bildung von Antikörpern)
- frühestens beim zweiten Kontakt
- typische Allergene: Milch, Hühnerei, Soja, Erdnuss

**Pseudoallergie**
- Symptome wie bei einer Allergie
- ohne Beteiligung von Antikörpern
- Reaktion schon beim ersten Kontakt
- typisch: Zusatzstoffe, natürliche LM-Inhaltsstoffe z. B. von Tomaten, Beeren, Kräutern

**Histamin-Unverträglichkeit**
- Empfindlichkeit gegenüber Histamin in Lebensmitteln
- allergieähnliche Symptome
- histaminreiche LM: Fischkonserven, Rohwurst, Käse, Sauerkraut, Rotwein

**Enzymmangel**
- Fehlen bestimmter Verdauungsenzyme z. B. Laktoseintoleranz durch zu geringe Aktivität der Laktose im Dünndarm
- typisch: Milch, Milchprodukte je nach Laktosegehalt

**Allergie**
überschießende Abwehrreaktion auf normalerweise harmlose Umweltstoffe

→ Querverweis Kap 3

### Allergien

Nur vier bis acht Prozent der Kinder und ein bis zwei Prozent der Erwachsenen haben eine echte Lebensmittelallergie. Kinder, deren Eltern unter einer Allergie leiden, haben ein höheres Allergierisiko. Lebensstil- und Umwelteinflüsse erklären das vermehrte Auftreten von Allergien in den letzten Jahrzehnten.

Eine Lebensmittelallergie kann sich durch ganz unterschiedliche Symptome äußern: Erbrechen, Krämpfe, Blähungen und Durchfall, Ausschlag, Nesselfieber oder neurodermitische Schübe, Asthma, Schnupfen, rote Augen sowie schlimmstenfalls durch Kreislaufversagen (Anaphylaktischer Schock).

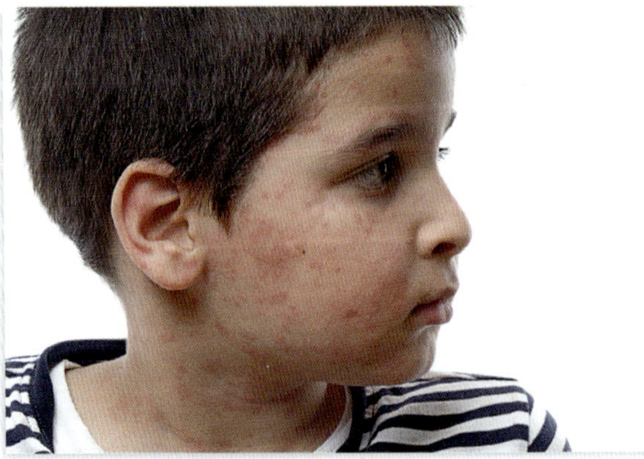

Kind mit allergischer Reaktion

**Symptome vermeiden bei Allergien und Co.**

1. Vermeide sorgfältig, was du nicht verträgst!
2. Iss abwechslungsreich von allen Lebensmitteln, die verträglich sind.
3. Probiere, ob andere Sorten oder Zubereitungen das Lebensmittel verträglich machen (manchmal hilft z. B. das Erhitzen eines Lebensmittels).
4. Die Allergenkennzeichnung hilft, die kritischsten Stoffe zu meiden. Lies die Zutatenliste von zusammengesetzten Lebensmitteln kritisch!
5. Meide Fertiggerichte und Fastfood: Besser selber kochen aus Grundnahrungsmitteln!
6. Decke deinen Nährstoffbedarf trotzdem! (Ersetze z. B. Milchprodukte durch andere calciumreiche Lebensmittel.)
7. Nahrungsergänzungsmittel nur nach ärztlicher Beratung einnehmen.

→ Allergenkennzeichnung s. S. 126

**AUFGABE**

Arbeitsteilige Gruppenarbeit für verschiedene Unverträglichkeiten:
Erstellen Sie eine Tabelle mit allen Lebensmittelgruppen und ergänzen Sie jeweils zwei Spalten – geeignete und ungeeignete Produkte.
Fassen Sie Ihre Erkenntnisse zusammen.

## Pseudoallergien

Von Allergien abzugrenzen sind andere Unverträglichkeiten, da sie nicht über das Immunsystem vermittelt sind: Nahrungsmittelzusatzstoffe wie Sulfide, Tartrazin und Glutamat lösen bei Betroffenen Hitzewallungen, Kopfschmerzen und Oberbauchbeschwerden aus. Da Glutamat in der chinesischen Küche meist reichlich Gebrauch findet, wurde die Empfindlichkeit auf diesen Geschmacksverstärker als Chinahouse-Syndrom bekannt. Auch pseudoallergische Patienten müssen den entsprechenden Auslöser strikt meiden.

## Histamin-Unverträglichkeit

Histamin löst als Gewebshormon allergische Symptome aus, kann aber auch als Lebensmittelinhaltsstoff Unverträglichkeiten verursachen, ebenso wie andere biogene Amine wie Serotonin und Tyramin. Oftmals sammeln sich die Amine an, weil das abbauende Enzym nicht ausreichend Aktivität besitzt. Histamin kommt häufig in vergorenen Lebensmitteln wie Käse, Rohwurst oder Sauerkraut vor und löst Magen-Darm- sowie neurologische Symptome aus. Tyramin kommt auch in Schokolade vor, Serotonin in Bananen, Walnüssen und Ananas.

Histaminhaltige Lebensmittel können sein: Käse, Rohwurst, Sauerkraut.

Laktosefreies Produkt

## Laktoseintoleranz

Im Gegensatz zu Kuhmilchallergikern können Personen mit Milchzuckerunverträglichkeit meist Milchprodukte mit nur geringem Milchzuckergehalt vertragen. Die Ursache der Symptome wie Blähungen, Bauchschmerzen und Durchfall entstehen dadurch, dass die Laktase im Dünndarm zu wenig aktiv ist. Laktase ist das Enzym der Dünndarmschleimhaut, das im Säuglingsalter für die Spaltung des Milchzuckers in Glucose und Galaktose verantwortlich ist. Geschieht dies nicht (mehr), gelangt der Doppelzucker in tiefere Darmabschnitte. Die Darmbakterien bauen die Laktose dann zu organischen Säuren und Kohlendioxid ab, was die Volumenvergrößerung durch Wasseransammlung und die Gasbildung erklärt. Die Laktoseintoleranz ist sehr selten angeboren, meist lässt die Laktaseaktivität im höheren Lebensalter nach. Lediglich Nordeuropäische Völker haben über die Jahrhunderte mit Rinderzucht und Milchverarbeitung eine Laktosetoleranz im erwachsenen Alter entwickelt.

Eine Laktoseintoleranz lässt sich mit einem Belastungstest feststellen. In der Ausatemluft befindet sich bei Betroffenen nach dem Verzehr von Milchzucker eine erhöhte Menge Wasserstoffgas, das aus bakteriellem Stoffwechsel stammt.

Laktose kommt in Milchprodukten vor, in vergorenen Produkten wie Joghurt oder Käse in geringerem Maße. Betroffene, die nicht auf Milch verzichten wollen, können Laktasepräparate einnehmen oder spezielle laktosefreie Milch verwenden. Laktose als relativ wenig süß schmeckender Zucker wird jedoch auch Medikamenten und anderen Lebensmitteln wie Wurstwaren zugesetzt.

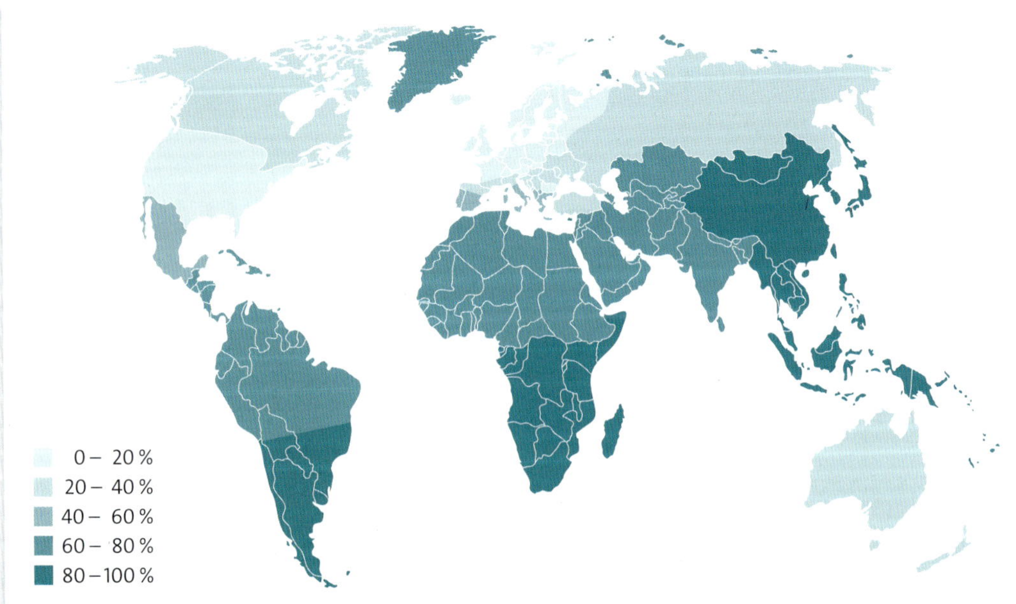


Bevölkerungsanteil mit Milchzuckerunverträglichkeiten

## Fruchtzuckerunverträglichkeit

Fruktose ist ein Einfachzucker, der in Obst, besonders Steinobst, aber auch Getränken und Süßwaren vorkommt. Haushaltszucker (Saccharose) als Zweifachzucker enthält Glucose und Fruktose als Bausteine. Nach der Verdauung von Kohlenhydraten zu Einfachzuckern gelangen Glucose und Galaktose vollständig ins Blut, wohingegen die Fruktoseaufnahme begrenzt ist. Sie lässt sich steigern durch die gleichzeitige Aufnahme von Glucose und bestimmte Aminosäuren und wird durch Sorbit gehemmt (einen Zuckeralkohol, der als Süßungsmittel verwendet wird).

Bei der vererbten Fruktoseintoleranz fehlt das Enzym zum Fruktoseabbau in den Zellen, also nach der erfolgreichen Resorption. Nur eine streng möglichst fruktosefreie Ernährung kann Unterzuckerung und Leberschäden verhindern.

Häufiger ist jedoch die Fruktosemalabsorption, bei der die Resorption von Fruktose aus dem Darmlumen ins Blut auf unter 25 g pro Stunde begrenzt ist. Eine darüber hinaus gehende Fruktoseaufnahme führt wie bei der Laktoseintoleranz zur Verstoffwechselung der nicht aufgenommenen Fruktose in tieferen Darmabschnitten durch Bakterien. Blähungen, unregelmäßiger Stuhl oder Durchfälle sind die Folge. Auch die Fruktosemalabsorption lässt sich mit einem Wasserstoffatemtest nachweisen. Bei dieser Diät ist langfristig ein Verzicht auf Fruktose nicht angeraten, weil die Aufnahmekapazität dadurch noch weiter abnimmt. In der Ernährungsberatung muss individuell beobachtet werden, wie viel Fruktose in Form welcher Lebensmittel vertragen wird. Da die Fruktoseverträglichkeit durch gleichzeitige Aufnahme von Glucose, Eiweiß oder Fett steigt, gibt es keine allgemein gültigen Diätempfehlungen.

Symptome einer Fruchtzuckerunverträglichkeit bei Kindern können sein:

- Blähungen
- Durchfall
- unregelmäßiger Stuhl
- Bauchschmerzen

Beispiele für den Zuckergehalt von Obstsorten und Cola:

| Lebensmittel | Fruktose g/100 g | Glucose g/100 g | Sorbit g/100 g |
|---|---|---|---|
| Apfel | 5,74 | 2,03 | 0,52 |
| Ananas | 2,44 | 2,13 | k.A. |
| Banane | 3,4 | 3,44 | k.A. |
| Birne | 6,73 | 1,67 | 2,17 |
| Pflaume | 2,01 | 3,36 | 1,41 |
| Wassermelone | 3,92 | 2,02 | k.A. |
| Weintraube | 7,08 | 7,10 | 0,2 |
| Zitrone | 1,35 | 1,4 | k.A. |
| Cola | 2,08 | 2,85 | k.A. |

k.A. = keine Angabe

## Zöliakie und Glutenunverträglichkeit

Folgen einer unbehandelten Zöliakie-Erkrankung bei Kindern können sein:

- Blähbauch
- weinerlicher Zustand
- Erbrechen
- Durchfall
- Appetitlosigkeit
- Gedeihstörung mit Gewichtsstillstand
- Wachstumsverzögerung
- Wesensveränderung

Das Klebereiweiß Gluten kommt in den Getreidearten Weizen, Hafer, Gerste, Roggen sowie Dinkel, Emmer und Einkorn vor. An einer Glutenunverträglichkeit oder Zöliakie leiden in Deutschland etwa 0,3 – 0,5 Prozent der Menschen. Bei ihnen löst das Klebereiweiß im Darm eine Entzündung aus, sodass die Oberfläche der Darmzotten sich verkleinert und die Nährstoffaufnahme gestört ist.

Diagnostisch lässt sich ein positiver Antikörpertest durch eine Gewebeprobe bestätigen. Die Erkrankten müssen lebenslang auf selbst kleinste Mengen der Getreidearten verzichten. Dann regeneriert sich die Darmschleimhaut. Ersatzprodukte enthalten beispielsweise Hirse, Reis, Mais, Buchweizen und Esskastanien. Für manche Betroffenen ist sortenreiner Hafer in geringen Mengen verträglich. Leider haben diese Ersatzzutaten nicht die guten Backeigenschaften der klassischen Brotgetreidearten. Gluten kann in verarbeiteten Lebensmitteln als Bindemittel und Trägersubstanz dienen. Vorsicht ist deshalb auch bei Wurstwaren, Fischprodukten, Gewürzmischungen und -soßen sowie Mixgetränken und Medikamenten geboten.

Eine Nicht-Zöliakie-nicht-Allergie-Weizensensitivität hat ebenfalls ihren Weg in die ärztlichen Leitlinien gefunden. Als Ursache diskutieren Experten pflanzliche Abwehrstoffe namens ATI (Amylase-Trypsin-Inhibitoren), die in Hochleistungsgetreidesorten vermehrt vorkommen, sowie bestimmte unverdauliche Kohlenhydrate und Polyole (Fermentable Oligo-, Di- and Monosaccharids and Polyols FODMAPs).

Alle Lebensmittelunverträglichkeiten gehören in die Hand von erfahrenen Ärzten und Ernährungsberaterinnen. Eine sorgfältige Diagnose und individuelle symptombezogene Diät sorgen dafür, dass die Lebensmittelauswahl und damit die Nährstoffversorgung nicht unnötig eingeschränkt werden!

In der Naturheilkunde existieren Antikörpertests und Ernährungsempfehlungen, die in umfangreichen Auslassdiäten resultieren. Patienten mit unspezifischen Symptomen geben viel Geld aus und sind nachhaltig verunsichert. Es ist fraglich, ob eine mögliche Veränderung des Befindens durch den Verzicht auf bestimmte Inhaltsstoffe oder durch ein generell bewussteres Essverhalten entsteht.

Glutenfrei-Zeichen

Glutenfreies Brot

**Trend zu „Frei von“ – Kranke Lebensmittel für Gesunde?**

Manche Diäten entwickeln sich zur Modeerscheinung. Ohne medizinische Notwendigkeit verzichten vermeintlich „gesundheitsbewusste“ Menschen auf bestimmte Inhaltstoffe oder ganze Lebensmittelgruppen. Die Hersteller nutzen dieses Interesse und loben immer mehr Lebensmittel mit „Frei von“-Angaben aus: frei von Laktose, frei von Gluten, frei von Weizen. Verbraucher sind verunsichert, halten die so beworbenen Lebensmittel für gesünder und sind bereit einen höheren Preis dafür zu bezahlen.
Der unnötige Verzicht auf zum Beispiel Milchprodukte oder Getreide kann zu einer deutlich verschlechterten Nährstoffaufnahme führen.
Lebensmittel aus Getreide, insbesondere Vollkornprodukte, liefern dem Menschen Vitamine, Mineralstoffe, sekundäre Pflanzenstoffe und Ballaststoffe. Der Verzehr von Vollkornprodukten senkt nachweislich das Risiko für ernährungsbedingte Erkrankungen. Das Klebereiweiß Gluten ermöglicht lockere Gebäcke und ist für die meisten Menschen verträglich. Glutenfreie Ersatzprodukte haben oftmals eine hohe Energiedichte durch einen höheren Fettgehalt, während sie weniger Vitamine, Mineralstoffe und Ballaststoffe enthalten als Getreideprodukte.
Milchprodukte gehören in einer vollwertigen Ernährung zu den wichtigsten Lieferanten für Calcium, Jod und Vitamin $B_2$ (Riboflavin). Wer auf Laktose verzichtet, hat ein höheres Risiko tatsächlich zu wenig Laktase im Dünndarm zu produzieren. 80 Prozent der Käufer von laktosefreien Lebensmitteln hat keine nachgewiesene Laktoseintoleranz.

Glutenfreie Lebensmittel

Ob mit oder ohne medizinische Notwendigkeit: Das Weglassen von einzelnen Lebensmitteln oder ganzen Gruppen führt zu einer einseitigen Ernährung und erhöht damit das Risiko für Nährstoffmangel und gesundheitliche Nachteile.

## Allergenkennzeichnung

Seit 2014 müssen die 14 Hauptallergene inklusive Laktose bei verpackten Lebensmitteln in der Zutatenliste deklariert und hervorgehoben werden (s. S. 126). Bei unverpackten Produkten etwa beim Bäcker oder Metzger steht eine entsprechende Liste zur Verfügung. Vorsichtshalber geben viele Hersteller an, ein Produkt könne „Spuren von ... enthalten“, obwohl das Allergen nicht als Zutat verwendet, sondern nur im selben Betrieb verarbeitet wird. Die allergenen Vierzehn sind: Glutenhaltiges Getreide wie Weizen, Dinkel, Roggen, Gerste, Hafer, Krebstiere, Eier, Fisch, Erdnüsse, Soja, Milch und Laktose, Schalenfrüchte wie Mandeln, Nüsse und Pistazien, Sellerie, Senf, Sesam, Schwefeldioxid und Sulfite, Süßlupinen und Weichtiere.

| Austauschtabelle bei Unverträglichkeiten | |
|---|---|
| **Lebensmittel** | **austauschen durch** |
| Milchprodukte/Laktose Kuhmilch | Nussdrink: 500 ml Wasser mit 80 g Cashewkerne, Mandeln oder andere Nüsse 20 min einweichen, pürieren, evtl. durch ein feines Sieb geben<br>Haferdrink, Reisdrink, Mandeldrink |
| Creme fraîche, Quark, Joghurt | Nussmus herstellen: 100 g Wasser mit 100 g Cashewkernen oder Mandeln 20 min einweichen, mit 1 EL Zitronensaft pürieren oder 1 Teil Mandelmus und 2 Teile Wasser |
| Butter | geschmacksneutrales Öl z. B. Sonnenblumenöl, Rapsöl |
| Butter als Brotaufstrich | Kokosöl (bis 25 °C fest), Nusscreme oder vegane Margarine |
| Haselnüsse, Erdnüsse | z. B. Sonnenblumenkerne, Cashewkerne, Mandeln |
| Weizenmehl und andere glutenhaltige Mehle | glutenfreie Mehle wie Amaranthmehl, **Reismehl**/Vollkornreismehl, **Buchweizenmehl**, Hafermehl (aber nur zertifiziert glutenfreies!), **Hirsemehl**, Maismehl<br>Durch die Zugabe von 6 g gemahlenen Leinsamen oder gemahlenen Flohsamenschalen werden sie backfähig. |
| Fructose | alte Obstsorten in kleinen Mengen oder die Gemüsemenge erhöhen |
| Ei | im Rührteig: eine halbe pürierte Banane.<br>im Mürbeteig: 10 g gemahlene Leinsamen<br>2 EL Mehl, 2 EL Öl, 2 EL Wasser und 1 EL Backpulver aufschlagen (entspricht einem Hühnerei) |

## AUFGABEN

1. Fragen Sie in der Praktikumseinrichtung, auf welche Unverträglichkeiten Rücksicht genommen wird, wie häufig sie vorkommen und welche Schwierigkeiten damit verbunden sind.
2. Auf welche Elternwünsche gehen die Verantwortlichen noch ein? Gibt es etwa vegetarische Kostformen oder Gerichte ohne Schweinefleisch? Diskutieren Sie!
3. Erstellen Sie eine tabellarische Gegenüberstellung von Kuhmilchallergie und Laktoseintoleranz mit den Kriterien: auslösender Stoff, Ursache, Symptome, Nachweis und Diät.
4. Entwickeln Sie für Kinder mit einer Lebensmittelunverträglichkeit einen „Steckbrief“ für jedes einzelne Kind, der alle Informationen gut sichtbar enthält.

# 8 Ernährungssituationen gestalten

Essen ist mehr als satt werden und genießen. Neben den gesundheitlichen Fragestellungen entfalten sich rund um gemeinsame Mahlzeiten kulturelle und andere Aspekte des Zusammenlebens. Außerdem lassen sich bei den alltäglichen Handlungen im Haushalt und in der Einrichtung jede Menge Lerngelegenheiten für Kinder entdecken. Sie entwickeln dabei nicht nur Alltagskompetenzen, sondern auch naturwissenschaftliche, soziale, wirtschaftliche und viele andere mehr. Für Betreuungspersonen sind gemeinsame Mahlzeiten eine besondere Herausforderung, wenn sie die erzieherischen Ansprüche an sich und die Kinder mit den Erwartungen und Vorgaben der Eltern in Einklang bringen wollen

**Food Literacy: Kompetenzen für einen selbstbestimmten, verantwortungsbewussten und genussvollen Ernährungsalltag (bei Erwachsenen)**

**Bildungsziel 1:** Eine Person gestaltet ihren Ernährungsalltag selbstbestimmt.
Sie
- nimmt ihr Essverhalten bewusst wahr und versteht es im Zusammenhang mit ihrer Lebensgeschichte,
- kennt soziale, kulturelle und historische Einflüsse auf das Essverhalten und versteht ihre Wirkung,
- weiß ausreichend über Ernährung und Lebensmittel Bescheid und kann Aussagen von Medien und Experten kritisch hinterfragen,
- kennt ihre persönlichen Ernährungsbedürfnisse,
- kann eine für sich selbst wohltuende Ernährungsweise gestalten.

**Bildungsziel 2:** Eine Person gestaltet ihren Ernährungsalltag verantwortungsbewusst.
Sie
- erkennt die Bedeutung der Ernährung für die eigene Gesundheit, die Umwelt und die Gesellschaft und versteht die jeweiligen Zusammenhänge,
- weiß Bescheid über die Erzeugung, Verarbeitung, den Transport und die Entsorgung von Lebensmitteln,
- kennt die Zusammensetzung von Lebensmitteln und kann ihre Qualität beurteilen,
- kann geeignete Produkte im Rahmen ihres Haushaltsbudgets vernünftig auszuwählen,
- trifft Konsumentscheidungen qualitätsorientiert und entwickelt einen nachhaltigen Lebensstil.

**Bildungsziel 3:** Eine Person gestaltet ihren Ernährungsalltag genussvoll.
Sie
- spürt selbst, was ihr guttut und Genuss bereitet,
- erkennt bewusste sinnliche Wahrnehmung und vielfältige Geschmackserfahrungen als Voraussetzung für Genuss,
- erlebt und schätzt Kochen und Essen als Bereicherung des Alltags,
- erkennt den Umgang mit Nahrung als elementaren Bestandteil jeder menschlichen Kultur,
- steht anderen Esskulturen offen gegenüber.

nach Food Literacy Handbuch und Toolbox des europäischen Socrates-Grundtvig-Projekts

**AUFGABE**

Übertragen Sie die Ziele der Food Literacy auf Kinder.

## 8.1 Das selbstbestimmte Kind

**Partizipation**
Entscheidungen, die das eigene Leben und das Leben der Gemeinschaft betreffen, zu teilen und gemeinsam Lösungen zu finden (nach Richard Schröder)

Neuere pädagogische Ansätze gehen von einem Menschenbild aus, nach dem ein Kind der eigenaktive Konstrukteur seiner Entwicklung ist. Lernmotiviert, aktiv und neugierig erschließt sich das Kind durch sinnliche Erfahrungen die Welt und entwickelt sein Ich mit eigenen Interessen und Stärken. Die Betreuerin übernimmt die Rolle der feinfühligen Begleitung dieses Selbstbildungsprozesses.

In einer komplexen und sich rasch wandelnden Welt sollen Menschen von Anfang an lernen, sich selbst Kompetenzen anzueignen, Probleme kreativ zu lösen und mit anderen zurechtzukommen. Dabei sollen Kinder an allen sie betreffenden Entscheidungen beteiligt werden, „partizipieren". Der Einzelne ist für die Gruppe wichtig und handelt mit ihr gemeinsame Lösungen aus. Und: Demokratie lebt von Menschen, die sich für ihre Interessen einsetzen und gemeinsam Verantwortung übernehmen. Nach der Soziologin Eva Barlösius hat die gemeinsame Mahlzeit hier besondere Bedeutung, da es „keine andere soziale Institution gibt, die in ähnlicher Weise Gleichheit, Gemeinschaft, Zugehörigkeit symbolisiert."

Der Grundsatz „Es wird gegessen, was auf den Tisch kommt!“ muss daher relativiert und ergänzt werden. Stattdessen darf ein Kind mal mehr und mal weniger Hunger haben und sollte nicht den Teller leer essen müssen.

Das Pflegen des natürlichen Hunger- und Sättigungsgefühls schützt vor übermäßigem Essen, das von appetitliche Außenreizen verführbar ist. Ausnahme ist das Trinken: Da Kinder beim intensiven Spielen schon mal den Durst vergessen, dürfen sie ans Trinken erinnert werden. Kleine Kinder können noch nicht abschätzen, ob sie eine selbstgewählte Menge aufessen können. Sie lernen, erst einen kleinen Teller voll zu bekommen und später nachnehmen zu dürfen.

Trösten und Belohnen mit Essen ist weit verbreitet, aber warum sollen eigentlich Zuwendung, Freude oder Traurigkeit mit Essen verknüpft sein?!

Die Sättigung tritt übrigens erst nach 15 bis 20 Minuten ein. Es ist deshalb wichtig, Mahlzeiten in Ruhe einzunehmen und das Essen sorgfältig zu kauen.

Auch Vorlieben und Abneigungen als Ausdruck der kindlichen Bedürfnisse sind zu respektieren. Beim vielfältigen Angebot in den entwickelten Ländern ist es nicht notwendig, alle Lebensmittel zu verzehren. Das bedeutet nicht, dass ein Kind ständig die sprichwörtliche „Extrawurst“ bekommt.

Kleinkind verzieht das Gesicht beim Anblick von Lebensmitteln

Achtung: Das sogenannte baby-led Weaning, die vom Säugling geleitete Einführung von Beikost überfordert Babys und ist mit dem Risiko einer Mangelernährung verbunden. Der „breifreie Weg an den Familientisch“ will dem Säugling freie Hand lassen, welche festen Lebensmittel es verzehren will.

**Die Erwachsenen bestimmen das Angebot, das Kind bestimmt, was und wie viel es davon isst!**

Auch das selbstständig lernende Kind braucht Vorbilder. Es will beobachten und nachahmen, was und wie Erwachsene essen. Die Betreuungsperson hat also bei den Mahlzeiten eine besondere Vorbildfunktion, indem sie Hilfestellungen bietet, unbekannte Speisen erklärt und den Ablauf der Esssituation professionell begleitet. Ob sie dabei selbst mitisst oder ihre Aufmerksamkeit ganz auf die Kinder konzentriert, wird in Fachkreisen diskutiert.

Die gemeinsame Mahlzeit mit den Kindern darf nicht als Pause für die Betreuungsperson eingestuft werden.

## AUFGABEN

1. Wie können Sie Kinder und Eltern an der Festlegung von Regeln rund um das Frühstück (die Mahlzeitengestaltung ...) beteiligen?
2. Das Verpflegungskonzept einer Kindertageseinrichtung umfasst idealerweise Angaben zum Frühstücksangebot, Zwischenmahlzeiten, der Mittagsverpflegung, dem Getränkeangebot, dem Umgang mit Mitgebrachtem und Süßigkeiten, der Verpflegung bei Festen.
   Fragen Sie im Praktikum nach einem solchen Konzept.

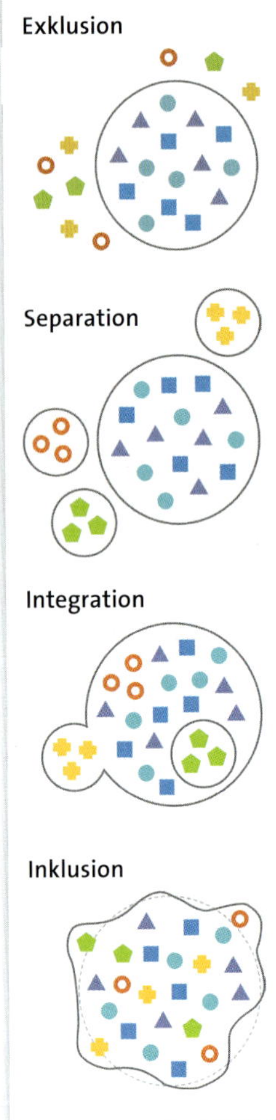


### Inklusion

Kindertageseinrichtungen und Schulen nehmen Kinder mit und ohne Behinderungen auf, im Idealfall so, dass beide profitieren. Die einen können in Wohnortnähe mit Gleichaltrigen lernen, die anderen erleben Vielfalt und Individualität, lernen Rücksichtnahme und Hilfsbereitschaft. Inklusion bedeutet Unterschiedlichkeit wahrzunehmen und zu akzeptieren. Die „Pädagogik für alle“ will, dass jedes Kind individuell gefördert und so seine Begabung und Interessen entwickeln kann.

Die Vereinten Nationen haben in ihrem „Übereinkommen über die Rechte von Menschen mit Behinderungen“ das Recht aller Menschen auf Gleichbehandlung und Teilhabe am gesellschaftlichen Leben festgeschrieben. Inklusive Kinderbetreuungseinrichtungen wollen Kindern und ihren Eltern individuelle Fördermöglichkeiten und Lebenschancen aufzeigen, damit sie alle ein selbstbewusstes, selbstbestimmtes und gesellschaftliches eingebundenes Leben führen können.

Frühförderung und andere gesundheitliche, pädagogische und soziale Hilfen sollen folgende Kriterien erfüllen:

- ganzheitlich sein: die ganze Person umfassen
- ressourcenorientiert: die Stärken des Kindes erkennen und fördern
- bedürfnisorientiert: Was brauchen das Kind und seine Eltern?
- selbstbestimmt: Eltern entscheiden nach umfassender Beratung selbst

Das Lernen an Alltagssituationen steht für eine ganzheitlich handelnde Erfahrung. Ernährung und Esserleben bietet Bildungsgelegenheiten, die allen Kindern zugänglich sind. Lebensmittel zum Beispiel in Speisen zu verwandeln, regt alle Sinne an. Rund um Herkunft und Verarbeitung gibt es viel zu lernen und zu entdecken, auch und gerade für Kinder mit Einschränkungen. Das strukturierte Abarbeiten eines Rezeptes ist beispielsweise nicht willkürlich von Erwachsenen vorgegeben, sondern für das Ergebnis notwendig, wie beim Plätzchen- oder Pizzateig.

Neugier und die Lust am Essen sind bei allen Kindern gleich.

## 8.2 Esskultur

Feste Essenszeiten und -rituale strukturieren den Tag und geben Sicherheit. Zwar sollte sich die Mahlzeit nach den Bedürfnissen der Kinder richten, aber einen vorgegebenen Anfang und ein gemeinsames Ende finden. Zwischen den Mahlzeiten sind Zeiten ohne Energieaufnahme wichtig, es sollten jedoch immer energiefreie Getränke zur Verfügung stehen.

Gemeinsame Mahlzeiten an einem liebevoll gedeckten Tisch sind wichtige Gelegenheiten, zusammen zu sein und Essen in angenehmer Atmosphäre zu genießen.

Demgegenüber spricht für das freie Frühstück für Kinder ab etwa drei Jahren, dass die Kinder selbst entscheiden können, wann, wie viel, wie lange und mit wem sie essen wollen. Sie können ihrem eigenen Hunger- und Sättigungsgefühl folgen und sind selbst verantwortlich fürs Aufräumen. Bei aller Selbstständigkeit sollte die Betreuungskraft dennoch im Auge behalten, ob alle Kinder gefrühstückt haben.

Für sehr kleine Kinder (unter 2 Jahren) sollte die Frühstückzeit noch von der Betreuungskraft festgelegt werden.

Beim Tischdecken geht man immer vom Rechtshänder aus.

**Regeln bei Tisch**

- Wasche dir die Hände vor dem Essen.
- Beginne erst, wenn alle am Tisch sitzen.
- Nimm beide Hände auf oder über den Tisch.
- Gib nur so viel auf den Teller, wie du essen kannst. Du kannst nachnehmen.
- Reiche anderen die Schüssel weiter, bitte um das Weiterreichen, wenn du etwas nehmen möchtest.
- Probiere auch Speisen, die du noch nicht kennst.
- Iss nur von deinem Teller.
- Lass dir Zeit und kaue sorgfältig.
- Schmatze und schlürfe nicht beim Essen.
- Sprich nicht mit vollem Mund.
- Führe ein angenehmes Tischgespräch ohne Spielzeug, Radio, Fernsehen und Handy. Streit- und Ekelgespräche gehören nicht an den Esstisch.
- Wenn du fertig bist, lege dein Besteck nebeneinander schräg auf den Teller.
- Bleib sitzen, bis alle die Mahlzeit beendet haben.
- Hilf mit, den Tisch abzuräumen.

Jedes Tierlein hat
sein Essen,
jedes Blümlein
trinkt von Dir,
hast auch du mich
nicht vergessen,
lieber Gott,
wir danken Dir.

## AUFGABEN

Die obenstehenden Regeln der Etikette gelten (unausgesprochen) für viele gemeinsame Mahlzeiten Nordeuropas. Diskutieren Sie, inwieweit sie die Selbstbestimmung (zu sehr) einschränken.

Speiseraum und Ausstattung

**Raum und Ausstattung** tragen zum Gelingen der Mahlzeiten bei: Ein eigener Essraum oder eine deutlich abgegrenzte Speiseecke mit guter Beleuchtung und Belüftung erinnern die Kinder an die besonderen Regeln bei Tisch. Bruchfestes Geschirr in kindgerechter Form und Größe, aber einheitlicher Art mit allen Formen von Besteck sind Lernobjekte (auch Salatbesteck und Suppenkelle). Tische und Stühle passen in der Höhe zum Kind und sind leicht zu reinigen. Ein Assistenztisch hilft, Störungen mit geringem Aufwand zu beheben: Speisen zum Nachnehmen, Servietten und frische Lätzchen, Ersatzbesteck und ein kleines Gefäß mit Lappen und Wischwasser sind so in Reichweite.

## Alternative Ernährungsformen

Essen und Trinken unterliegen Trends sowie weltanschaulichen und religiösen Haltungen und Einstellungen. Vegetarische Ernährungsstile wurden im Kapitel 5 (s. S. 100) beschrieben. Hervorzuheben ist die **anthroposophische Ernährung** nach Rudolf Steiner, die in Waldorfkindergärten weiterhin verbreitet ist. Die Anthroposophie ist eine Geisteswissenschaft, die sich auch mit der Lebensmittelauswahl beschäftigt. Beispielsweise setzt diese ganzheitliche Lehre die drei Funktionsbereiche des Menschen mit denen der Pflanze in Beziehung. Die drei Teilbereiche einer Pflanze – also Wurzel, Blatt und Stängel oder Blüten – können je nach Sorte bestimmte Körperregionen positiv beeinflussen. So heißt es, dass Blattsalate und Kohlsorten Herz und Lungen stärken, Wurzelgemüse gelten als Nerven- und Kopfnahrung, Früchte und Samen regen den Stoffwechsel an. Empfehlenswert ist es nach Ansicht der Anthroposophen, täglich von Lebensmitteln aus allen drei Bereichen zu essen, um ein harmonisches Gleichgewicht zu erzielen.

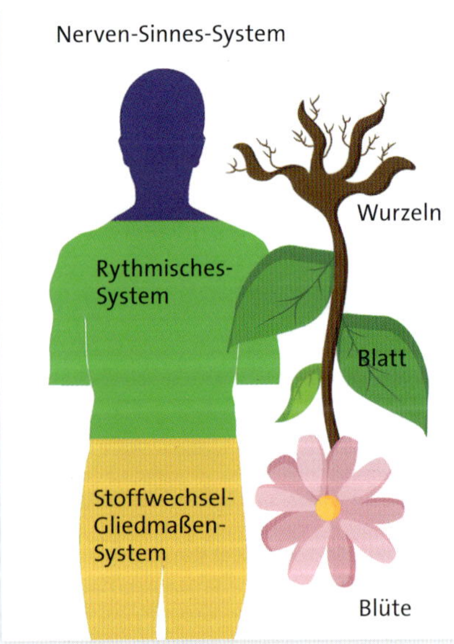


Auswirkung der Pflanzenteile auf den Menschen (anthroposophische Ernährung)

Ziel ist eine vielfältige Lebensmittelauswahl. Bevorzugt wird allerdings eine überwiegend lakto-vegetarische Ernährung. Da die Herkunft der Lebensmittel in der anthroposophischen Ernährung wichtig ist, verwendet sie biologisch-dynamisch erzeugte Produkte (s. S. 133). Diese besondere Form der ökologischen Landwirtschaft berücksichtigt neben den Standards des Ökolandbaus noch weitere Regeln. Ernährungswissenschaftler halten diese Ernährungsform für bedarfsdeckend, empfehlen jedoch wie bei allen Formen des Vegetarismus, auf eine ausreichende Zufuhr von Vitamin $B_{12}$, Vitamin D, Eisen und Jod zu achten.

## Internationale Esskultur und religiöse Besonderheiten

In Deutschland leben Personen aus 199 verschiedenen Staaten! Der Anteil der Menschen mit einem sogenannten Migrationshintergrund macht etwa 20 Prozent aus. Sie setzen sich aus 7 Millionen Ausländern und Ausländerinnen sowie 9 Millionen Deutschen mit Migrationshintergrund zusammen. Die Zuwanderung in Deutschland begann ab den 50-er Jahren mit Gastarbeitern aus Italien, Spanien, Griechenland, der Türkei, Portugal und dem ehemaligen Jugoslawien. Den zweiten Schwerpunkt bilden die Spätaussiedler, die vor allem in den 90-er Jahren nach Deutschland zogen. Viele dieser Zugewanderten haben inzwischen die deutsche Staatsangehörigkeit und Kinder, die in Deutschland geboren wurden.

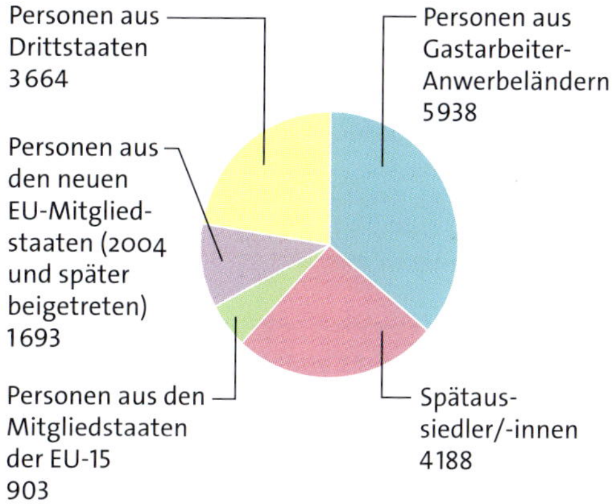


Personen gesamt 16386 (jeweils in Tausend)

Die Zuwanderungsgeschichte hat Spuren in den Ernährungsgewohnheiten der Deutschen hinterlassen. Spaghetti, Pizza und Lasagne rangieren unter den ersten zehn Plätzen der beliebtesten Gerichte. Neben Italien sind aber auch Speisen aus Griechenland (Gyros), der Türkei (Döner) und dem asiatischen Kulturkreis sehr beliebt. Die Welt wandelt sich schnell und die Gesellschaft wird bunter und vielfältiger. Das Alltagsthema Essen und Trinken eignet sich dabei hervorragend, um einander besser kennenzulernen. Dabei ist eine andere Haut- oder Haarfarbe gar nicht immer entscheidend, man denke nur an Fastfood-Vorlieben. Auch innerhalb Deutschlands essen Menschen nicht überall gleich: Brezeln, Weißbier, Fischbrötchen oder Saumagen sind nur einige der Klischees ...

Kinder mit Migrationshintergrund in der Kita

### Kulturell zwischen den Stühlen

In Deutschland ist die Kultur des Individualismus weit verbreitet. Jedes Kind ist einzigartig und entwickelt seine individuellen Stärken. Dafür erhält es viel Aufmerksamkeit, muss sich aber auch mit anderen vergleichen und in einer leistungsbezogenen Welt konkurrenzfähig sein.

Andere Kulturen betonen eher die Gemeinschaft mit Werten wie Bescheidenheit, Respekt für Ältere, Verantwortung für Dinge und die Gruppe ...

### AUFGABEN

Finden Sie Beispiele und Möglichkeiten, wie Sie Zugewanderte willkommen heißen und erfolgreich mit ihnen kommunizieren können. Welche Möglichkeiten nutzt Ihre Praktikumseinrichtung? Welche Formulierungen enthält Ihr Schulprogramm?

halal-Kennzeichnung

Im Sinne der diskriminierungsfreien Wertschätzung von Vielfalt als Normalität bietet das Thema Ernährung die Chance, miteinander ins Gespräch zu kommen und diese Klischees zu hinterfragen. Chancengleichheit bedeutet aber nicht, alle Kinder gleich zu behandeln, sondern ihre individuellen Voraussetzungen und Eigenheiten beim Lernen zu beachten. Beim Essen und Trinken können alle Kinder mitreden und sich praktisch mit ihren Stärken einbringen.

Es ist respektvoll und wertschätzend, wenn Menschen aus christlicher Tradition sich Gedanken über die Speisevorschriften von Muslimen machen und diesen soweit wie möglich entgegenkommen. Allerdings werden die Vorschriften des Koran nicht in allen Organisationen und Schulen des Islam gleich streng ausgelegt. Oftmals ist der Verzicht auf Schweinefleisch den Familien noch wichtig. Alkohol ist ebenfalls nicht erlaubt und Erwachsene fasten während des Ramadan. Halal (türkisch helal) heißt das gemäß der muslimischen Speisevorschriften Erlaubte, haram das Unzulässige. Im Einzelfall ist zu fragen, inwieweit die Familien auch Gummibärchen mit Schweinegelatine ablehnen. Übrigens: Auch die Feste der verschiedenen Kulturen können einen spannender Lernanlass für Kinder darstellen.

**Wertschätzung geht anders!**
Kinderpflegerin Tanja beteiligt sich an der Vorbereitung eines Sommerfestes in der Kita Wunderland. In der Abholphase spricht sie die Mütter an. Frau Syrtaki soll Zaziki mitbringen, Frau Amadi Börek und Frau Iwanow Blini. Frau Friedrich könnte Butterkuchen backen. Die Väter sollen Würstchen grillen. Aber anstatt sich kulturell wertgeschätzt zu fühlen, reagieren die Eltern leicht genervt.

## 8.3 Bildungsbereich Körper, Gesundheit und Ernährung

Aktivität mit Betreuungskraft

Große Bildungsstudien haben den deutschen Schülern nicht nur mangelnde Kompetenzen bescheinigt, sondern dem deutschen Bildungssystem auch eine ungleiche Verteilung von Chancen je nach sozialer Herkunft. Seitdem haben die Bundesländer jeweils Bildungspläne für ihre Kindertageseinrichtungen entwickelt, die konkrete Bildungsbereiche mit entsprechenden Kompetenzzielen beschreiben. Lernen fängt also bereits in professionell betreuten Kindergruppen unter drei Jahren an, eine Zeit, in der Gehirn und Körper die größten Entwicklungsprozesse durchmachen.

Im Heft „Mehr Chancen durch Bildung von Anfang an – Grundsätze zur Bildungsförderung für Kinder von 0 bis 10 Jahren“ stehen zum Thema Ernährung folgende Leitfragen:
- Werden die Kinder täglich an der Auswahl und Zubereitung von Mahlzeiten beteiligt?
- Lernen sie die Herkunft von Lebensmitteln, ihre Vielfalt und ihren Geschmack kennen?
- Erproben die Kinder ihre sinnliche Wahrnehmung?
- Erfolgt ein Austausch mit den Eltern über Ernährung und Gesundheit?

## Rund ums Essen und Trinken: Gezielte Aktivitäten

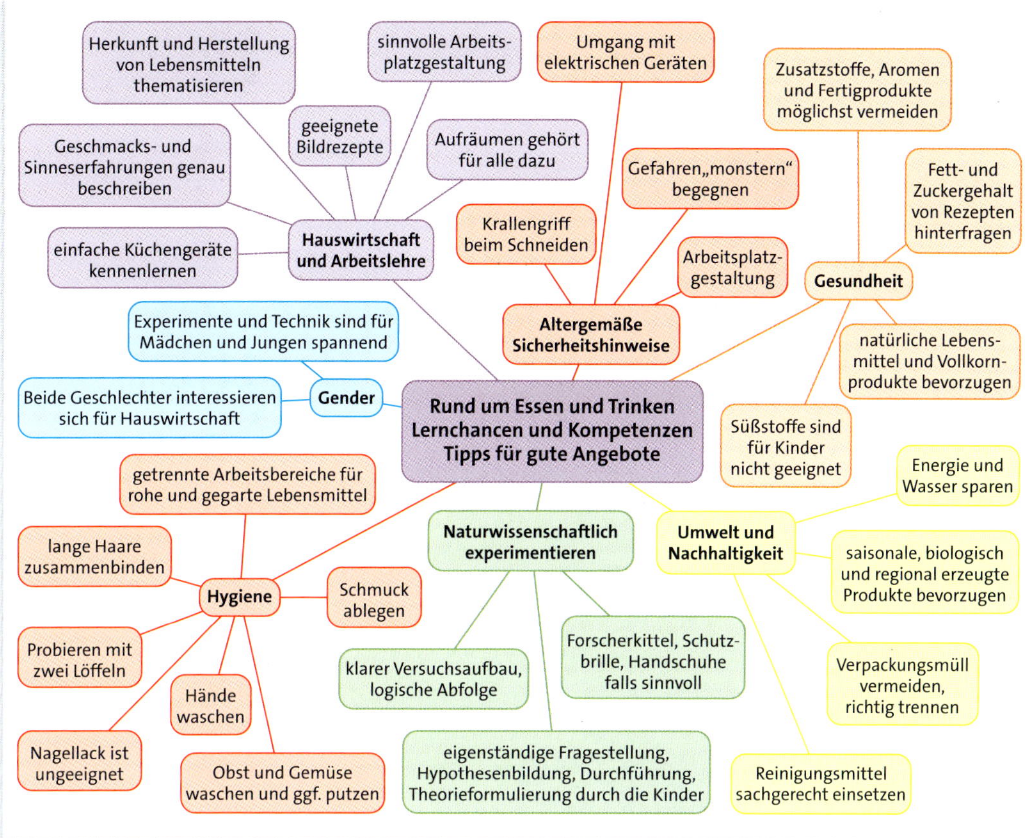


Wesentlicher Bestandteil des erzieherischen Handelns sind gezielte Aktivitäten in Kleingruppen. Sie dauern in Kindertagesstätten zwischen 20 und 50 Minuten und finden möglichst in einem abgegrenzten Raum statt. Die Kinder werden ausgewählt, um Kompetenzen zu fördern und Lernziele zu verfolgen. Dazu muss sich die Betreuungsperson intensiv mit dem Thema oder dem Lerngegenstand auseinandersetzen und Methoden und Ablauf sorgfältig auswählen, planen und begründen. Diese Überlegungen reflektiert sie im Anschluss sorgfältig.

Eine gelungene Aktivität lebt davon, dass die Betreuungskraft selbst Begeisterung für ihr Angebot ausstrahlt. Das Gesamtprodukt profitiert von einem Spannungsbogen oder einer logischen Abfolge, die Eingangsfrage oder die Fallgeschichte wird am Ende gelöst. Die erfolgreiche Anwendung methodischer Lernprinzipien lässt Kinder erfolgreich und motiviert arbeiten. Am Ende würdigt die Betreuungsperson die Leistungen jedes Kindes. Dennoch handelt sie vorausschauend, sieht Fehler und Fallen voraus und hält Erst-Hilfe-Kasten und Kühlpacks bereit.

**Lernprinzipien**

- Handlungsorientierung
- Anschaulichkeit
- Eigenaktivität
- Lebensnähe
- Kindgemäßheit
- entdeckendes Lernen
- Ganzheitlichkeit
- Teilschritte
- Individualität

Aktivität mit Kindern

**Schriftliche Planung einer Aktivität**

1. Didaktische Planung
   - Auseinandersetzung mit dem Lerngegenstand und den Rahmenbedingungen
   - Beschreibung der Gruppe
   - Lernziele und Kompetenzen (Wissen, Können, Soziales, Ich)
2. Methodische Planung
   - Raumanordnung, Sitzordnung, Zeitbedarf, Dekoration
   - Material und Medien zum Anschauen, zum Benutzen, als Schutz oder Hilfsmittel

Verlaufsplanung

| Arbeitsschritte (mit Zeitangabe) | Begründung und Hinweise | Zeit |
|---|---|---|
| Einstieg<br>▪ Kinder zum Thema hinführen<br>▪ Motivation herstellen | zu beachten!<br>mögliche Schwierigkeiten | |
| Hauptteil | | |
| Abschluss<br>▪ Ergebnis würdigen<br>▪ Zielerreichung feststellen | | |

3. Anhang und Quellen

**Checkliste für die Planung**

- Habe ich Spaß und Interesse am Thema/Lerngegenstand?
- Fühle ich mich mit dem Thema/dem Lerngegenstand sicher?
- Sind die Ziele klar formuliert und erreichbar?
- „Sitzt" der Einstieg?
- Werden die Kinder selbst aktiv?
- Lernen die Kinder etwas Neues?
- Benutzen sie verschiedene Sinneskanäle?
- Gibt es Anregungen für „Kopf, Herz und Hand"?
- Können sie ausreichend über ihre Erfahrungen sprechen?
- Haben die Kinder Wahlmöglichkeiten? Können sie mitgestalten?
- Mache ich den Verlauf der Aktion für die Kinder nachvollziehbar?
- Habe ich Fehlerquellen und Fallstricke einkalkuliert?
- Kann ich die Arbeit der Kinder ausreichend würdigen (Ausstellung im Gruppenraum ...)?
- Habe ich Lernaufgaben der Praxisanleitung/Lehrkraft berücksichtigt?

Die Aktivität ist vorbei, die Kinder hatten Spaß! Übrigens geben auch sie gern eine Rückmeldung, wenn sie darum gebeten werden. Erleichterung und Freude sind jetzt angezeigt.

## Selbstreflexion – immer wieder!

|  | mir bekannt | mir unbekannt |
|---|---|---|
| anderen bekannt | öffentliche Person | blinder Fleck |
| anderen unbekannt | geheimer Bereich | unbewusst |

Johori-Fenster

Wenn es gut läuft, empfindet der Praktikant oder die Praktikantin auch die Reflexionsphase als gewinnbringend für die eigene Entwicklung. Feedback durch die Praxisanleitung oder die Lehrkraft sind wichtig, denn die Selbstbeobachtung ist oft durch „blinde Flecken“ und biografische Prägungen verzerrt. Eine Fremdwahrnehmung ist vor allem wertvoll, um den Bereich des blinden Fleckes zu verkleinern. Nur eine andere Person kann beispielsweise auf Ticks und Wirkungen aufmerksam machen, die dem einzelnen nicht bewusst sind. Das sogenannte Johari-Fenster zeigt diesen Zusammenhang besonders anschaulich (benannt nach seinen „Erfindern“, den amerikanischen Sozialpsychologen Joseph Luft und Harry Ingham).

Für jedes Feedback und viele andere Kommunikationsanlässe ist es wichtig, Beobachtung und Interpretation, also die Bewertung des Beobachteten strikt voneinander zu trennen. Besser als negative Kritik sind für den Feedbacknehmer oft Verbesserungswünsche anzunehmen. Generell gilt: Feedback ist ein Angebot, das dankend angenommen, aber auch (stillschweigend) abgelehnt werden kann.

Oft verfangen sich Feedbackgeber und -nehmer in endlosen Rechtfertigungsschleifen: Der eine sagt, warum er einen vermeintlichen Fehler gemacht hat oder welche positive Absicht er damit hatte, der andere wiederholt oder bekräftigt seine Wahrnehmung.

## AUFGABEN

1. Planen Sie, gemeinsam mit den Kindern eine Mahlzeit herzustellen. Rezeptauswahl, Einkauf, Lagerung sowie die Zubereitung werden zum Lerngegenstand. Entwickeln Sie einen Work-flow, in dem auch Hinweise zur Reinigung und dem Umgang mit Lebensmittelresten einfließen. Beschreiben Sie das Gefühl, nachdem gemeinsam die Küche aufgeräumt ist. Konnten Sie Ihr Ziel erreichen?
2. Lisa erbittet Rückmeldungen zu ihrer Aktivität und stellt eine geschlossene Frage: „Hat euch das Angebot Spaß gemacht?“ Welche offene Frage könnte mehr wertvolle Informationen liefern?
3. Finden Sie Beispiele für die vier Quadranten des Johari-Fensters. Unterscheidet sich die Größe der Quadranten in Ihren verschiedenen Lebensbereichen?

Gemeinsames Kochen mit Kindern

**Selbstreflexion als Lerntagebuch**

Aktuelles Gefühl: Wie geht es mir nach dieser Aktivität

Womit habe ich mich wohl gefühlt, womit nicht? Womit hing das zusammen?

Welches Verhalten war für mich sinnvoll und hilfreich, welches nicht und warum?

Welche Beobachtungen habe ich bei den Kindern gemacht?

Was hat mich überrascht, was irritiert?

Was war schwierig und warum?

Wie bin ich damit umgegangen und wie ging es mir dabei?

Inwieweit habe ich meine Ziele erreicht?

Wie bin ich mit der Zeit zurechtgekommen?

Welche Fragen sind bei mir entstanden?

Welche Einsichten habe ich gewonnen?

Was will ich weiter beobachten, was recherchieren?

Was werde ich beim nächsten Mal anders machen und warum?

## Projekt

Projekte ermöglichen, anders als von der Betreuungsperson gestaltete Aktivitäten, eine stärkere Einbindung der Kinder. Von der Planung über die Durchführung bis hin zur Abschlusspräsentation und Reflexion beteiligen sich Kinder mit ihren eigenen Fragen und Interessen. Von der Betreuungsperson verlangt das eine sehr offene Planung. Sie begleitet dennoch den Prozess, indem sie wichtige Entscheidungen und Schritte moderiert. Für sie, aber auch für die Kita sind Projekte aufwändig. Letztlich ist die Freude am gemeinsamen Arbeiten aber meist so groß, dass sich die Mühe lohnt.

**Das Elterncafé**

Finja beobachtet, dass sich einige Kinder ihrer Gruppe besonders für das mitgebrachte Essen der Kinder und dessen gesundheitlichen Wert interessieren. Sie schlägt den Kindern vor, gemeinsam ein Projekt zur gesunden und leckeren Ernährung zu gestalten. Nach einem Spiel und der Collage einer Lebensmittelampel für den Gruppenraum entscheiden sich die Kinder, ein Elterncafé „mit Bedienen und Kassieren“ zu organisieren. Sie probieren Kuchenrezepte aus, erfahren, wie Vollkornmehl entsteht, aussieht, riecht, und schließlich, wie ein Vollkornapfelkuchen schmeckt. Das Bildrezept haben sie vorher selbst aufgeklebt. Die Projektgruppe (ebenso wie Finja) führt eine Mappe, die alle Planungsschritte und Aktivitäten mit gemalten Bildern und Fotos dokumentiert.

Was Projekte sind:

- prozess- und handlungsorientiert: Es kommt weniger auf Ziel und Ergebnis an als auf den Weg als gemeinsamen Gestaltungsprozess. Der Verlauf ist damit (methoden- und ergebnis-) offen und dynamisch.
- partizipativ: Die Kinder bringen sich mit ihren Interessen und Stärken ein und gestalten ihren Lernprozess eigenaktiv und demokratisch.
- umfangreich, herausfordernd und zeitlich befristet: Projekte sind komplexe und (gesellschaftlich) bedeutsame Vorhaben, die eigenständige Informationssuche, Planung und Aktivitäten umfassen mit einer Abschlusspräsentation enden.

**Material und Methoden**

Geschichten, Lieder, Rezepte und Spiele rund um Ernährung, Gesundheit, Entspannung und Bewegung sind vielfältig und reichlich vorhanden. Stadtbibliotheken verleihen oft ganze Medienkisten an Kindertageseinrichtungen. Internetanbieter sowie Zeitschriften- und Buchverlage bieten umfangreiches Material:

Bundeszentrum für Ernährung www.bzfe.de (früher aid infodienst) z. B. Esspedition Kita

in form: Kita-Ideen-Box „Entdecke die Welt der Lebensmittel mit Krümel und Klecksi" www.in-form.de

Zeitschriften: Kindergarten heute, Bausteine Kindergarten, Betrifft Kinder

Tipp: Die Bildungsmesse Didacta verfügt über ein umfangreiches Angebot auch im Bereich Elementarpädagogik. Sie findet jedes Jahr im Februar in Hannover, Köln oder Stuttgart statt.

## 8.4 Kochen mit Kindern

Gemeinsam mit Kindern zu kochen oder zu backen, kann Spaß machen. Darüber hinaus spielt es eine wichtige Rolle in der Ernährungserziehung. Je früher und regelmäßiger Kinder in Tätigkeiten der Nahrungszubereitung einbezogen werden, desto besser können sich Gewohnheiten festigen. Kinder wollen dabei sein, mitmachen und alles erforschen, was die Großen tun.

Das Kitchen-Kätzchen zeigt die Regeln

So lernen sie ganz nebenbei, buchstäblich durch begreifen,

- was gesunde Ernährung ausmacht,
- wie man Speisen zubereiten und appetitlich anrichten kann,
- dass Aufräumen und Reinigen selbstverständlich dazu gehören und
- wie mit Resten umzugehen ist.

Das selbstständige Herstellen eines Obstsalates ist zum Beispiel in erster Linie ein motivierendes Erfolgserlebnis. Viele Kinder probieren unbekannte oder bisher gemiedene Lebensmittel auch lieber, wenn sie selbst am Zubereiten beteiligt waren.

→ Hygiene, Arbeitssicherheit, Arbeitsplatzgestaltung s. S. 20, 26, 171

## Besonderheiten und Regeln

In der Küche gelten im Prinzip für Kinder und Erwachsene dieselben Regeln: bei der Hygiene ebenso wie beim Unfallschutz und bei der Arbeitsplatzgestaltung.

Vor Arbeitsbeginn gehören lange Kinderhaare zusammengebunden, der Schmuck abgelegt und die Hände gewaschen. Eine Schürze schützt die Kleidung vor Flecken und Spritzern. Hygieneregeln zur richtigen Lagerung und Verarbeitung liegen in der Verantwortung der Aufsichtspersonen.

Die Sicherheit am Arbeitsplatz steht beim Kochen mit Kindern an oberster Stelle. Sie müssen sich Schritt für Schritt an den Umgang mit scharfen Arbeitsgeräten wie Messer und Schere oder mit Strom und Wärme gewöhnen. Schon im Kindergartenalter können sie Obst und Gemüse auf einem Brettchen zerkleinern und dabei den Krallengriff üben. Schwierige und gefährliche Arbeitsschritte sollten Kinder jedoch niemals allein ausführen. Besser ist es, von vornherein einfache und sichere Rezepte auszuwählen, die dem Können der Kinder entsprechen. Für Kinder geeignete Messer unterstützen die Selbstständigkeit (s. S. 27).

Gefahrenmonster zeigt Gefahren auf: Strom, Schnitte, Sturz, Feuer, Vergiftung, Krankheiten

Scheiben, Streifen oder Würfel schneiden mit dem Krallengriff:

Auch bei hauswirtschaftlichen Tätigkeiten brauchen Kinder einen angepassten Arbeitsplatz. Der Tisch sollte nicht zu hoch und gut beleuchtet sein. Die Arbeitsgeräte und Zutaten stehen von Anfang an in sinnvoller Anordnung bereit. Auch an ein gut erreichbares Spülbecken, etwa zum Waschen von Obst und Gemüse, ist zu denken. Ist schließlich noch ein Behälter für Abfälle in der Nähe, lernen die Kinder gleich, den Arbeitsplatz sauber und ordentlich zu halten.

Einige Gemüse lassen sich mit einem Sparschäler gut schälen: Möhren und Kohlrabi gehören dazu.

Für die Betreuungskraft gelten in der Küche zwei Regeln in ganz besonderem Maße:

- Immer im Blick haben, was die Kinder tun.
- Vorbild sein!

## Grundregeln zur Arbeitsplatzgestaltung

Effektives Arbeiten spart Zeit und Kraft, in dem es unnötige Wege, ermüdende Bewegungen und Fehler vermeidet:

- möglichst beide Hände einsetzen,
- harmonische Bewegungen: runde Bewegungen sind weniger anstrengend als Hin-und-her-Bewegungen mit ständigem Abbremsen und Beschleunigen,
- nicht über Kreuz arbeiten,
- Arbeitsmittel und Zutaten gleich zu Beginn der Arbeit übersichtlich anordnen,
- nicht zu viele Gegenstände herumliegen lassen.

Arbeitsplatz einrichten

## Bildrezepte erstellen

Abläufe und Zusammenhänge zu erklären, ist für die Betreuerin immer leichter, wenn sie Bilder oder Anschauungsobjekte nutzt. Denn neben dem Hören nutzen die Kinder so auch den Sinneskanal Sehen. Im Kindergartenalter kommt hinzu, dass die Kinder noch nicht lesen können. Daher ist es eine besondere Kunst, Rezepte und Arbeitsanleitungen so vorzubereiten, dass Kinder sie möglichst selbstständig nutzen können.

Bei hauswirtschaftlichen Angeboten in der Kindertagesstätte ist das Bildrezept sowohl zur Motivation, als auch zur Erarbeitung oder zur Festigung am Ende einsetzbar. Die gute Verständlichkeit ist dabei das wichtigste Ziel. Sie hängt von einigen Einflussfaktoren ab, die im Folgenden erläutert werden.

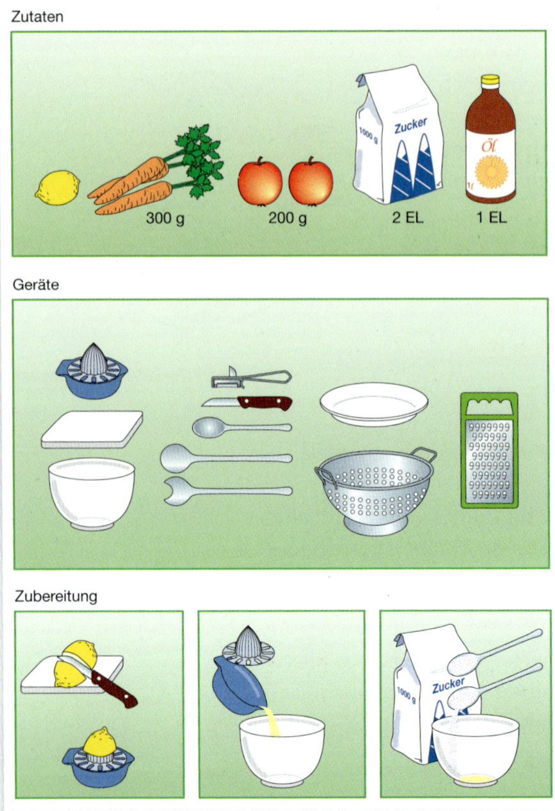


Das Alter der Kinder ist entscheidend dafür, wie einfach oder komplex das ausgewählte Rezept sein darf. Dies hängt nicht nur von der Anzahl der Zutaten ab, sondern auch von den notwendigen Geräten und Arbeitstechniken sowie vom Zeitaufwand. Das Vorwissen der Kinder kann sehr unterschiedlich sein und beeinflusst ebenfalls, welche Speisen zur Zubereitung geeignet sind.

Für die Erstellung eines Bildrezeptes muss sich die Betreuerin fragen, inwieweit die Kinder bereits Zahlen lesen können. Ist dies nicht der Fall, können Zutaten oder Maße einfach in der entsprechenden Zahl abgebildet werden.

Es kann sinnvoll sein, bestimmte Stichworte zu den Bildern hinzuzufügen, zum Beispiel den Titel des Rezepts oder kleinere Anmerkungen. Eine Kollegin kann das Bildrezept so nochmals benutzen und den Ablauf auf einen Blick erfassen.

Zunächst stellt sich die Frage nach dem Format: Während eines hauswirtschaftlichen Angebotes ist zum Beispiel ein Plakat sinnvoll, da es an der Wand hängt und auf der Arbeitsfläche nicht stört. Sollen die Kinder das Rezept mit nach Hause nehmen, benötigt man eine Kopiervorlage im DIN-A4-Format. Die farbenfrohe Gestaltung übernehmen die Kleinen in der Regel gern selbst.

Für Plakate eignet sich als Material ein festeres Papier oder Fotokarton in einer hellen Farbe. Sie sollte mit den Hauptzutaten einen Kontrast bilden. Ein Gurkensalat wirkt zum Beispiel auf gelbem Hintergrund wesentlich besser als auf Grün.

Im Kochbuch und im Bildrezept stehen sie an erster Stelle: die Zutaten. Um sie darzustellen eignen sich Fotos, Strichzeichnungen, Bilder aus Prospekten oder Originalverpackungen. Wird das Bildrezept am Computer erstellt, ist eine Digitalkamera besonders praktisch. Fotografierte Arbeitsschritte können zum Beispiel auch die Beschreibung des Ablaufs sehr gut verdeutlichen. Mit ein bisschen Übung kann man einfache Bilder selbst zeichnen. Wer einen Computer benutzt, kann zudem im Internet nach Strichzeichnungen suchen, und diese einfügen. Grundsätzlich sind große und einfache Formen kindgerecht, ebenso reichen zum Ausmalen wenige und klare Farben.

Um Abwechslung in ein Rezeptplakat zu bringen, empfehlen sich auch Originalverpackungen oder Teile davon. Aludeckel von Frischkäsepackungen, leere Backpulvertütchen, Vorderseiten von Mehl- oder Zuckertüten lassen sich gut aufkleben und mit einfachen Zeichen kombinieren. Sofern eine Verwechslung ausgeschlossen ist, kann auch eine kleine Lebensmittelprobe in die Kollage integriert werden. Dies ist zum Beispiel bei Mehl denkbar oder bei bestimmten Gewürzen.

**Die wichtigsten Küchenmaße auf einen Blick**

| Lebensmittel | Esslöffel gestrichen | Teelöffel gestrichen | Flüssigkeitsmengen |
|---|---|---|---|
| Backpulver | 10 g | 3 g | 1000 ml = 1 l = 1 kg (bei Wasser) |
| Grieß | 12 g | 3 g | 500 ml = $\frac{1}{2}$ l |
| Haferflocken | 8 g | 2 g | 375 ml = $\frac{3}{8}$ l |
| Honig | 20 g | 6 g | 200 ml = 1 Kaffeebecher |
| Joghurt | 17 g | 6 g | 125 ml = $\frac{1}{8}$ l = 1 Tasse |
| Kakao | 6 g | 2 g | 15 ml = 1 Esslöffel |
| Mehl | 10 g | 3 g | 5 ml = 1 Teelöffel |
| Öl | 12 g | 4 g | |
| Salz | 15 g | 5 g | |
| Zucker | 15 g | 5 g | |

g = Gramm, kg = Kilogramm, ml = Milliliter, l = Liter

Mengenangaben in Milliliter oder Gramm sind für Kinder schwer zu verstehen. Sie sollten daher möglichst in Tassen- und Löffelmaße umgerechnet werden. Hierbei hilft die abgedruckte Tabelle. Die Betreuerin sollte jedoch überprüfen, ob die in der Kita verwendeten Materialien mit den angegebenen Werten übereinstimmen. Bei größeren Mengen empfiehlt es sich, eine Markierung in der richtigen Höhe am Messbecher vorzubereiten.

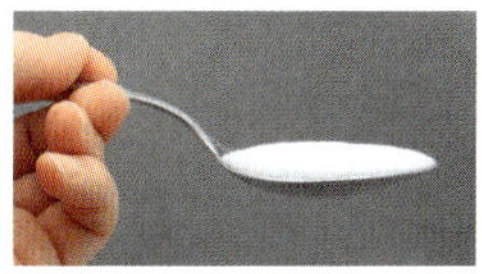

1 Esslöffel Zucker

Um die wichtigsten Verarbeitungsschritte zu erklären, müssen die benötigten Arbeitsgeräte ebenfalls abgebildet werden. Zeigt das Rezept zum Beispiel eine ganze Paprikaschote mit einem Küchenmesser und dann Paprikastreifen, erkennt das Kind den Zusammenhang als Vorher- und Nachher-Zustand.

Messbecher mit Strichen und Zucker

Zeitangaben wie „20 min“ sind für Kinder meist noch zu abstrakt. Hier hilft es, einen Kurzzeitwecker mit der entsprechenden Einstellung abzubilden. Für Temperaturangaben an Herd oder Backofen gilt prinzipiell das Gleiche. Hier ist jedoch darauf zu achten, welche Skala das Gerät tatsächlich zeigt.

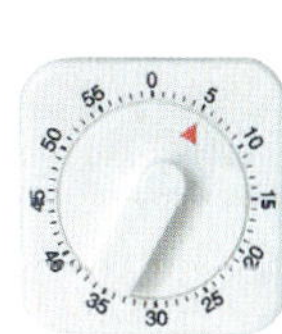

Die Anordnung von Bildern und Symbolen ist für die Verständlichkeit eines Bildrezeptes besonders wichtig. Weniger ist mehr! Je einfacher und übersichtlicher das Rezept aufgebaut ist, desto besser. Eine Abfolge von Arbeitsschritten ist zum Beispiel sofort einsichtig, wenn diese von oben nach unten oder von links nach rechts angeordnet sind. Am besten skizziert man das Gesamtwerk vorher zur Probe, um die zur Verfügung stehende Fläche dann vollständig und sinnvoll auszunutzen.

Tipp: Laminieren oder Überkleben mit Folie schützt das Bildrezept vor Klecksen.

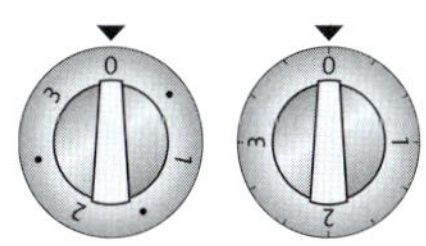

Einstellknöpfe am Herd mit 3-er und 12-er Skala

## 8.5 Erziehungspartnerschaft

Eltern und Erziehungsberechtigte sind für Erziehung und Bildung von zentraler Bedeutung. Die Bundesländer unterstützen dazu in unterschiedlicher Weise die Einrichtung von Familienzentren, die eine individuelle Förderung der Kinder in den Mittelpunkt stellen und dabei auch Angebote für Eltern und Familien machen. Partnerschaftlich sollen Eltern und Erzieherinnen die Bildungs- und Entwicklungsprozesse der Kinder im Blick haben. Mögliche Schwerpunkte sind:

- Armut vorbeugen und damit umgehen
- Gesundheit fördern
- Umgang mit Flucht und Migration
- Vereinbarkeit von Familie und Beruf
- Trennung und Scheidung

Die Themen Gesundheit und Ernährung bieten zahlreiche Anknüpfungspunkte, um mit Eltern ins Gespräch zu kommen und gemeinsame Aktivitäten zu planen. Eltern und pädagogische Kräfte haben dabei ein gemeinsames Ziel: das Wohlbefinden des Kindes und seine gesunde Entwicklung. Diese verantwortungsvolle Aufgabe kann gemeinsam besser gelingen, wenn es Zeit und Raum für Kommunikation und mögliche Aushandlungsprozesse gibt.

Tipps für erfolgreiche Bildungs- und Erziehungspartnerschaften:

- Wertschätzung und Respekt: Eltern und Betreuungskräfte begegnen sich „auf Augenhöhe"
- Fähigkeit und Bereitschaft zu Reflexion und Dialog im gemeinsamen Handeln
- aktive Teilnahme der Eltern an Bildung und Entwicklung ihres Kindes
- Anerkennung gegenseitiger Kompetenzen und gemeinsame Anregung und Begleitung der nächsten Entwicklungsschritte
- gemeinsame Erarbeitung von attraktiven Formen der Beteiligung, die den jeweiligen Bedürfnissen entsprechen

### Elterngespräche führen

| | |
|---|---|
| **Einladung** | ▪ Termin vereinbaren<br>▪ weitere Personen einladen (Kollegin, Beratung ...) |
| **Vorbereitung** | ▪ Raum lüften, Getränke bereitstellen<br>▪ sich innerlich vorbereiten<br>▪ eine emphatische Haltung einnehmen |
| **Gesprächsführung** | ▪ die Anwesenden mit Namen begrüßen<br>▪ Anlass, Ziel und Zeitrahmen nennen<br>▪ kooperatives Gespräch zur Entwicklung des Kindes führen: Kind mit seinen Interessen und seinem Verhalten im Mittelpunkt<br>▪ Sorge über eine Beobachtung/eine Auffälligkeit formulieren |
| **Abschluss** | ▪ weiteres Vorgehen abstimmen<br>▪ Fragen, Wünsche, Erwartungen klären<br>▪ Gespräch zusammenfassen<br>▪ Feedback erbitten<br>▪ Protokoll anfertigen<br>▪ reflektieren |

# 9 Rezepte mit Kindern zubereiten

**Die Schale entfernen/schälen**

Obst und Gemüse kurz vor der Verarbeitung oder dem Verzehr schälen. Ist dies nicht möglich, müssen die geschälten Nahrungsmittel unzerkleinert und abgedeckt kalt gestellt werden.

- Arbeitsplatz zum Schälen einrichten.
- Obst und Gemüse mit dem Sparschäler oder dem Kinderküchenmesser (s. S. 27) dünn schälen

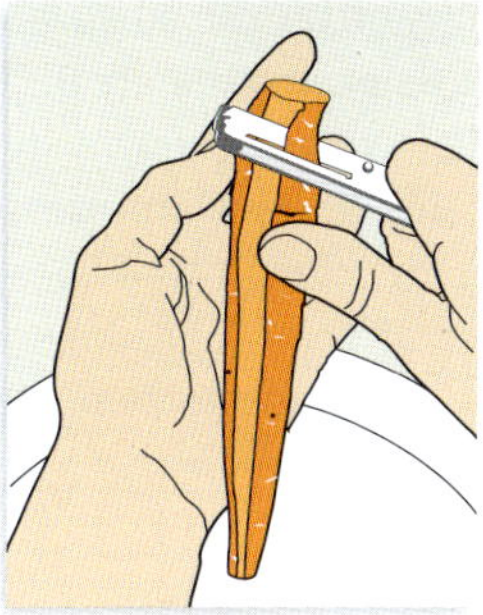

Lebensmittel schälen

**Raspeln**

Nahrungsmittel in streifenartige Teile zerkleinern.

- Kleine Mengen z. B. mit der groben oder feinen Seite der Vierkantreibe raspeln.

Lebensmittel raspeln

**Reiben**

Nahrungsmittel sehr fein zerkleinern.

- Kleine Mengen, z. B. Zitronenschale, mit der Reibeseite der Vierkantseite oder der Zitronenreibe reiben. Vorsicht mit den Fingern!

Lebensmittel reiben

**Hacken**

1. Nahrungsmittel mit einem großen Messer grob zerschneiden.
2. Messer nur an Griff und Messerspitze fassen und durch Auf- und Abwärtsbewegungen sowie Vor- und Rückbewegungen die Nahrungsmittel in gewünschte Größe zerkleinern.

Vorsicht!

Lebensmittel hacken

Kochen

## Kochen

Kochen ist ein Garen in viel siedender Flüssigkeit bei einer gleichbleibenden Temperatur von 100 °C.

- ausreichend großen Kochtopf auswählen
- Kochtopf nur etwa bis zur Hälfte füllen, durch das Sieden und durch Zugabe der Nahrungsmittel steigt die Flüssigkeit im Topf
- Nahrungsmittel müssen mit Flüssigkeit vollständig bedeckt sein
- Nahrungsmittel, die ausgelaugt (ausgekocht) werden sollen, in die noch kalte Flüssigkeit geben (z. B. Fleisch für Frikassee)
- Höchste Herdeinstellung wählen. Zurückschalten, wenn das Wasser kocht.
- Topf während des Garprozesses unbedingt geschlossen halten!
- Nudeln im offenen Topf kochen-Vorsicht: Nicht verbrennen: es sprudelt!
- Milch im offenen Topf zum Kochen bringen, sie steigt im Topf an. Vorsicht: sie darf nicht überkochen. Topf beim Ansteigen der Milch von der Herdplatte nehmen.

Würzen

## Würzen

Mit Gewürzen, Kräutern o. Ä. der Speise einen bestimmten Geschmack verleihen bzw. sie überhaupt schmackhaft machen.

## Abschmecken

Überprüfen, ob die Speise schmeckt:

- Speise mit einem Löffel auf einen „Probierlöffel" geben (s. S. 16) und probieren. Wenn die Speise noch nicht schmeckt, mit den im Rezept genannten geschmacksgebundenen Zutaten weiter würzen. Gemüsebrühe ohne Geschmacksverstärker verwenden.

Durch das Abschmecken wird der natürliche Geschmack eines Lebensmittel von Kindern kennengelernt.

## Verrühren

Durch Rühren vermischen, vermengen.

## Eine Prise Salz

Die Menge an Salz, die zwischen zwei Finger passt.

Das Kätzchen Kitchen achtet wieder auf die Einhaltung der Regeln zur Hygiene bei der Rezepterstellung.

Jetzt geht's los

## AUFGABEN

1. Die Inhalte des Einmaleins der Hygiene können mit Kindern mithilfe einer Figur wie das Kätzchen Kitchen spielerisch erlernt werden (s. S. 20). Geben Sie Beispiele.
2. Die folgenden Rezepte lassen sich leicht umrechnen, um die Portionsmengen dem Bedarf anzupassen. Nutzen Sie dafür die erste Spalte. Die zweite Spalte dient für Eintragungen zur Zeitangabe. Wie viel Zeit wird beim Kochen mit Kindern für die jeweiligen Rezepte benötigt?

## Rezepte

### Buttermilch mit Früchten

| Mengen und Zutaten | | | |
|---|---|---|---|
| ... Port. | 4 Port. | Arbeitsablauf | Zeit Min. |
| | 1000 ml Buttermilch<br>300 g Himbeeren (oder Obst nach Wahl)<br>ggf. etwas Honig oder ein wenig Zucker | pürieren, bis es eine trinkbare Masse ist. | |
| | | In kleine Becher füllen. | |

### Quarkauflauf mit Zwetschgen

| Mengen und Zutaten | | | |
|---|---|---|---|
| ... Port. | 4 Port. | Arbeitsablauf | Zeit Min. |
| | 500 g Zwetschgen | aufschneiden,<br>Kern herauslösen | |
| | 3 Eier | trennen | |
| | 500 g Magerquark<br>3 Eigelb<br>2 TL Backpulver<br>60 g Stärke<br>100 g Zucker | zu einer Masse verrühren. | |
| | 3 Eiweiß (Eiklar)<br>1 Pr. Salz | steif schlagen.<br>Den Eischnee ganz vorsichtig kurz mit der Quarkmasse verrühren. | |
| | | Eine Auflaufform einfetten und die Hälfte der Masse hineinfüllen. | |
| | 2/3 Zwetschgen | auf der Quarkmasse verteilen. Den restlichen Quark darauf geben und auch die anderen Zwetschgen drauf legen. | |
| | 2 EL Semmelbrösel<br>10 g Butter | den Auflauf damit bestreuen. | |
| | | Backen: ca. 70 min. bei 160 °C Umluft backen. | |
| | | Eine Betreuungskraft nimmt den Auflauf aus dem Ofen. Jetzt kann er portioniert werden. | |

Topflappen verwenden

## Kartoffel-Apfel-Püree

| Mengen und Zutaten | | | |
|---|---|---|---|
| ... Port. | 4 Port. | Arbeitsablauf | Zeit Min. |
| | 500 g Kartoffeln | schälen und in Stücke schneiden. | |
| | 1 Apfel | schälen, vierteln, das Kerngehäuse entfernen und würfeln. | |
| | Wasser<br>etwas Salz | Mit Salzwasser knapp bedecken und 20 min. kochen (nach 10 min die Äpfel hinzugeben). Kartoffeln/Apfel abgießen und zweimal durch die Kartoffelpresse drücken. | |
| | 100 ml Milch<br>40 g Sahne | erhitzen. | |
| | 70 g Butter | zerlassen, bis sie leicht bräunt und auf die Kartoffeln gießen. | |
| | Kartoffelmasse | verrühren und nach und nach die Milch-Sahne-Mischung zugeben. | |
| | Salz, Pfeffer, Muskatnuss | zugeben, abschmecken. | |
| | 2 Majoranstängel | waschen, Blättchen abzupfen, klein hacken und unter das Püree rühren. | |

Nicht für die Kleinsten.

## Möhren-Apfel-Rohkost

| Mengen und Zutaten | | | |
|---|---|---|---|
| ... Port. | 4 Port. | Arbeitsablauf | Zeit Min. |
| | 1 Zitrone | entsaften und in eine Schale geben. | |
| | 2 EL Zucker | dazugeben. | |
| | 1 EL Öl | dazugeben und zu einem Dressing, verrühren. | |
| | 300 g Möhren<br>200 g Äpfel | waschen und schälen.<br>Die Äpfel vierteln und schälen, das Gehäuse entfernen.<br>Alles mit einer Küchenreibe raspeln und mit dem Dressing verrühren. | |

## Salat mit Honigmelone

| Mengen und Zutaten | | | |
|---|---|---|---|
| ... Port. | 4 Port. | Arbeitsablauf | Zeit Min. |
| | 1 Zitrone | entsaften, | |
| | etwas Salz und Pfeffer | damit abschmecken. | |
| | ½ EL Honig | dazugeben. | |
| | 4 EL Olivenöl | alles zu eiem Dressing verrühren. | |
| | 1 kleine Stange Porree<br>1 Kopf Blattsalat | waschen, schälen, kleinschneiden und in eine Schale geben. | |
| | 1 Salatgurke | schälen und in Scheiben schneiden. | |
| | 1 Honigmelone | halbieren, mit einem Esslöffel die Kerne herausnehmen und mit einem Teelöffel kleine Kugeln herausschneiden. | |
| | | Dressing über den Salat geben. | |

Ein Rezept für Kinder ab ca. 4 Jahren, ganz kleine Kinder mögen noch keine Blattsalate.

Scheiben einer bunten Möhre bringen Farbe in den Salat.

## Gemüsesuppe

| Mengen und Zutaten | | | |
|---|---|---|---|
| ... Port. | 4 Port. | Arbeitsablauf | Zeit Min. |
| | 1 kleine Stange Porree<br>1 Möhre<br>2 Kartoffeln<br>1 Kohlrabi<br>1 Zwiebel | alles waschen, schälen und in beliebige Formen kleinschneiden. | |
| | 2 EL Gemüsebrühe | in 1 l heißem Wasser lösen. | |
| | 3 EL Margarine | in einem Kochtopf erhitzen. | |
| | | Das Gemüse dazugeben und für ca. 3 min anbraten. | |
| | | Die aufgelöste Brühe dazugießen, mit | |
| | Salz/Pfeffer | abschmecken und 20 min kochen lassen. | |
| | Petersilie | hacken und darüberstreuen. | |

### Kartoffelpuffer mit Apfelmus

| Mengen und Zutaten | | | |
|---|---|---|---|
| ... Port. | 4 Port. | Arbeitsablauf | Zeit Min. |
| | 800 g Kartoffeln | schälen und auf einer Küchenreibe fein raspeln. In einem Sieb ausdrücken und den Saft auffangen. | |
| | | 5 min stehen lassen (damit sich die Stärke absetzt). Den Saft abgießen. | |
| | 2 Eigelb<br>30 g Schmand<br>etwas Salz, Pfeffer, Muskat | mit den Kartoffeln verrühren und würzen. | |
| | | Kleine Fladen formen und in heißem Rapsöl anbraten. | |
| | Für das Apfelmus: | | |
| | 500 g Äpfel<br>2 TL Zucker | Schälen, kleinschneiden, in einen Topf geben und mit Zucker bestreuen. Im eigenen Saft bei kleiner Hitze weich köcheln, ggf. Apfelsaft angießen.<br>So lange köcheln, bis die Flüssigkeit verdampft ist. Die Äpfel ggf. noch etwas zerdrücken. | |

Nicht alle Kinder mögen stückiges Apfelmus, die Äpfel können bei Bedarf noch etwas zerdrückt werden.

### Kinderpizzabrötchen

| Mengen und Zutaten | | | |
|---|---|---|---|
| ... Port. | 4 Port. | Arbeitsablauf | Zeit Min. |
| | 250 g Quark (40% Fett)<br>300 g Dinkelvollkornmehl<br>1 Pck. Backpulver<br>150 g Gouda, gerieben<br>200 g Putenstreifen oder Salami-Stückchen | Alle Zutaten zu einem Teig verkneten. | |
| | | Von dem Teig kleine Brötchen mit einem Esslöffel abstechen und formen und auf ein vorbereitetes Backblech geben. | |
| | 50 g Gouda, gerieben | auf die Brötchen streuen | |
| | | Backen: ca. 30 Min. bei 175°C Ober-/Unterhitze | |

## Möhrenpuffer

| Mengen und Zutaten | | Arbeitsablauf | Zeit Min. |
|---|---|---|---|
| ... Port. | 4 Port. | | |
| | 1 kleine Zwiebel | schälen und klein schneiden. | |
| | 700 g Kartoffeln<br>300 g Möhren | schälen und mit einer Küchenreibe reiben, | |
| | 2 Eier<br>1 TL Salz<br>Kreuzkümmel<br>Koriander<br>2 EL gehackte Petersilie | alles miteinander verrühren. | |
| | 125 ml Öl | für eine Pfannenfüllung 2 EL Öl in einer breiten Pfanne erhitzen, pro Kartoffelpuffer einen gehäuften Esslöffel Teig hineingeben, flach drücken, von beiden Seiten goldbraun und knusprig braten, warm halten | |

Für Kinder ab 4 Jahren können dem Teig noch 50 g gehackte Erdnüsse hinzugefügt werden. Kleinere Kinder sollten keine harten kleinen Lebensmittel bekommen.

## Nudeln mit Hackfleisch

| Mengen und Zutaten | | Arbeitsablauf | Zeit Min. |
|---|---|---|---|
| ... Port. | 4 Port. | | |
| | 2 Zwiebeln | schälen und fein würfeln. | |
| | 300 g Rinderhack | mit | |
| | Salz, Pfeffer | würzen. | |
| | 3 EL Rapsöl | erhitzen, die Zwiebeln darin 2 min dünsten und das Hackfleisch hinzugeben, anbraten. | |
| | 1½ Dosen geschälte Tomaten | dazugeben. | |
| | | Ca. 1 Stunde köcheln lassen,<br>dann mit Salz und Pfeffer abschmecken. | |
| | 360 g Hörnchennudeln (möglichst Vollkornnudeln) | nach Packungsbeilage bissfest garen, zugeben. | |
| | | mit Apfelmus servieren. | |

Rezept Apfelmus s. S. 180

## Pfannkuchen mit Tomatenfüllung

| Mengen und Zutaten | | | |
|---|---|---|---|
| ... Port. | 4 Port. | Arbeitsablauf | Zeit Min. |
| | 2 Eier<br>250 ml Milch<br>50 g Weizenmehl<br>50 g Weizenschrot<br>½ TL Salz<br>1 Pr. Zucker | klumpenfrei verrühren. | |
| | 3 EL Petersilie | hinzufügen und Pfannkuchenteig 30 min. ruhen lassen. | |
| | 200 g Gouda | grob raspeln, in 6 Teile teilen. | |
| | 600 g Tomaten | waschen, das Grün entfernen und in dünne Scheiben. | |
| | 1 TL Salz<br>1 TL Pfeffer<br>1 TL Oregano<br>1 TL Thymian | würzen, in 5 Teile teilen. | |
| | 6 EL Öl | In je 1 EL Öl 6 Pfannkuchen von 20 cm Durchmesser von beiden Seiten goldgelb backen. | |
| | | Backen: 30 Min. bei 180 °C | |

## Zucchininudeln in Carbonara

| Mengen und Zutaten | | | |
|---|---|---|---|
| ... Port. | 4 Port. | Arbeitsablauf | Zeit Min. |
| | 4 Zucchini | im Spiralschneider zu Nudeln verarbeiten. | |
| | 200 g Speck | in Öl anbraten. | |
| | 240 g Parmesan | mit der Küchenreibe reiben. | |
| | 1 Becher Creme legère | mit dem Parmesan zu den Speckstreifen in die Pfanne geben. | |
| | Salz, Pfeffer | Die Zucchininudeln in die Pfanne geben, abschmecken. | |
| | | Gegebenenfalls etwas flüssige Sahne hinzugeben. | |

## Pellkartoffeln mit Kräuterquark / Tsatsiki

| Mengen und Zutaten | | | |
|---|---|---|---|
| ... Port. | 4 Port. | Arbeitsablauf | Zeit Min. |
| | 1000 g Kartoffeln | waschen | |
| | 250 ml Wasser | in einem geschlossenen Topf zum Kochen bringen, wenn eine Dampffahne austritt, herunterschalten, 25–30 mMin. dünsten. | |
| | | Kartoffeln, abgießen, etwas abkühlen lassen und dann pellen. | |
| | | Mit Kräuterquark oder Tsatsiki genießen. | |

Die Kartoffeln sind gar, wenn sich ein Messer leicht einstechen lässt.

Der Kürbis lässt sich auch von Kindern gut schneiden, wenn er als Ganzes für 30 Minuten bei 150 Grad im Backofen war.

## Stückiger Süßkartoffel-Kürbis-Brei

| Mengen und Zutaten | | | |
|---|---|---|---|
| ... Port. | 4 Port. | Arbeitsablauf | Zeit Min. |
| | 1 Hokkaidokürbis (400 g) | für 30 min. bei 150 °C in den Backofen legen. | |
| | 300 g Süßkartoffeln | schälen und zusammen mit dem Kürbis in grobe Stücke schneiden. | |
| | 500 ml Wasser | in einen großen Topf mit Wasser geben (größere Stücke mit dem Rührlöffel zerkleinern). | |
| | | Kochen: 20 min. | |
| | 2 rote Zwiebeln<br>100 g Fenchel | schälen und fein würfeln; | |
| | 4 EL Rapsöl | mit dem Öl in einer Pfanne anschwitzen. | |
| | | Das Zwiebel-Fenchel-Öl Gemisch in den Topf gießen. | |
| | 1 kleine Stange Lauch | in Ringe schneiden und in den Topf geben. | |
| | | Solange bei geringer Hitze unter ständigem Rühren einkochen lassen bis keine Flüssigkeit mehr da ist. | |
| | Je 1 Msp. Salz, Pfeffer, Paprikapulver, Currypulver, Kreuzkümmel | zugeben, abschmecken. | |
| | 125 ml Milch<br>50 g Parmesan | unterrühren und köcheln lassen, bis der Brei eine cremige Konsistenz bekommt. | |

Standardmäßig Rapsöl einsetzen, da es geschmacksneutral ist und viele ungesättigte Fettsäuren enthält.

## Apfelcrumble

| Mengen und Zutaten | | | |
|---|---|---|---|
| ... Port. | 4 Port. | Arbeitsablauf | Zeit Min. |
| | | Backofen auf 180 °C vorheizen. | |
| | 6 Äpfel<br>etwas Zitronensaft<br>½ TL Zimt<br>100 g Rosinen<br>1 TL Butter | schälen und in Spalten schneiden, mit beträufeln und in der flüssigen Butter wälzen.<br>Zimtpulver und Rosinen vermischen.<br>In eine Flache Auflaufform geben. | |
| | 125 g Mehl<br>100 g Zucker<br>90 g Butter<br>100 g geriebene Mandeln | Einen krümeligen Teig zubereiten und über die Äpfel geben. | |
| | | Backen: 25–30 min. backen | |
| | | Mit Vanilleeis oder Vanillesoße | |

## Fischgulasch

| Mengen und Zutaten | | | |
|---|---|---|---|
| ... Port. | 4 Port. | Arbeitsablauf | Zeit Min. |
| | 1 kl. Dose Tomaten | in ein Sieb geben, Flüssigkeit auffangen. | |
| | 2 Zwiebeln | schälen und würfeln. | |
| | 2 Paprikaschoten | waschen und in feine Streifen schneiden. | |
| | 10 g Butter | andünsten. | |
| | 125 ml Wasser<br>½ TL Gemüsebrühe<br>¼ TL Rosmarin<br>¼ TL Thymian<br>¼ TL Oregano<br>1 TL Salz | mit Tomaten und Tomatenflüssigkeit vermischen, einmal aufkochen, abschmecken. | |
| | 400 g Fischfilet | trocken tupfen und in große Würfel schneiden, darauflegen, 10 min. dünsten, anrichten . | |
| | 1 EL Kräuter | darüberstreuen. | |

## Fisch-Burger

Für kleinere Kinder müssen die Fisch-Burger in Stücke geschnitten werden, sie fallen leicht auseinander.

| Mengen und Zutaten | | | |
|---|---|---|---|
| ... Port. | 4 Port. | Arbeitsablauf | Zeit Min. |
| | 8 Fischstäbchen | nach Anleitung braten. | |
| | 4 Hamburgerbrötchen | aufschneiden und ggf. toasten. | |
| | 4 TL Remoulade<br>4 TL Ketchup | die Brötchen damit bestreichen. | |
| | 2 Zwiebeln | schälen, schneiden und auf der Unterseite des Brötchens verteilen. | |
| | 4 Blätter Salat<br>2 Gewürzgurken | den Burger mit einem Salatblatt, ein paar Gewürzgurken und jeweils 2 Fischstäbchen belegen. | |

## Couscous Auflauf

| Mengen und Zutaten | | | |
|---|---|---|---|
| ... Port. | 4 Port. | Arbeitsablauf | Zeit Min. |
| | 5 g Butter | Auflaufform damit fetten. | |
| | 200 g Couscous | in die Form geben. | |
| | 600 g Gemüse | waschen und in Stücke schneiden. | |
| | 1 Zwiebel | schälen und würfeln. | |
| | ½ TL Salz<br>1 TL Curry<br>¼ TL Cayennepfeffer<br>¼ TL Koriander | über den Couscous geben. | |
| | | Gemüse in der Pfanne andünsten, über den Couscous geben. | |
| | 400 ml Kokosmilch<br>250 ml Wasser<br>2 EL Gemüsebrühe | dazugeben. | |
| | 3 EL Sesam | damit bestreuen. | |
| | | Bei 180 °C im Backofen 40 min. backen. Die Betreuungskraft holt den Auflauf aus dem Ofen. | |

Vorsicht!
Die Auflaufform ist heiß!

## Kohlrabi in heller Soße

| Mengen und Zutaten | | | |
|---|---|---|---|
| ... Port. | 4 Port. | Arbeitsablauf | Zeit Min. |
| | 2 Kohlrabi | schälen und waschen. | |
| | 1 l Wasser, Salz | Zum Kochen bringen, den Kohlrabi 20 min. kochen. ¼ l Kochwasser aufbewahren | |
| | 6 EL Margarine | in einem Topf erhitzen | |
| | 6 EL Mehl | hinzugeben und verrühren | |
| | ½ l Kohlrabiwasser | damit verrühren | |
| | ½ L Milch | hinzufügen | |
| | | Kohlrabi in den Topf geben | |
| | Muskatnuss | Abschmecken | |
| | | Servieren | |

## Hackbällchen in Tomatensauce

Vorher und hinterher die Hände gründlich waschen (s. S. 14).

| Mengen und Zutaten | | | |
|---|---|---|---|
| ... Port. | 4 Port. | Arbeitsablauf | Zeit Min. |
| | 400 g Rinderhack<br>1 Ei<br>2 EL Paniermehl<br>1 TL Salz<br>½ TL Pfeffer<br>¼ TL Thymian | alle Zutaten zu einem Teig verarbeiten und in 16 Teile teilen. Mit feuchten Händen zu 16 Kugeln formen. | |
| | 1 Zwiebel | schälen und würfeln, kurz in etwas Margarine in einem flachen Topf andünsten. | |
| | 1 kl. Ds. Tomaten<br>1 TL Gemüsebrühe<br>1 Pr. Zucker<br>½ TL Salz<br>Je 1 Msp. Pfeffer, Oregano, Basilikum, Rosmarin, Thymian | dazugeben und alles aufkochen, abschmecken. | |
| | | Hackbällchen darin ca. 15 min. garziehen lassen und mit Naturreis oder Vollkornnudeln genießen. | |

## Minipizzen

| Mengen und Zutaten | | Arbeitsablauf | Zeit Min. |
|---|---|---|---|
| ... Port. | 12 Stück | | |
| | 400 g Weizenmehl<br>20 g Hefe<br>280 ml Wasser<br>1 TL Salz<br>1 Pr. Zucker | alle Zutaten zu einem Teig vermengen. | |
| | | Teig auf eine bemehlte Arbeitsfläche geben, mit den Handballen 5 min. kneten, bis der Teig eine glatte, trockene Oberfläche hat und nicht mehr klebt, (Teig klebrig, dann Mehl unterkneten), (Teig krümelig, dann Wasser unterkneten) | |
| | | Teig ca. 30 min. bei 40 °C im Backofen in der Rührschüssel ruhen lassen, bis sich das Teigvolumen verdoppelt hat. | |
| | | Teig auf eine bemehlte Arbeitsfläche geben und nochmals 1 min. mit der Hand kneten und kurze Zeit gehen lassen. | |
| | Belag: | | |
| | 4 El Tomatenpüree<br>2 El Tomatenmark<br>½ TL Salz<br>1 Pr. Pfeffer<br>1 TL Oregano | alles verrühren. | |
| | 40 g Putenbrust oder Rindersalami | in Würfel schneiden. | |
| | 150 g Gemüse (Champignons, Paprika, Mais) | alles außer Mais waschen und kleinschneiden. | |
| | 100 g Gouda | raspeln. | |
| | | Hefeteig dünn ausrollen, mit einem leeren Marmeladenglas Kreise ausstechen, auf das Backblech legen, Belag und Käse darauf, 30 min. ruhen lassen. | |
| | | Bei 200 °C die Minipizzen 10–15 min.backen | |

Hefeteig immer mit dem Handballen kneten, nicht mit den Fingern.

Aus diesem Teig lassen sich auch 12 kleine Brötchen herstellen.Jedes Kind kann sein eigenes Brötchen formen.

Nicht verbrennen: der Käse wird sehr heiß!

Topflappen beim Herausholen aus dem Backofen verwenden.

## Pflaumen-Bananen-Joghurt

| Mengen und Zutaten | | Arbeitsablauf | Zeit Min. |
|---|---|---|---|
| ... Port. | 4 Port. | | |
| | 12 Pflaumen | waschen und entsteinen. | |
| | 2 Bananen | schälen und in scheiben schneiden. | |
| | 4 EL Orangensaft | mit den Pflaumen pürieren. | |
| | 8 EL Naturjoghurt | mit den Bananenscheiben unterrühren. | |

## Haferflockenplätzchen

| Mengen und Zutaten | | Arbeitsablauf | Zeit Min. |
|---|---|---|---|
| ... Port. | 4 Port. | | |
| | 200 g Margarine | langsam in einem Kochtopf erhitzen. | |
| | 175 g Zucker<br>125 g Haferflocken<br>125 g Kokosraspeln | vermischen und zu der geschmolzenen Butter geben. | |
| | 125 g Mehl<br>2 TL Backpulver<br>2 Eier | in einer Rührschüssel alles zusammen vermengen. | |
| | | Backpapier auf ein Backblech legen,<br>jeweils aus einem TL Teig eine Kugeln formen und auf das Backblech, etwas platt drücken. | |
| | | Bei 200 °C 10 min. backen. | |

Das Vermengen gelingt am besten mit einem Handrührgerät. Der Umgang damit will sorgfältig erlernt werden und ist nichts für kleinere Kinder.

### Das Lied vom Brot

Wer will fleißige Müller seh'n,
der muss zu uns Kindern geh'n.

Mahlet fein, Körnerlein,
das Mehl das wird bald fertig sein.
*(beide Handflächenaneinander reiben.)*

Wer will fleißige Bäcker seh'n,
der muss zu uns Kindern geh'n.

Wasser, Mehl, Hefe rein,
der schöne Teig geht auf ganz fein
*(Mit rechter und linker Hand schütten, mit den Händen einen Kreis beschreiben)*

Wer will fleißige Brotesser seh'n,
der muss zu uns Kindern geh'n.

Käse, Wurst, Ei noch drauf,
jetzt essen wir das Ganze auf.

# Literatur und Quellen


Bundesarbeitsgemeinschaft Mehr Sicherheit für Kinder (Hrsg.): www.kindersicherheit.de (06.01.2019)

Bundeszentrale für gesundheitliche Aufklärung (BZgA, Hrsg.): Das Baby – Ein Leitfaden für Eltern. Köln 2016

Bundeszentrum für Ernährung (BZfE, früher aid infodienst, Hrsg.): Lebensmittelverarbeitung im Haushalt. Bonn 2. Auflage 2016

Bundeszentrum für Ernährung (BZfE, früher aid infodienst, Hrsg.): Essen lernen in Kita und Tagespflege. Bonn 3304/2012/2017

Bundeszentrum für Ernährung (BZfE, früher aid infodienst, Hrsg.): Esspedition Kita – Ernährungsbildung für die Praxis. Bonn 3548/2016

Deutsche Gesellschaft für Ernährung (DGE, Hrsg.): DGE-Qualitätsstandard für die Verpflegung in Tageseinrichtungen für Kinder Bonn 5. Auflage, 2., korrigierter Nachdruck 2015

Deutsche Gesellschaft für Ernährung (DGE, Hrsg.): www.dge.de (06.01.2019)

Deutsche Gesellschaft für Ernährung, Österreichische Gesellschaft für Ernährung, Schweizerische Gesellschaft für Ernährung (Hrsg.): Referenzwerte für die Nährstoffzufuhr. Bonn 2. Auflage 3. aktualisierte Ausgabe 2017

Food Literacy Handbuch und Toolbox des europäischen Socrates-Grundtvig-Projekts

Forschungsinstitut für Kinderernährung www.fke-do.de (06.01.2019)

Hallschmid M., Oster H., Schultes B., Schmid SM.: Kurzer, gestörter und unregelmäßiger Schlaf: Die schädlichen Auswirkungen auf den menschlichen Stoffwechsel. Dtsch Med Wochenschr 2015; 140: 1278–1283.

Heinis, M.; Simpfendörfer, D.; Baur-Enders, R.: Hauswirtschaft Ernährung Pflege. Hamburg 2018

https://bugfoundation.com/unser-burger.html

https://eatsmarter.de/lexikon/warenkunde/obst/cranberries

https://fddb.info/db/de/lebensmittel/milbona_fettarmer_joghurt_mild_1_5prozent_natur_23766/index.html

https://lebensmittelinfo.net/lebensmittel/aprikosen#nahrwerte-mineralstoffe

https://www.fruchtzwerge.de/content/fruchtzwerge-6er (29.12.18)

https://www.gesundheit.de/ernaehrung/alternative-ernaehrung/weitere-ernaehrungsalternativen/anthroposophische-ernaehrung

https://www.nu3.de/c/ernaehrung/ballaststoffe/

Landeszentrum Gesundheit Nordrhein-Westfalen: Rahmen-Hygieneplan für Kinder- und Jugendeinrichtungen www.lzg.nrw.de (06.01.2019)

Methfessel, B.; Höhn, K.; Miltner-Jürgensen, B.: Essen und Ernährungsbildung in der Kita: Entwicklung – Versorgung – Bildung. Stuttgart 2016

reformrundschau 8/2010

Rüther-Dahlmanns, B.: KompaktWISSEN Kinder unter 3 Jahren. Methodik und Didaktik in Krippe und Kita. Hamburg 2014

Schmid, S., Hallschmid, M., Schultes, B.: The metabolic burden of sleep loss. Lancet Diabetes Endocrinol 2014. Published Online March 25, 2014.

www.bzga-kinderuebergewicht.de/vertiefende-informationen/fakten-und-folgen/uebergewicht-in-zahlen

www.fitkid-aktion.de (07.01.19)

www.fke-do.de (05.01.19)

www.gesundinsleben.de (29.12.18)

www.in-form.de (05.01.19)

www.petze-kiel.de(07.01.2019)

# Bildquellenverzeichnis

Aehnelt, Robert, Berlin: S. 160 (CC BY-SA 3.0)

Aktion Zahnfreundlich e.V., Berlin: S. 8/1

as-illustration, Rimpar: S. 28

Atelier Dirk Behrens, Issendorf: S. 170/3–5; 175/1

Bundesanstalt für Landwirtschaft und Ernährung, Bonn: S. 128/1,2

Bundesministerium für Ernährung und Landwirtschaft (BMEL), Berlin: S. 133/3

Bundeszentrale für gesundheitliche Aufklärung, Köln (www.infektionsschutz.de/CC-Lizenz BY-NC-ND): S. 14

Bundeszentrum für Ernährung (BZfE) in der Bundesanstalt für Landwirtschaft und Ernährung, Bonn: S. 55; 66/1; 79; 86/4

Colourbox EU GmbH, Berlin: S. 25/1 (Anastasia Vishn)

Demeter e.V., Darmstadt: S. 133/6

Deutsche Gesellschaft für Ernährung e.V., Bonn: S. 111/2

Deutsche Zöliakie-Gesellschaft e.V., Stuttgart: S. 154/1

DIN Deutsches Institut für Normung e.V., Berlin: S. 114/2

doc stock eine Marke der F1online digitale Bildagentur GmbH, Frankfurt am Main: S. 40/2

dpa-Picture-Alliance GmbH, Frankfurt am Main: S. 22 (Infografik); 94/2 (Robert Schlesinger); 95/2 (Infografik)

Erste Hilfe Schneider, Derschen: S. 31/1

Europäische Kommission, Brüssel, Belgien: S. 24/2; 133/4

F1online digitale Bildagentur GmbH, Frankfurt am Main: S. 49 (Fstop)

Galas, Elisabeth, Bad Breisig: S. 12/3; 23/2; 27/1; 35/2; 39; 61; 102; 114/1,3; 131/2,3; 134/1; 170/2; 171/1–3; 172/1; 173/4

GEFU GmbH, Eslohe: S. 182/2

Gemeinsamer Bundesausschuss (G-BA), Berlin: S. 38

Grafische Produktion Neumann, Rimpar: S. 7

Hager & Werken GmbH & Co. KG, Duisburg: S. 10/1

Heinis: S. 9/4,5; 83/2; 169/2; 172/2

Hummel, Michael, Brieselang: S. 132/4

iStockphoto, Berlin: S. 5 (PeopleImages); 10/2 (Ma-Ke); 17/3 (GlobalP); 26 (FatCamera); 47/1 (skynesher); 71 (marilyna); 86/2 (mariaflaya); 111/1 (PeopleImages); 130 (s-cphoto); 155/2 (Miguel Leon); 157 (alvarez); 163 (FatCamera); 167 (lostinbids); 174 (vgajic); 183/1 (dirkr), 2 (DianePeacock)

Kleiber, Susanne, Hamburg: S. 97

Krausen, Scott, Mönchengladbach: S. 6; 17/7; 59; 65/1,3; 83/3; 92; 94/1; 100; 103/1; 137/1

Langenscheidt GmbH & Co. KG, München: S. 2/2

Malteser Hilfsdienst e.V., Köln: S. 30

Marine Stewardship Council (MSC), Berlin: S. 96/2

mauritius images GmbH, Mittenwald: S. 29 (Science Source); 31/2 (Jochen Tack/Alamy); 51 (image-BROKER/bilwissedition); 84/2 (Science Source/NLM); 115 (Oredia/Alamy); 164/1 (Clynt Garnham Food & Drink/Alamy)

National Sleep Foundation, USA (Hirshkowitz M/www.sleepfoundation.org): S. 46

Naturland – Verband für ökologischen Landbau e.V., Gräfelfing: S. 133/5

Opinel Savoie France: S. 27/2

PER Medien+Marketing GmbH, Braunschweig: S. 161

Regionalfenster e.V., Friedberg: S. 77/3; 133/2

Schnitzer GmbH & Co. KG, Offenburg: S. 85

Schülke & Mayr GmbH, Norderstedt: S. 32/2

Science Photo Library – Ein Unternehmensbereich der StockFood GmbH, München: S. 91

Servicebüro 5 am Tag e.V., Mannheim: S. 74/3

Shutterstock Images LLC, New York, USA: S. 1/1 (Lena Lir),2 (Marcel Jancovic); 2/1 (Andrey_Popov); 3 (ElRoi); 8/2 (Algirdas Gelazius); 9/1 (adriaticfoto), 3 (LeManna),6 (Oksana Kuzmina); 11 (Gladskikh Tatiana); 12/1 (Giles Kent),2 (Monkey Business Images); 15 (Marcel Jancovic); 16/3 (Ilike); 17/1 (royaltystockphoto.com),2 (Peter Hermes Furian),4 (Jezper),5 (Rattiya Thongdumhyu), 6 (Cosmin Manci); 21 (Lukassek); 24/1 (Africa Studio),3 (ronstik); 25/2 (Africa Studio); 33 (Stuart Miles); 35/1 (visionaryft); 40/1 (Alila Medical Media),3,4 (eveleen); 41/1 (McCarony),2 (Monkey Business Images); 44/1b (lineartestpilot); 45 (Paola Crash); 47/2 (Ramona Kaulitzki); 48 (Africa Studio); 50 (vectorfusionart); 53 (Alexander Raths); 57 (2xSamara.com); 58/2 (cristi180884); 66/2 (Gorlov-KV); 68/1 (Elena Stepanova); 69/1a (Africa Studio), 1b (imagedb.com); 70/1 (SpeedKingz),2 (nikkytok); 74/1 (Onchira Wongsiri),2 (CHANSAK SIRIRAT-TANANON),4 (Patrizio Lari),5 (Luke SW),6 (Steidi), 7 (Milleflore Images),8 (Lilly Trott); 75/1 (Lisavetta),2 (Africa Studio); 76/1 (sirtravelalot), 2 (Elena Schweitzer),3 (Monkey Business Images); 77/1 (Tish1),2 (ALEX2016); 78/7 (siriratsavett); 80 (Willems Photography); 81/8 (Raia); 83/1 (istetiana); 84/1 (M. Unal Ozmen),3 (Zoeytoja); 86/1 (Silberkorn),3 (Pixeljoy); 87/1 (ImageFlow), 2 (da_o),3 (Genitchka); 89/1 (Ana Blazic Pavlovic); 95/1 (Vitaly Korovin); 96/1 (Elena Shashkina); 99 (Nastya22); 103/2a (Multiart); 107/6 (kuvona); 108 (Arina P Habich); 110/1 (Sunvic),2 (Kiian Oksana); 113 (UvGroup); 118/1 (Moving Moment), 2 (Mediterraneo7); 121/1 (Anastasia_Panait), 2 (Jade Y); 122 (margouillat photo); 124 (Anastasia_Panait); 125 (Ilike); 126/1 (h3c7or); 127 (chrisdorney); 128/3 (Joshua Resnick); 130/1a (GLs),1b (Diana Taliun),2a (Vankad),2b (Lepas), 3a (Roman Samokhin),3c (da_o),4a (StockPhotosArt),4b (Ian 2010),5a (Misunseo), 5b (Senol Yaman),6 (yurchello108),7 (stock-solutions),8b (Tomas Jasinskis),9b (Evgeny Karandaev); 131/1 (In Green); 132/1 (Fabio Alcini), 3 (Foodpictures),5 (pidjoe),8 (Africa Studio); 135 (ChameleonsEye); 136 (stockcreations); 137/2 (Maryna Pleshkun); 139/3 (M. Unal Ozmen); 141 (Giideon); 142 (Photographee.eu); 143 (kwanchai.c); 144 (Ruslan Shugushev); 145/1 (Oksana Kuzmina); 150 (Levent Konuk); 151/1 (Bashutskyy),2 (Cgissemann); 152/1 (VanderWolf Images),2 (Juliann); 155/3 (Moving Moment); 154/2 (Shnycel); 159 (veryulissa); 162/1 (Dmitri Ma),2 (GraphicsRF); 164/2 (matka_Wariatka); 166 (altanaka); 169/1 (Ellagrin); 170/1 (spass); 173/3 (Tanis Saucier); 175/3 (Eskymaks), 4 (MJTH); 176/3 (nioloxs),4 (Ellagrin); 177/1 (Impact Photography),2 (Marina Onokhina); 178/1a (bigacis),1b (Simon Maas),2 (WDnet Creation); 179/2 (siamionau pavel); 180/1 (Cgissemann); 181/1 (freeskyline),2 (AS Food studio); 182/1 (Andrey Starostin); 184/1 (CKP1001); 185/1 (Ari N),2 (Angela Bruno); 186/1 (Osztya),2 (Natallia Harahliad); 187 (Igor Dutina); 188/1 (BobNoah),2 (Erhan Inga)

STADA Arzneimittel AG, Bad Vilbel: S. 138

stock.adobe.com: S. 9/2 (lagom); 16/1 (Sharon Barnes Photography); 19/2 (Quade); 20 (Heike); 23/1 (Marco2811); 31/3 (Astrid Gast); 32/1 (venusangel); 44/1 (Thodoris Tibilis),1a (Albert Ziganshin), 2 (JenkoAtaman); 54 (Oksana Kuzmina); 64/1 (jsr548); 65/2 (Kitty); 78/1 (margo555), 2 (Meliha Gojak),3 (margo555),4 (Dionisvera), 5 (Giuseppe Porzani),6,8 (volff),9 (aziatik13), 10 (Giuseppe Porzani),11 (photocrew),12 (Giuseppe Porzani); 89/2 (zaschnaus); 96/3 (by-studio); 103/2b (Comugnero Silvana); 112 (benjaminnolte); 116 (DragonImages); 117 (Elroi); 123 (Andrey Kuzmin); 130/3b (TrudiDesign),8a (Comugnero Silvana),9a (euthymia),10 (evgenia sh); 132/7 (Cachaco); 139/1 (sbp321),2 (akf); 145/2 (grafik-plusfoto); 155/1 (Martin Garnham); 168 (oksix); 173/2 (Bernd Kröger); 176/2 (Irina Fischer)

StockFood GmbH, München: S. 184/2 (Teubner Foodfoto)

TransFair e.V. (Fairtrade Deutschland), Köln: S. 133/1

Verlag Handwerk und Technik GmbH, Hamburg: S. 16/2; 19/1; 58/1; 68/2,3; 81/1–7; 103/3; 106/1-9; 107/1–5; 119; 132/2,6; 148/1–11; 173/1; 175/2; 176/1; 179/1; 180/2

Wallenborn Sporthopädie GmbH, Köln: S. 62

World Health Organization, Genf, Schweiz: S. 36/1–4

yourphototoday, Ducke & Willmann GbR, Ottobrunn: S. 4 (BSIP)

# Sachwortverzeichnis

# Rezeptverzeichnis